● 창세기 1~3 장 ●

주님의 주님되심

김 영 철 지음

그리스도와 그의 나라를 위하여

주님의 주님되심

머 리 말

'성경은 하나님의 말씀이다' 하는 진리는, 하나님께서 말씀하신 것들을 모아서 엮어 놓은 어록(語錄)이 곧 성경이라는 의미가 아닙니다. 이 진리를 정확히 표현하자면, 성경은 '하나님의 자기 계시'의 책이라는 의미입니다. 그러므로 우리는 성경을 통해서 그 무엇보다도 하나님 그분을 배워야 합니다. 그분께서 좋아하시는 것, 싫어하시는 것, 또 그분의 뜻과 생각이 어떠하시며, 어떻게 일하시는지, 그분의 성품이 어떠하신지 등을 알아서 보이지 아니하시는 그분과 깊은 사귐의 자리에 이르려는 것이 우리가 성경을 공부하는 자세이어야 합니다. 그리고 이러한 자세를 지속할 때, 우리는 그분을 바로 믿고 바로 알고 바로 섬기며 우리 자신을 바로 인식하게 되며, 따라서 그분께 합당한 존귀와 영광과 경배를 드릴 수 있으며, 좀더 자발적인, 철저한 순종을 할 수 있게 됩니다. 그러기에 우리는 성경 본문을 통해서 우리 생활에 활용할 수 있는 어떤 교훈이나 본받을 만한 귀감(龜鑑) 등을 찾아내기보다는, 우선적으로 우리 새언약 백성의 주님되시는 그분을 배워야 합니다. 주님의 주님되심을 배워야 하는 것입니다.

8

　　그래서 이 시리즈(series)의 책은, 성경 본문 그 자체를 그 문맥에 따라 이해하고 해석할 수 있는 힘을 키워 주려는 의도로 만들어졌습니다. 바꿔 말하면 이 시리즈는, 성경 본문에서 하나님께서 말씀하시고자 하는 것, 즉 하나님께서 자신을 드러내신 것을 바르게 찾아내도록 도와 주는 성경 공부 교재인 것입니다. 그리고 이것은 중·고등 학생들이나 심지어 처음 믿기 시작한 분들도 스스로, 또 그룹별로 공부할 수 있도록 만들어진 교재입니다.

　　성경 공부 교재마다 그 나름대로 목적과 특색이 있으며, 성경을 이해하는 시각에 있어서 다소 차이를 가지고 있을 수밖에 없습니다. 그러나 이러한 차이를 인정한다고 할지라도, 현재 유통되고 있는 교재들 안에는 부인할 수 없는 공통점이 있습니다. 그것은, 지극히 적용 중심적인 경향을 지니고 있다는 점과 철학적 내지는 조직신학적인 또는 선교지향적인 편성(偏性)을 띤 입장에서 성경 본문에 접근하고 있다는 점입니다. 이러한 경향과 입장은 자연히 하나님 중심적인 성경의 특성을 약화시키고 인간 중심적이고 윤리 중심적인 해석으로 흐를 수밖에 없는 약점을 지니게 됩니다. 따라서 이 시리즈는 그러한 약점을 보강하며 균형 있는 시각을 제공하기 위하여 새로운―하나님 중심적인 관점에서 각 성경 본문의 특성을 드러내는 이른바 성경신학적인―시도로 성경 본문을 다루려 합니다.

　　이 시리즈의 책은, 한 과(課)가 기본적으로 Q E A 세 부분으로 이루어져 있습니다. 그러나 필요에 따라 P 부분이 추가되기도 할 것입니다. 즉, 성경 본문을 읽고 답하도록 객관적 질문들을 담아 놓은 Q 부분(Question), 본문을 상세히 설명한 E 부분(Explanation), 그리고 본문의 가르침에 자신의 삶을 맞추는 적용을 제시한 A 부분(Application)으로 이루어져 있는 것입니다. 그리고 P 부분(Perspective)은, 본문의 신학적 관점을 설명해 놓았거나, 본문과는 밀착되지 않았지만 좀더 생각해 보아야 할, 그러나 관심이 없는 분들은 건너뛰어 가서도 괜찮을 문제들을 다루고 있는 부분입니다. 한편 구약(舊約) 시리즈에서는 각주(脚註)를 달기로 했습니다. 이는 해당 주제에 대해 좀더 공부하고자 하시는 분들을 위한 배려입니다. 그러나 혹 각주 때문에 오히려 책의 내용을 이해하는 데 불편을 느낄 수도 있는 분들을 고려해서, 각주의 내용을 그 과의 끝으로 옮겨놓았습니다. 그리고 객관식 질문의 해답은, 이 책의 의도에 따라 그 해당 과의 맨 끝에 달아 놓았습니다. 뿐만 아니라, 그룹별 성경 공부를 위해 Q 부분만 따로 묶은 문제집을 만들어 놓았습니다. 이 별도의 문제집에는 그룹성경공부 인도자를 위한 지침이 제시되어 있습니다.

이 시리즈의 책을 효과 있게 공부하실 수 있도록 도움을 드리려고 아래와 같이 몇 가지 사항들을 말씀드립니다.

(1) 자신의 성경책에서 해당되는 본문을 찾아 읽으시되 Q 부분의 문제를 푸실 때 다시 본문을 읽지 않아도 될 만큼 자세히 읽으십시오. 결코 Q 부분의 문제들을 먼저 읽어 보시면 안됩니다.

(2) 이제 Q 부분의 문제들을 풀어 보십시오. 답을 맞추는 것, 그

자체가 중요한 것이 아니라, 자신이 성경 본문을 어떻게 이해하고 있는가를 측정해 보는 것이 중요한 것입니다. 따라서 아무 답이나 하나 골라내는 식으로 문제를 풀어가시지 않기를 바랍니다.

(3) 그 과의 맨 끝에 있는 해답과 자신의 답을 비교해 보십시오.

(4) E 부분을 잘 읽으십시오. 만일 자신의 답이 틀렸을 경우에는 틀린 이유를 아시기 바랍니다. 그러셔야 성경 말씀에 대한 이해력이 증진될 수 있기 때문입니다.

(5) (원하시는 분은 P 부분을 먼저 읽으신 후에) A 부분을 읽으십시오. 그리고 깨달은 점이나 그외의 느낀 점들을 마음으로 정리하시고, 주님께 감사 또는 회개, 결심 등 필요한 기도를 드리십시오.

(6) (특히 성경 공부 그룹을 지도하시는 선생님들께 말씀드립니다.) 이 시리즈에서 한 과(課)는 60-80분 정도의 성경 공부 시간을 기준으로 하여 만들었습니다. 그러나 이 기준 시간에 얽매이지 마시고 두 번 내지 세 번에 걸쳐 한 과를 공부하셔도 좋을 것입니다. 두 번의 성경 공부를 통해 한 과를 마친다고 할 때 그 진도에 대해 예를 들어 보겠습니다.

첫 번 공부 시간에는, 별도의 문제집을 사용하여 참석자들로 하여금 문제를 풀도록 합니다. 앞의 (1), (2)항의 도움말대로 하게 하시되 개인별로 풀게 하실 경우는 15-20분 정도를 주시고, 그룹별로 풀게 하실 경우는 30-40분 정도를 주십시오. 다 풀은 다음에는 각 문제의 답이 무엇이며 어떤 이유에서 그 답을 골랐는지를 물어 보십시오. 개인별로 풀게 하셨을 때는 몇몇 개인에게, 그러나 반드시 남녀와 학년의 형평이 유지되도록 골고루 여러 개인에게 물어 보셔야 좋습니다. 그룹일 경우에는 모든 그룹에게 골고루 물어 보시면 되겠습니다. 그러나 그룹에 윤번제 사회자가 있을 경우(별도의 문제집 머리말을 참고하십시오)에는, 각 그룹의 사회자로 하여금 대답하게 하셔야 할 것입니다. 그러나 중요한 것은, 대답을 들으셨을 때 그 대답의 맞고 틀림에 대해서 언급해서는 안된다는 사실입니다. 만일 그렇게 되면 앞으로 있을 설명에 대한 기대감이 없어질 수 있기 때문입니다. 또 마음이 상하는 일이 없도록(답의 맞고 틀림 같은 극히 작은 일로도 그럴 수 있으므로) 해야 하기 때문입니다. 이제 선생님께서 본문을 설명하시되 서론 정도(아니면 첫 문단의 몇 구절)만 하시고 공부시간을 끝내십시오. 둘째 공부 시간에는, 지난 시간에 설명한 서론의 내용을 간추려 말씀하신 후에 그 다음 내용에 대한 설명을 시작하시면 됩니다. 성경 본문의 내용을 충분히 잘 알 수 있을 만큼 다 설명하시고, 특히 본문의 중심 사상에다 성경 공부 참여자들 자신을 연결시키는 일(적용)을 시도하십시오. 이 경우에는 발표하고 싶은 참여자는 누구든지 하게 하셔도 좋을 것입니다. 그러나 때때로 성경 말씀을 올바로 이해하고 그 말씀에 자신을 비춰 보면 여러 가지 이유로 마음을 도려내는 듯한 아픔을 갖게 될 때가 있습니다. 이런 경우 그 마음을 여러 사람 앞에서 털어놓기는 어려운 일입니다. 이런 점 때문에, 선생님들이 모든 참여자로 하여금 자신의 적용 내용을 다 털어놓도록 지나치게 유도한다면, 그것은 오히려 나쁜 결과를 가져올 수 있습니다.

제가 바라기는 이 책이 주님의 주님되심을 크게 드러내며 주
님 자신께서 이루어 나가시는 놀라운 구원 사역에 조그마한 보탬
이 되었으면 합니다. 그리고 오직 주님께만 오직 그분의 말씀에
만 우리 자신의 삶을 모두 내맡기는 헌신된 그분의 백성들이 번
성토록 하시며, 그분과 더욱 친밀한 사귐을 갖는 그분의 자녀들
이, 그분의 약속하신 바대로 하늘의 별과 같이 바닷가의 모래와
같이 많아지게 하시기를 주님 그분께 간구합니다.

1992. 9. 28
지은이

차 례

창세기 1 : 1~2 : 3 (1)

지음받은 하늘과 땅

1 : 1태초에 하나님이 천지를 창조하시니라 2땅이 혼돈하고 공허하며 흑암이 깊음 위에 있고 하나님의 신은 수면에 운행하시니라 3하나님이 가라사대 빛이 있으라 하시매 빛이 있었고 4그 빛이 하나님의 보시기에 좋았더라 하나님이 빛과 어두움을 나누사 5빛을 낮이라 칭하시고 어두움을 밤이라 칭하시니라 저녁이 되며 아침이 되니 이는 첫째 날이니라 6하나님이 가라사대 물 가운데 궁창이 있어 물과 물로 나뉘게 하리라 하시고 7하나님이 궁창을 만드사 궁창 아래의 물과 궁창 위의 물로 나뉘게 하시매 그대로 되니라 8하나님이 궁창을 하늘이라 칭하시니라 저녁이 되며 아침이 되니 이는 둘째 날이니라 9하나님이 가라사대 천하의 물이 한 곳으로 모이고 뭍이 드러나라 하시매 그대로 되니라 10하나님이 뭍을 땅이라 칭하시고 모인 물을 바다라 칭하시니라 하나님의 보시기에 좋았더라 11하나님이 가라사대 땅은 풀과 씨 맺는 채소와 각기 종류대로 씨 가진 열매 맺는 과목을 내라 하시매 그대로 되어 12땅이 풀과 각기 종류대로 씨 맺는 채소와 각기 종류대로 씨 가진 열매 맺는 나무를 내니 하나님의

보시기에 좋았더라 13저녁이 되며 아침이 되니 이는 셋째 날이니라 14하나님이 가라사대 하늘의 궁창에 광명이 있어 주야를 나뉘게 하라 또 그 광명으로 하여 징조와 사시와 일자와 연한이 이루라 15또 그 광명이 하늘의 궁창에 있어 땅에 비춰라 하시고(그대로 되니라) 16하나님이 두 큰 광명을 만드사 큰 광명으로 낮을 주관하게 하시고 작은 광명으로 밤을 주관하게 하시며 또 별들을 만드시고 17하나님이 그것들을 하늘의 궁창에 두어 땅에 비춰게 하시며 18주야를 주관하게 하시며 빛과 어두움을 나뉘게 하시니라 하나님의 보시기에 좋았더라 19저녁이 되며 아침이 되니 이는 넷째 날이니라 20하나님이 가라사대 물들은 생물로 번성케 하라 땅 위 하늘의 궁창에는 새가 날으라 하시고 21하나님이 큰 물고기와 물에서 번성하여 움직이는 모든 생물을 그 종류대로 날개 있는 모든 새를 그 종류대로 창조하시니 하나님의 보시기에 좋았더라 22하나님이 그들에게 복을 주어 가라사대 생육하고 번성하여 여러 바다 물에 충만하라 새들도 땅에 번성하라 하시니라 23저녁이 되며 아침이 되니 이는 다섯째 날이니라 24하나님이 가라사대 땅은 생물을 그 종류대로 내되 육축과 기는 것과 땅의 짐승을 종류대로 내라 하시고(그대로 되니라) 25하나님이 땅의 짐승을 그 종류대로 육축을 그 종류대로 땅에 기는 모든 것을 그 종류대로 만드시니 하나님의 보시기에 좋았더라 26하나님이 가라사대 우리의 형상을 따라 우리의 모양대로 우리가 사람을 만들고 그로 바다의 고기와 공중의 새와 육축과 온 땅과 땅에 기는 모든 것을 다스리게 하자 하시고 27하나님이 자기 형상 곧 하나님의 형상대로 사람을 창조하시되 남자와 여자를 창조하시고 28하나님이 그들에게 복을 주시며 그들에게 이르시되 생육하고 번성하여 땅에 충만하라, 땅을 정복하라, 바다의 고기와 공중의 새와 땅에 움직이는 모든 생물을 다스리라 하시니라 29하나님이 가라사대 내가 온 지면의 씨 맺는 모든 채소와 씨 가진 열매 맺는 모든 나무를 너희에게 주노니 너희 식물이 되리라 30또 땅의 모든 짐승과 공중의 모든 새와 생명이 있어 땅에 기는 모든 것에게는 내가 모든 푸른 풀을 식물로 주노라 하시니 그대로 되니라 31하나님이 그 지으신 모든 것을 보시니 보시기에 심히 좋았더라 저녁이 되며 아침이 되니 이는 여섯째 날이니라 2:1천지와 만물이 다 이루니라 2하나님의 지으시던 일이

일곱째 날이 이를 때에 마치니 그 지으시던 일이 다하므로 일곱째
날에 안식하시니라 ³하나님이 일곱째 날을 복 주사 거룩하게 하셨으
니 이는 하나님이 그 창조하시며 만드시던 모든 일을 마치시고 이
날에 안식하셨음이더라

Q 위의 성경 본문을 자세히 읽으신 후에 아래의 물음에 대답하
십시오.

1. 본문을 세 문단으로 나눈다면, 둘째 문단은 어디서 시작되는
   것이 가장 자연스럽겠습니까? (　　)
   (1) 1장 2절　(2) 1장 14절　(3) 1장 26절　(4) 2장 1절

2. 다음 진술 중 '땅이 혼돈하고 공허하였다'(1:2)의 설명으로서
   알맞는 것에는 ○표, 알맞지 않은 것에는 ✕표를 하십시오.
   (1) 하나님께서 창조하신 땅이 처음에는 정리가 마무리되지
       않아서 약간 어질러 놓은 상태와 같았다.(　　)
   (2) 하나님께서 창조하신 땅은 정리가 잘 되어 있었는데 사탄
       이 하나님의 일을 방해하려고 그 땅을 어질러 놓았다. 따
       라서 땅은 마치 폐허처럼 되고 말았다.(　　)
   (3) 처음 창조 (1:1)와 첫째 날의 창조 (1:3-5) 사이에, 이
       땅에 죄를 들여온 사탄에게 하나님의 심판이 있었음을 알
       려 주는 표현이다.(　　)

3. 엿새 동안의 창조에서, 글의 구조상 가장 강조되고 있는 날은
   어느 날입니까?(　　)
   (1) 첫째 날　(2) 넷째 날　(3) 다섯째 날　(4) 여섯째 날

4. 다음에서 '땅'의 뜻이 나머지 셋과 다른 것은 어느 것입니까?

( )

　(1) 2절　(2) 10절　(3) 15절　(4) 25절

5. "하나님의 신이 수면에 운행하시니라"(2절)에서 '운행'의 의
　미에 가장 가까운 것은 다음 중 어느 것입니까? ( )
　(1) 정해진 두 장소를 왕복함　(2) 일정한 범위를 회전함
　(3) 일정한 시간 간격에 따라 움직임
　(4) 일정한 거리를 두고 따라감

6. "하나님의 보시기에 좋았더라"(1 : 4, 10, 12, 18, 21, 25)는
　문구에서 밑줄 친 말은 하나님께서 어떤 면에 초점을 맞춰 보
　신 결과를 나타낸 것입니까? ( )
　(1) 피조물의 모양　　(2) 피조물간의 조화
　(3) 조물주의 의도　　(4) 조물주의 느낌

7. 아래의 보기를 참고하여, 어떤 것이 그 크기나 범위를 작은 것
　부터 큰 것으로 바르게 표시한 것인지 골라 보십시오. ( )
　보기 : 가-땅(2절) 나-궁창(14절) 다-뭍(9절) 라-하늘(8절)
　(1) 가-나-다-라　　(2) 나-라-가-다
　(3) 다-나-라-가　　(4) 라-다-가-나

8. 본문의 중심 사상으로 다음 중 어느 것이 가장 알맞겠습니까?

( )

　(1) 모든 생물은 하나님에 의해 창조된 것이지, 진화한 것이
　　　아니다.
　(2) 천지와 그 안의 모든 존재는 하나님으로부터 시작된 것이

다.

(3) 하나님은 창조물 중에서 무생물보다 생물을 귀하게 여기
　　신다.

(4) 하나님은 창조자이시므로 능력이 무한한 위대한 분이시
　　다.

(5) 하나님은 말씀으로 온 우주를 창조하셨다.

E창세기 1장을 올바로 이해하려면, 무엇보다도 우리 자신이 알고 싶어 하는 것들에 대한 대답을 찾아보려는 마음을 버려야 합니다. 이것은 비단 창세기 1장뿐만 아니라 성경의 어느 부분을 공부하든지 간에 마찬가지입니다. 성경을 '이해한다' 또는 '공부한다' 또는 '해석한다'는 것은, 최우선적으로, 우리가 현재 공부하고 있는 본문이 그 당시 그 본문 말씀을 듣거나 보던 사람들에게 무엇을 말하고 있는지를 알아내는 것을 뜻하기 때문입니다. 따라서 우리는 오늘 본문은 물론 성경의 어느 부분을 보든지 간에 반드시 그 본문이 무엇을 말하고 있는지를 파악해야 합니다. 그것도 우리 자신의 입장에서가 아니라 처음 독자의 입장에서 파악해야 합니다.

　창세기 1장은 창세기의 한 부분이고 창세기는 이른바 '모세오경'으로 알려져 있는, '창세기-출애굽기-레위기-민수기-신명기'의 한 부분입니다. 바꿔 말해서 창세기는 모세오경이라는 한 권의 책 중 제1장(章)에 해당하는 것이고 창세기 1장은 제1장의 첫 페이지(page)인 셈입니다. 따라서 창세기 1장을 보는 처음 독자의 일반적 입장을 파악하려면, 먼저 모세오경의 짜임새를 간단하게나마 살펴보아야 합니다. 모세오경을 처음 대하는 사람들은 모세 시대의 이스라엘 백성입니다. 그들은 애굽의 종살이에서 벗어

나 홍해를 건넌, 기적적인 경험을 몸소 겪은 사람들(그들의 자녀들도 포함하여)입니다. 뿐만 아니라 몇 십 년 간의 광야 생활에서도 하나님의 기적을 체험한 자들입니다. 따라서 모세오경 중 출애굽기-레위기-민수기-신명기는 출애굽 제1, 2세대가 겪은 내용을 담고 있습니다. 그러나 창세기는 그들의 경험과는 무관한 내용입니다. 그렇다면 그런데도 창세기가 처음 독자들에게 주어진 까닭은 무엇이겠습니까?

　그 까닭은 다름이 아니라 창세기가 처음 독자들인 이스라엘 백성들이 직접 경험한 '출애굽기-레위기-민수기-신명기'의 내용을 바르게 이해하는 데 꼭 필요한 내용이기 때문입니다. 바꿔 말하자면, 창세기가 없다면 처음 독자들은 자신들이 처음 대하게 되는 출애굽기-레위기-민수기-신명기를 올바른 관점에서 이해할 수가 없기 때문입니다. 이런 점에서 창세기는 모세오경의 서론 역할을 하고 있는 것입니다.

　모세오경 중에서 창세기를 제외한 나머지 부분, 즉 '출애굽기-레위기-민수기-신명기'에서 다루고 있는 내용은 '구출-언약-율법-땅'이라는 네 가지 주제로 묶여질 수 있겠습니다. 그런데 이 네 주제는 모두 하나님 자신이 주도하심으로 이루어지는 일들인 것입니다. 그렇다면 논리상 가장 궁금한 문제점은 **어째서 또는 무슨 목적으로** 하나님께서 그러한 일들을 주도해가시는가 하는 점입니다. 이 궁금점에 대한 해답을 제시하고 있는 부분이 곧 모세오경의 서론 역할을 하는 창세기인 것입니다. 창세기에서는 이 해답을 '약속-선택'이라는 두 개의 큰 주제로 제시하고 있습니다.(그림 1을 참고하십시오.)

　따라서 모세오경을 집에 비유한다면 그것은 '약속-선택-구출-언약-율법-땅'이라는 여섯 개의 기둥으로 세워진 하나의 집입니다. 그리고 이 여섯 기둥의 토대는 하나님인 것입니다. 바꿔

[그림 1] 모세오경의 구분과 그 주제

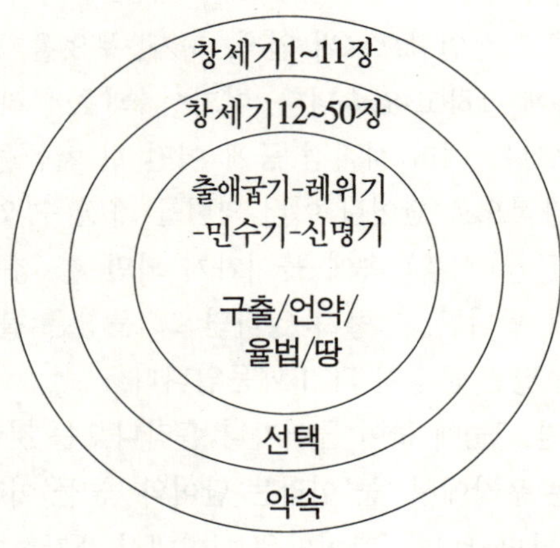

말해서, 모세오경을 받쳐 주는 여섯 기둥은 하나님께서 행하신 일들을 그 성격에 따라 분류해 놓은 것에 불과합니다. 결국 한 마디로 말하자면, 모세오경은 하나님의 어떠하심과 그분의 일하심을 기록한 책입니다. 그렇기에 우리는 이것을 '하나님의 말씀', 다른 말로 하자면, '하나님의 자기 계시'라고 합니다. 따라서 모세오경을 올바로 이해하자면, 마땅히 그 자체의 관점, 즉 하나님께서 자신의 일하심과 어떠하심에 대해 무엇이라고 말씀하고 계신가에 대해서 초점을 맞추어야 하는 것입니다.

　창세기 1장 1절의 말씀은 2절 이하의 말씀을 간추려 놓은 것입니다. 그리고 이러한 간추림은 또 다시 2장 1절에서 반복되고 있습니다. 좀더 자세히 말한다면, 1장 1절과 2장 1절은 각각 1장 2-31절의 내용을 한 문장으로 압축시켜 놓은 것입니다. 이 간추린 문장은 능동형(창 1:1)과 수동형(창 2:1)으로 표현됨으로써 문학적 기교가 드러나기도 하지만 무엇보다도 간추린 내용의 의미를 뚜렷하게 알려 줍니다. 1장 1절은 "태초에 하나님이 천지를 창조하시니라"고 선언함으로써 언제, 누가, 무엇을, 어떻게 하였는지를 분명하게 말하고 있습니다. 여기서 '태초에'라는 말은, 그 단어의 뜻만으로는 여러 시작점 중에 어떤 한 처음을 말할 수도 있습니다. 일반적으로 단어란 여러 의미를 가질 수 있습니다. 그러나 단어가 문장(文章) 속에 들어가게 되면 한 경우에 하나의 의미만을 갖게 됩니다. 그렇지 않다면 그 문장은 불분명하거나 의미가 통하지 않는 문장이 되기 때문입니다.

예를 들자면, "눈에 눈이 들어가니 흘러나오는 것이 눈물이냐 눈물이냐"라는 문장에서 '눈'이라는 단어와 '눈물'이라는 단어는 각각 두 번씩 나타납니다. 단어만을 떼어내서 생각한다면, '눈'에는 몇 가지 의미가 있습니다. 얼굴의 눈[目], 겨울의 눈[雪], 나무의 싹을 뜻하는 눈[芽], 저울의 눈금을 뜻하는 눈, 그물 따위의 매듭을 뜻하는 눈이 있습니다. 그러나 이 다섯 가지의 뜻을 모두 동시에 위 문장 안에 대입시킬 수는 없습니다. 이 중에서 오직 하나의 뜻만 대입할 수 있을 뿐입니다. 그러나 그것도 우리 마음대로 선택하여 대입할 수 없습니다. 어떤 것을 선택해야 하는가는 이미 문장이 결정해 놓았습니다. 우리는 다만 문장이 무엇을 결정했는지를 찾아낼 수 있을 뿐입니다. 그리고 이와 같은 우리의 작업을 '해석'(interpretation)이라고 하는 것입니다.

이처럼 해석은 분석적인 것이지 창조적인 것이 아닙니다. 우리가 말로 하든지 글로 하든지 간에 우리의 의사(意思)를 표현할 때 사용하는 최소의 단위는 문장(sentence)입니다. 그리고 이 문장 안에 사용된 모든 단어에는 이미 우리 의사에 따라 그 의미가 결정되어 있습니다. 따라서 다른 사람이 우리의 의사를 파악하려면, 우리가 표현한 문장을 분석해야 하는 것입니다. 즉 그 문장 안에 쓰여진 단어가 어떤 의미로 결정되어 있는지를 파악해 내야 합니다. 그래야만 우리의 의사를 정확히 이해할 수 있는 것입니다. 우리가 해석할 때도 역시 마찬가지입니다. 다른 이의 의사 표현 단위가 되는 문장을 분석해야 하는 것입니다. 이것만이 그 문장을 정확하게 파악하는 유일한 방법입니다. 그런데 만일 해석자가 분석적인 해석을 하지 않고 창조적인 해석을 시도한다면, 그것은 원래 의도된 문장이 아니라 전혀 다른 의미, 즉 해석자의 의사를 표현한 새로운 문장으로 바뀌고 맙니다. 따라서 이러한 해석은 진정한 의미에서 해석일 수 없는 것입니다.

위의 예로 든 문장에서, 앞의 '눈'은 얼굴의 눈[目]입니다. 그리고 그 다음의 '눈'은 겨울의 눈[雪]입니다. 이 두 단어의 의미는 결코 바꿔서 대입할 수 없습니다. 만일 그렇게 되면 전혀 뜻이 통하지 않게 되기 때문입니다. 그러나 '눈물'의 경우에는 '슬플 때나 너무 기쁠 때 눈에서 나오는 분비액'인 눈물이거나 '눈[雪]이 녹아서 된 물'인 눈물이 둘 다 해당됩니다. 하지만 한 단어에 반드시 둘 중의 하나만 대입이 가능할 뿐 두 개를 동시에 '눈물'이라는 한 단어에 대입시킬 수는 없습니다. 앞의 것이 눈물(tears)을 의미한다면, 뒤의 것은 반드시 눈물(snow broth)이어야 합니다. 이렇듯 문장에서는 한 단어가 반드시 하나의 의미만을 갖게 되는 것이 일반적인 일입니다. 그리고 그 하나의 의미가 무엇인지는 그 문맥에서 결정되어 있습니다.

따라서 창세기 1장 1절에서 '태초'라는 단어는, 문맥에 따라 분석하자면 '어떤 처음'이 아니라 온 우주에 아무 것도 존재하지 않았던 '맨 처음'을 뜻하는 것입니다. 여기서 '창조하다'라는 단어는 2절 이하의 내용에 비추어 보면, '전혀 아무 것도 없는 상태에서 만물을 있게 하신 하나님의 행위'를 뜻하므로 이런 행위가 있었던 시점은 '맨 처음'이라는 시점일 수밖에 없기 때문입니다. 그리고 기록자는 "태초에"라는 말을 문장의 맨 앞에 둠으로써 창조의 시점을 강조하고 있습니다.

　도대체 태초에 '누가' 창조하셨는가? 1절은 '하나님'께서 창조하셨다고 선언하고 있습니다. 이 하나님은, 1차 독자의 입장에서 생각한다면, 자신들을 그 당시 세계 최강의 나라인 애굽에서 건져내시려고 예전에 없었던 놀라운 기적과 권능을 행하시고 홍해를 마른 땅처럼 건너게 하신 바로 그 '여호와 하나님'이신 것입니다. 이 여호와 하나님은, 애굽이나 다른 나라의 신들처럼 흥망성쇠를 거듭하는 신이 아니라, 이미 세상이 시작되기 이전부터 계시고 세상을 시작시키신 분이심을 분명히 알 수 있습니다.

　이 여호와 하나님께서 태초에 '무엇을' 창조하셨는가? 1절은 "천지" 곧 '하늘과 땅'을 창조하셨다고 선언합니다. 이 말은 단순히 '하늘'과 '땅'만을 뜻하는 것이 아닙니다. 2절 이하의 내용에서도 넉넉히 알 수 있듯이 이 말은 대칭되는 두 단어를 함께 사용함으로써 하늘과 땅뿐만 아니라 그 안의 모든 것들, 즉 온 우주의 모든 것들을 의미하는 것입니다. 이러한 용례는 우리말에서도 쉽게 찾을 수 있습니다. '그들은 밤낮 웃기만 했다'는 문장에서 '밤낮'은 밤과 낮만을 뜻하지 않고 '항상'을 의미합니다. 1절의 '천지'가 대칭적인 두 단어의 합성어로서 포괄적인 의미를 지니고 있음은, 같은 내용을 지닌 수동식 문장인 2장 1절에서 매우 확실하게 드러납니다. 2장 1절은 "천지와 만물이 다 이루니라"고 말하고 있습니다. 여기서 "천지와 만물"이란 직역하면, '하늘과 땅과 그것들(하늘과 땅) 안의 모든 만물'입니다.　따라서 여호와 하나님께서 "천지"를 창조하셨다는 것은 온 우주의 모든 것을 하나도 남김없이 전부 창조하셨다는 사실을 선포하고 있는 것입니다. 물론 1차 독자들의 세계관 또는 우주관은 지금 우리의 것과는 달라서 '지구가 둥글다'든가 '지구가 태양을 중심으로 삼아 공전하고 있다'든가 '어떤 별은 지구는 물론 태양보다 더 크다'는 등등 우리가 알고 있는 기초적인 지구과학이나 천체과학적인 지식은 없었습니다. 그러나 그들에게는 그들 나름대로의 우주관과 세계관이 있었습니다. 그러한 그들에게 1절은, 그들이 알고 있는 온 세계와 그 안에 존재하는 모든 것들을 여호와 하나님께서 만드셨다는 사실을 말하고 있는 것입니다.

여호와 하나님께서 태초에 온 우주와 삼라만상(森羅萬象)을 '어떻게' 창조하셨는가? 일반적으로 '창조'란 '처음으로 생각해 내어서 만드는 것'을 뜻합니다. 따라서 주어진 재료로 생각의 독창성을 덧붙여서 무엇인가를 만들어낸다면 그것을 우리는 창조라고 부릅니다. 그러나 여기 1절에서 말하는 '창조'는 그런 일반적인 창조가 아닙니다. 이 말은 2절 이하에서 하나님께서 만물을 존재케 하시고 만드신 모든 행위를 한 마디로 표현하고 있는 단어입니다. 즉 하나님께서는 아무 것도 없던 무(無)의 상태에서 모든 것을 만들어내셨습니다. 사고의 독창성은 물론이고 만들어진 모든 것과 그 재료들까지도 심지어 생명체들까지 하나도 빠짐없이 하나님으로 인해서 생겨난 것이었습니다. '어떻게' 그런 창조가 가능하였습니까? 그것은 여호와 하나님의 말씀과 그분의 능력 때문임이 2절 이하의 내용에서 드러나게 됩니다.

이처럼 1절은 하나님께서 세상과 그 안의 모든 것을 존재케 하셨다는 사실을 선언하고 있습니다. 그리고 2절부터는 하나님의 창조하심을 시간적 순서로 배열하고 있습니다. 이 배열에서는 하나님께서 무엇을 어떻게 만드셨는지가 잘 드러나고 있습니다. 먼저 2-31절의 전체적 배열 구조를 살펴보면 첫째 날부터 여섯째 날까지를 날(日)별로 나누어서 여섯 단락으로 제시하고 있습니다. 그리고 각 단락은 "저녁이 되며 아침이 되니 이는 ( )째 날이니라"로 마무리되고 있습니다(5, 8, 13, 19, 23, 31절). 단락의 길이만 보아도 여섯 단락 중에서 가장 강조되고 있는 단락은 여섯 번째 단락임을 쉽게 알 수 있습니다. 그러나 이 여섯째 단락이 강조되고 있는 이유는 인간의 중요성 때문입니다. 인간은 모든 피조물들 가운데서 가장 중요한 존재입니다. 그러기에 닷새 동안의 창조된 모든 것들은 인간을 위한 삶의 환경으로 마련된 것입니다. 뿐만 아니라 인간은 하나님과의 관계에서 가장 중요한 위치에 놓인 존재입니다. 이는 하나님께서 인간에게 만물을 다스리는 권한을 주신 데서 분명히 드러납니다. 이렇듯 인간의 중요성을 명확히 인식한 성경 기록자는, 천지 창조 전반을 다루는 문맥인 창세기 1장에서 여섯째 단락을 강조하여 인간의 존재를 부각시켰고 또한 인간을 논리적 이음쇠로 삼아서 창세기 2장 4절 이하에 가서는 본격적으로 인간을 중심 소재로 삼아서 하나님의 창조 사역을 다시 다루게 됩니다.

　1장 1절은 비록 한 절에 불과하지만 이 내용의 비중은 2-31절과 같습니다. 1절은 2-31절 내용의 압축판이기 때문입니다. 따라서 창세기 1:1～2:3은 세 문단으로 나누는 것이 자연스러운데 그 첫 문단은 1장 1절이고 둘째 문단은 1장 2-31절이며, 셋째 문단은 2장 1-3절입니다. 따라서 첫 문단(1장 1절)은 둘째 문단의 간추림이고, 둘째 문단은 첫 문단의 해설인 것입니다. 그리고 셋째 문단은 둘째 문단을 간추림으로써 그 서두를 시작하고 있습니다. 바꿔 말하자면, 셋째 문단은 창세기 1장 내용 전체를 압축하고 나서 일곱째 날의 내용을 서술하고 있는 것입니다.

　둘째 문단은 하나님께서 세상 만물을 창조하신 사실을 날짜별로 설명해 주고 있습니다. 그러나 여기서 우리가 알아야 할 것은, 이 설명에는 우리가 알고 싶어 하는 모든 궁금점들에 대한 해답이 나타나 있지 않다는 점입니다. 여기에서 하나님께서 세상 만물을 구체적으로 어떻게 만드셨는지 그 과정에 대한 설명을 일일이 말하고 있지 않습니다. 그리고 만물의 모든 목록을 제시하고 있지도 않습니다. 일차 독자들이 하나님이야말로 온 우주의 창조자이심을 넉넉히 알 수 있을 만큼의 굵직한 피조물들만을 언급하고 있습니다. 뿐만 아니라 여기에는, 종종 벌어지고 있는 ‘창조냐 진화냐’의 논쟁을 일으킬 만한 여지도 마련되어 있지 않습니다. 왜냐하면 일차 독자의 시대에는 이른바 ‘진화’라는 개념은 용납될 수조차 없었기 때문입니다. 그들의 사고에서는 모든 것들이 신(神)들에 의해 창조된 것이고 심지어 어떤 자연물들은 신으로 인식되어 있었습니다. 이 둘째 문단은 인간이 사는 환경으로서 ‘땅’과 이에 연이은 공간인 ‘하늘’에 초점을 맞춰 창조된 세계를 설명하되, 그것도 일차 독자들의 우주관에 맞도록 설명하고 있는 것입니다.

　둘째 문단은 여섯 개의 소문단(小文段)으로 구성되어 있습니다. 그리고 이 소문단들은 모두 “저녁이 되며 아침이 되니 이는 (　)째 날이니라”하는 문구로 끝나고 있기 때문에 각 문단의 경계를 쉽게 알 수 있습니다. 창세기 1 : 1~2 : 3은 하나의 단위를 구성하는 본문이지만, 이 책의 성격상 한 과에서 다룰 본문의 길이와 내용의 무게 등을 고려하여 본문을 이등분해서 두 번에 걸쳐서 공부해 보려고 합니다. 그래서 이 과(課)에서는 둘째 문단의 소문단을 다섯 개만 즉 다섯째 날(23절)까지만 자세히 공부하려고 합니다. 나머지 본문은 다음 과에서 다룰 것입니다.

1장 2절은 하나님께서 빛을 창조하신 첫 날의 상태를 말해 주고 있는 것입니다. 하나님께서 첫째 날 "빛이 있으라"고 명령하심으로써 빛이 존재하게 되기 직전까지의 상황이 어떠했는지를 알려 주고 있습니다. 이 상황은 다음과 같이 세 가지로 묘사되어 있습니다. (1) 땅이 혼돈하고 공허하였다. (2) 흑암이 깊음 위에 있었다. (3) 하나님의 신이 수면에 운행하였다.

첫 번째 묘사는 "땅이 혼돈하고 공허하며"입니다. 여기서 '땅'은 이 구절 이하에 나오는 '땅'과는 그 의미가 다릅니다. 이 말은 어떤 맥락에서 사용하느냐에 따라 그 범위가 얼마든지 변할 수 있는 것입니다. 이를테면, "내겐 손바닥만한 땅도 없다"고 말할 때, 땅따먹기 놀이를 하는 아이가 "이 땅은 내꺼"라고 말할 때, 간척사업이 벌어지고 있는 지역을 지나가다가 "이 넓은 바다가 머지않아 땅이 되겠구나"라고 할 때, 지구의 환경오염을 심히 걱정하고 있는 사람이 "이 땅이 죽어가고 있다" 하고 탄식할 때, 이 각각의 경우마다 '땅'의 범위가 달라지게 됩니다. 여기 2절에서 말하는 땅은 적어도 가시적인 우주 전체를 뜻하는 말입니다. 이 땅 가운데 궁창이 생기게 되고 이 궁창이 '하늘'로 명명되기 때문입니다(참고. 6-8절). 그런데 이 땅은 혼돈하고 공허하였습니다. 여기서 분명하게 이해해야 할 표현은, '혼돈하고 공허하다'라는 용어입니다. 이 표현을 그릇되게 이해하면, 하나님께서 지으신 땅이 처음에는 무질서하고 무가치하였던 것이었다가 차츰차츰 질서를 회복하게 되고 가치와 의미를 부여받게 된 것으로 생각하기 쉽습니다. 이러한 오해는 '혼돈'과 '공허'라는 용어를 문맥적으로 이해하지 않은 데서 생겨난 결과입니다. '혼돈'이란 무질서를 뜻하는 것이 아니라, '틀'(form / frame)이 갖추어지지 않음을 의미하는 것입니다. 그리고 '공허'는 무가치 / 무의미가 아니라 '틀'을 사용할 대상 또는 '틀'에 채워져야 할 내용물이 없음을 뜻하는 것입니다. 한 마디로 말한다면, '땅이 혼돈하고 공허하였다'는 것은 아직 인간의 삶의 환경에 필요한 것들이 갖추어지지 않았다는 뜻입니다.

　　이처럼 창조의 사역은 '혼돈(formless)과 공허(contentless)'의 상태를 그 반대의 상태로 만들어 놓는 것을 중심으로 표현됩니다. 첫 사흘은 '틀'을 갖추는 사역을, 나중 사흘은 '틀'에 채워질 내용물 또는 '틀'의 사용자들을 만드는 사역을 묘사하고 있습니다. 그리고 첫 사흘과 나중 사흘은 짝을 이루고 있습니다. 이를테면, 첫 날 창조된 틀인 '빛'을 사용하는 대상은 넷째 날 창조된 '광명체들'(해, 달, 별)입니다. 이와 같은 창조 사역을 그림으로 나타내면 다음과 같습니다.

[그림 2] 창조 사역의 틀과 그 내용

틀 (FORM)	내용 (CONTENT)
날 1　빛	날 4　광명체
2　물과 하늘	5　물고기와 새
3　땅과 식물	6　동물과 인간

[William J. Dumbrell, *The Faith of Israel*(Leicester : Inter-Varsity Press, 1989), p.17.]

이렇듯 하나님의 창조 사역은 치밀한 계획에 의한 질서정연하고 구체적인 것입니다.

두 번째 묘사는 "흑암이 깊음 위에 있고"입니다. 여기서 '흑암'은 '빛'이 창조되기 전이므로 깜깜한 상태를 표현하는 용어입니다. 한편 땅은 온통 물로 가득 차 있으므로 깊고 깊은 심연(深淵)과 같았습니다. 이러한 상태를 묘사하는 표현이 바로 '깊음'인 것입니다. 따라서 이 두 번째 묘사는, 물 속은 물론이고 물 밖도 온통 암흑 투성이인 상태였음을 나타내 줍니다.

세 번째 묘사는 "하나님의 신은 수면에 운행하시니라"입니다. '하나님의 신'이라는 표현을 보면 우리는 으레 '성령님'이라는 생각을 갖게 됩니다. 이러한 생각이 결과적으로는 틀리지 않은 것입니다만, 먼저 일차 독자들의 입장에서 그 표현을 생각해 본다면 좀더 풍부한 이해를 얻을 수 있을 것입니다. 하나님께서 삼위일체의 하나님이심은 영원히 불변한 진리이지만, 이러한 진리가 제대로 표현되는 것은 신약 성경에서 이며 또한 교회가 이 진리를 올바로 인식하여 공적으로 교리화하게 된 것은 신약 성경이 완성된 지 200여 년이 지난 후 니케아(Nicea) 종교회의(주후 325년)에서부터이었습니다. 따라서 바꿔 말하자면, 구약 시대에는 성부, 성자, 성령을 구분하여 인식하기보다는 그저 유일하신 하나님으로 인식하였던 것입니다. 좀더 구체적으로 말한다면, 구약 시대에는 '하나님의 신'이라는 표현이 유일하신 하나님의 능력의 출현을 뜻하는 것으로 이해되었다는 말입니다.[1]

그리고 '수면에'라는 표현은 직역하면 '그 물 표면 위에'입니다. 여기서 '그 물'이란 무엇을 가리키는 것인가? 이것은 분명히 '땅'을 덮고 있는 물을 가리키는 것입니다. 6절에 보면 하나님께서 말씀하시기를, "(그) 물 가운데 궁창이 있어 물과 물로 나뉘게 하리라"고 하셨습니다. 따라서 땅을 덮고 있던 '그 물'은 궁창 위의 물과 궁창 아래의 물로 나뉘어졌던 것입니다. 그런데 여기 2절 하반절에서는 단순히 '물'이라고 하지 않고 관사를 사용하여

'그 물'이라고 표현하였습니다. 이것은 앞에 언급된 물을 의미하기 때문입니다. 앞에 언급된 '깊음'을 하반절에서는 '그 물'이라는 표현으로 바꿔 놓은 것입니다.[2]

　'운행하시니라'는 말에서 '운행'은, 마치 버스(bus)운행(運行)과 같은 의미가 결코 아닙니다. 이 말은 어미새(mother-bird)의 동작을 빗대는 용어입니다. 이를테면, 독수리가 그 새끼들 위에서 맴돌고 있다든지 둥지 위에 떠서 날고 있는(참고. 신 32 : 11) 행위를 묘사하는 표현입니다.[3] 즉, 이것은 어미새의 보호를 비유한 용어입니다. 따라서 2절 하반절의 의미는, 하나님께서는 빛이 있으라고 명령을 내리시기 이전부터 이미 땅을 인간이 거주하기 적합한 환경으로 조성하기 위한 작업을 진행하고 계셨다는 것입니다.

　첫째 날의 사역은 빛의 창조입니다. 이 사역은 3-5절에 표현됩니다. 하나님의 사역은 매우 간단하게 서술되어 있습니다. 그분께서는 단지 "빛이 있으라"고 말씀하셨을 뿐입니다. 그 결과 빛이 존재하게 되었습니다. 그러면 단지 말씀에 의해서 존재하게 된 이 빛은 어떠했을까? 4절은 "그 빛이 하나님의 보시기에 좋았더라"고 진술하고 있습니다. 이것은, 그 빛이 하나님께서 단순히 감상(鑑賞)하거나 관람(觀覽)하시기에 좋았다는 뜻이 아닙니다. 그것은 "하나님께서 그 빛을 보셨더니 (그 빛이) 좋았다"는 표현으로서 하나님의 판정 결과를 알려 주는 것입니다. 바꿔 말하자면, 하나님께서는 그 빛이 어떠하신지를 보셨고 그 결과 그 빛은 의도하신 목적에 맞도록 잘 지어졌다는 의미입니다. 그렇다면 그 의도하신 목적은 무엇입니까? 그것은 4절 하반절에 시사되어 있습니다.

　4절 하반절은 "하나님이 빛과 어두움을 나누사"라고 말합니다. 여기서 '빛'과 '어두움'은 각각 '하나님께서 방금 창조하신 빛'과 '깊음 위에 있는 흑암'(2절)을 가리키는 것입니다. 빛이 존재하게 됨으로써, 이제껏 깜깜하기만 하던 땅에 변화가 생겼습니다. 즉 빛과 어두움이 공존하게 되었습니다. 이러한 결과는 하나님께서 빛을 창조하심으로 나타난 것입니다. 그래서 4절 하반절은 "하나님께서 그 빛과 그 어두움을 나누셨다"(직역)고 표현하고 있습니다. 이어서 5절은 하나님께서 행하신 일 한 가지를 덧붙이고 있습니다. 하나님께서는 그 빛을 낮이라고, 그 어두움을 밤이라고 칭하셨습니다. 이 빛은 창조된 이후로 언제나 존재하게 됩니다. 그러나 그렇다고 해서 어두움은 전혀 필요없는 것이 되어 완전히 사라지게 된 것은 아닙니다. 그분께서 지으신 모든 것은 그 어느 것도 불필요한 것이 하나도 없습니다. 빛과 어두움은 완벽한 조화 가운데 서로의 창조된 목적을 다하게끔 된 것입니다. 따라서 항상 환하기만 하거나 항상 깜깜하기만 한 것이 아닙니다. 그 빛의 영향하에 있게 될 때도 있고 그 어두움의 영향하에 있을 때도 있습니다. 그래서 영향을 미치는 그 주체의 명칭을 따서 전자의 경우는 '낮', 후자의 경우는 '밤'이라는 시간대의 구분이 생기게 된 것입니다.

5절 하반절은 직역하자면, "그리고 저녁이었다. 그리고 아침이었다. 첫째 날(이다)"입니다. 여기서 우리는 첫째 날의 창조가 마무리된 시점이 저녁이라는 것을 알 수 있습니다. 말씀으로 빛을 창조하신 후에 어느 정도 시간이 흐르고 나니까 저녁이 된 것이 아니라, 빛을 창조하시고 그 빛이 자신의 의도대로 지어졌음을 아시고 또한 빛의 창조로 인하여 어두움과의 분리가 생기고 그 빛과 어두움을 낮과 밤으로 칭하신, 첫날의 모든 사역이 끝난 때는 저녁이었다는 것입니다. 아침보다 저녁이 순서상 먼저 나타난 것은 당연한 일입니다. 창조된 그 빛이 '낮'이라 칭함을 받았기에 시간상 낮 다음에는 '저녁'이 오기 때문입니다. 그리고 밤이 지나 아침이 됩니다. 이로써 첫째 날4)이 지났습니다.

　6절부터 8절까지는 둘째 날에 있던 하나님의 창조 사역을 서술하고 있습니다. 역시 첫날과 마찬가지로 하나님께서는 '틀'을 만드시는 작업을 하십니다. 물로 가득 찬 땅을 위 아래 두 부분으로 나누십니다. 이 일을 이루시려고 그분은 물 가운데 궁창이 있기를 명하십니다. 이로써 윗 물과 아랫 물로 나누어지게 하신 것입니다. 하나님의 말씀에 따라 이 일이 이루어집니다. 이것이 6절의 내용입니다.

　그러나 6절과 7절의 묘사에는 조금 이상한 점이 보이는 듯합니다. 6절은 "하나님이 가라사대 물 가운데 궁창이 있어 물과 물로 나뉘게 **하리라 하시고**"라고 표현한 반면에, 7절은 "하나님이 궁창을 만드사 궁창 아래의 물과 궁창 위의 물로 나뉘게 하시매 그대로 되니라"고 표현하고 있기 때문입니다. 따라서 이 표현대로 이해하자면 6절에서 하나님은 자신의 계획을 말씀하신 것뿐입니다. 그리고 궁창은 하나님의 말씀에 의해서 만들어진 것이 아닙니다. 7절이, 하나님께서 손수 만드심으로 궁창이 존재하게 되었다고 말하는 것으로 보이기 때문입니다. 그렇다면 이로써 하나님께서 자신의 말씀 그 자체만으로는 궁창을 만들 수 없으셨다는 결론에 이르게 됩니다. 그러나 과연 이러한 결론이 올바른 것이겠습니까? 이러한 오해를 해소시키기 위해 우리는 6절과 7절을 직역해 보아야겠습니다. 이 두 구절은 이렇습니다.

　그리고 하나님께서 말씀하셨다. "그 물 가운데 궁창이 있어라. 그래서 물과 물로 나뉘어져라"(6절). 그리하여 하나님께서 그 궁창을 만드셨다. 그리고 그 궁창의 아래쪽

에 있는 물과 그 궁창의 윗쪽에 있는 물을 나누셨다.(7절)

이처럼 6절은 하나님의 계획을 알려 주는 것이 아니라 그분께서 말씀하신 내용 그 자체를 기록하고 있는 것입니다. 그리고 7절은 그 말씀의 선포로 인하여 생겨난 결과를 설명해 주고 있는 것입니다. 결국 이 두 구절은 하나님의 사역에 대해 두 가지 측면의 설명을 제공합니다. 하나는 하나님의 말씀으로 인한 창조이고 다른 하나는 그분의 직접적인 창조입니다. 이어서 7절 하반절은 "그래서 그대로 되었다"는 명백한 선언을 표현함으로써 6절과 7절을 압축시켜 놓습니다. 이로써 그분의 말씀의 능력이 어떠한지와 동시에 이것이 하나님의 직접 창조하심의 결과임을 드러내 줍니다. 이어서 하나님께서 자신이 말씀으로 만드신 그 궁창에게 '하늘'이라는 이름을 붙이셨습니다.[5] 그리고 이와같이 궁창과 물이라는 틀을 만드시는 사역이 다 끝나자 때는 저녁이었습니다. 다시 밤이 오고 아침이 되었습니다. 이로써 둘째 날이 끝나고 셋째 날의 아침을 맞게 됩니다.

셋째 날의 사역은 9-13절에 나타나 있습니다. 하나님께서 말씀하십니다. "그 물은 하늘 아래로부터 한 곳으로 모이고 뭍이 드러나라." 하나님께서는 궁창 아래에 있는 모든 물들이 한 곳으로 모이도록 명하셨습니다. 따라서 물은 낮은 곳으로 흘러내렸고 그 결과 상대적으로 높은 곳은 드러나게 되었습니다. 하나님의 말씀 그대로 이루어진 것입니다. 그러자 하나님께서는 물이 빠져나감으로써 드러난 부분을 '땅'이라 이름 붙이시고 물이 모여 있는 곳을 '바다'라 하셨습니다. 이 모든 일들이 하나님께서 의도하신 그대로 이루어졌습니다.

"하나님이 보시기에 좋았더라"(10절)는 표현의 직역은 "그리고 하나님께서 (그것이) 좋다는 것을 보셨다"인데, 이것의 의미는 단순히 바다와 뭍의 광경이 보기에 좋았다는 사실을 말하는 정도에서 그치는 것이 아닙니다. 하나님께서는 바다와 뭍이 좋다는 사실을 파악하셨습니다. '좋다'는 말은 여러 가지 의미를 갖습니다. 그러나 여기서 부각되고 있는 사실은, 하나님께서 말씀하시자 그 말씀대로 이루어졌다(9절 하반절)는 것입니다. 따라서 '좋다'는 말의 의미도 그런 시각에서 이해되어야 하는 것입니다. 물론 바다와 뭍이 아름답게 창조된 것은 말할 나위 없는 사실이지만, 그것 역시 하나님께서 그렇게 의도하셨기 때문에 그렇게 된 것입니다. 그러므로 하나님께서는, 바다와 뭍이 자신의 말씀대로 자신의 의도대로 창조되었다는 사실을 아셨고 그래서 '좋았더라'는 표현이 사용된 것입니다.[6]

　11절부터는 셋째 날에 창조된 또 다른 '틀'이 무엇인지를 말하고 있습니다. 그것은 한 마디로 말해서 '식물'(植物)입니다. 하나님께서는 '땅은 풀, 즉 채소와 과목(果木)을 내라'고 말씀하십니다. 그러자 하나님의 말씀대로 식물이 생겨났습니다. 여기서 '풀'이란 소나 양이 뜯어먹는 풀 정도로 좁게 이해되기보다는 땅 위에 존재하는 모든 식물을 가리키는 용어로 간주되어야 할 것입니다.[7] 여기서 식물은 두 가지 범주로 분류되고 있습니다. 물론 이 분류는 오늘날의 독자를 위해 과학적 분류 기준에 의해 나누어 놓은 것은 아닙니다. 일차 독자들을 위한 것으로서 이 정도면 충분히 식물계 전체를 포함한다고 생각할 만한 일반적 분류인 것입니다. 두 가지 분류는 씨맺는 것과 열매맺는 것입니다. 바꿔 말하자면, 식물은 그 씨가 열매 안에 있는 것과 그렇지 않은 것으로 나뉘어진다는 것입니다.[8] 여기서 '채소'는 무우나 배추와 같이 사람이 심어 가꾸는 나물류만을 의미하진 않습니다. 아직 사람은 존재하지도 않았기 때문입니다. 채소는 과일나무와는 달리 열매 안에 그 종자를 갖고 있지 않은 모든 식물을 가리키는 넓은 의미로 쓰신 낱말인 것입니다. 그리고 특별히 관심을 기울여야 할 점은, 채소와 나무 이 모든 식물이 '각기 종류대로' 생겼다는 사실입니다. 여기서 말하는 '종류'가 오늘날 생물학적 구분에 사용되는 '종'(種)과 일치하는지는 분명하게 알 수 없지만 적어도 '각기 종류대로'라는 표현은 어떤 하나에서 모든 것이 시간이 지남에 따라 차츰차츰 생겨나게 되었다는 식의 이해는 맞지 않는 것임을 잘 드러내 주고 있습니다. 식물들은 하나님의 말씀의 능력으로 한 날 즉 셋째 날에 모두 각기 그 종류대로 땅에서 생겨난 것입니다. 이러한 사실은 '그러자 그대로 되었다'는 표현에서 분명하게 입증됩니다.

이어서 12절은 11절의 사실을 매우 분명하게 말하고 있을 뿐만 아니라 자신의 말씀대로 이루어진 사실에 대한 하나님의 반응을 기록하고 있습니다. 하나님의 말씀이 있자 땅에서 풀, 즉 식물이 솟아나왔습니다. 이것을 "땅이 풀……를 내니" 하고 표현한 것입니다. 여기 12절에서는 앞 절에서 사용된 "각기 종류대로"라는 표현을 채소와 나무 둘 다에게 붙여 사용함으로써 하나님께서 식물계 전체를 셋째 날 하루에 각각 그 종류대로 창조하셨다는 사실을 분명하게 밝혀 주고 있습니다. 이로써 셋째 날의 식물 창조는 하나님께서 의도하신 그대로 만족하게 이루어졌습니다. 그래서 12절 하반절은 "하나님이 보시기에 좋았더라"고 기록하고 있습니다. 셋째 날이 저물어 저녁이 되었습니다. 그리고 밤이 지나고 넷째 날의 아침이 동터오게 됩니다.

14절부터 19절까지는 넷째 날의 창조 사역이 기록되어 있습니다. 사흘 동안 하나님께서는 '틀'을 만드셨고 이제 앞으로 사흘 동안은 그 틀을 활용할 대상을 만드시게 됩니다. 다시 하나님께서는 이렇게 말씀하십니다. "그 하늘의 궁창에 광명들이 있어라." 여기서 '광명'이란 '빛'을 가리키는 것이 아니라 '빛을 지닌 물체'(light-bearer)를 의미합니다. 그런데 이 광명체들은 '그 하늘의 궁창' 안에 있게 됩니다. 여기서 '궁창'이라는 것은 둘째 날 지음받은 궁창과 똑같은 것은 아닙니다.[9] '그 하늘의 궁창'이라는 표현이 그 범위를 한정짓고 있기 때문입니다. 이미 하나님께서는 둘째 날 궁창을 만드시고 그것을 하늘이라 이름하셨습니다(8절). 따라서 '그 하늘'이라는 한정된 명칭은 앞에 언급된 '하늘' 즉 8절의 하늘을 가리키는 것입니다. 그러니까 여기 14절의 궁창은 둘째 날 궁창(하늘)의 한 부분을 의미하는 것입니다. 사람의 눈에 보이는 하늘의 공간을 가리키는 것으로 이해하면 되겠습니다.

　　광명을 하늘의 궁창에 있게 하신 목적이 무엇인지에 대해서는 14절 하반절과 15절이 알려 주고 있습니다.[10] 첫째는 낮과 밤의 구별이 있도록 하기 위함인 것입니다. 첫째 날에 빛이 창조됨으로써 어둠과 빛의 분리는 생겨났습니다만, 아직 낮과 밤이라는 시간적 구분은 생기지 않았습니다. 그러나 이제 하늘의 궁창에 광명이 있게 됨으로써 아직까지는 공존 상태에 있던 빛과 어둠이 규칙적으로 번갈아 가며 나타나게 된 것입니다. 둘째로, 기상(氣象) 상태나 비상한 사건 등을 예측해 볼 수 있는 징조와 절기(節氣) 또는 계절 그리고 날[日]과 해[年]를 형성하기 위함인 것입니다. 셋째로, 땅에 빛을 주기 위함인 것입니다. 이로써 모든 생물과 사람이 살기에 적합한 환경을 만드시려는 것입니다. 14절과 15절에 걸친 말씀의 내용은 하나님의 말씀대로 이루어졌습니다. 이 사실을 가리켜 15절 하반절은 "그대로 되니라"고 표현하였습니다.[11] 역시 하나님의 말씀의 능력에 의해서 넷째 날의 모든 것들이 지음받게 된 것입니다.

16-18절은 14, 15절을 좀더 자세히 설명하면서 동시에 지음받은 모든 것들이 하나님의 직접적인 창조에 의해서 존재하게 된 것임을 부각시키고 있습니다. 16절의 직역은 다음과 같이 배열될 수 있습니다.

> 그리고 하나님께서 만드셨다
> 두 개의 큰 광명체를 -
> 낮의 다스림을 위하여 큰 광명체를
> 밤의 다스림을 위하여 작은 광명체를 -
> 그리고 별들을

위의 직역에서 보는 바대로, 16절은 하나님께서 만드신 것이 두 개의 큰 광명체 즉 해와 달, 그리고 별들이라는 사실을 알려 줍니다. 우리가 알기로 어떤 별들은 이 지구는 말할 것도 없이 태양보다도 몇 백 배나 더 큽니다. 그런데도 해와 달을 별들에 비해서 더 큰 두 개의 광명체로 표현한 것은 그 당시 일차 독자들의 천체관(天體觀)에 맞추어 표현하고 있기 때문입니다. 일차 독자들이 눈으로 보기에는(지금 우리가 보기에도 마찬가지입니다), 해와 달은 별들에 비해 매우 크고, 그 둘 중 더 큰 것은 해입니다. 그래서 16절은 하나님께서 두 큰 광명을 만드셨는데 하나는 '큰 광명' 다른 하나는 '작은 광명'이라고 표현하고 있는 것입니다. 그리고 두 광명체와 연결된 문구가 각각의 광명체의 역할을 알려 줍니다. 한글 개역 성경에서는 하나님께서 큰 광명체는 낮을, 작은 광명체는 밤을 주관하도록 하셨다고 했는데, 위의 직역에서 알 수 있듯이, '주관'이라는 말은 '다스림'을 의미하는 것입니다. 그러나 여기서 '다스림'이라는 말은 비유적인(figurative) 의미로 이해되어야 합니다. 왜냐하면 그 말이 인격적인 존재가 아닌 사물(事物)에게 사용되었기 때문입니다. 그렇다면 '다스림'이라는 명사의 의미는 무엇인가? 이 말은 적어도 이 문단(14-19절)에서는 단지 하나의 뜻을 지닌 것이라기보다는 두 광명체의 기능 전체를 포괄하여 나타내 주는 표현인 것입니다. 이러한 사실은 아래의 대칭적인 배열에서 드러날 것입니다.

　17절 상반절은 하나님께서 만드신 해와 달과 별들을 두신 장소를 말하고 있습니다. 하나님께서는 그것들을 "하늘의 궁창"에 두셨습니다. 그렇다면 하나님께서 그것들을 사람이 볼 수 있는 하늘의 공간에 두신 목적은 무엇인가? 그 목적은 17절 하반절과 18절 상반절에 언급되어 있습니다. 이 목적은 세 가지인데, 내용상으로는 14-15절의 언급과 같으나 표현된 순서는 정반대입니다. 이와같이 기록자는 동일한 목적을 역순(逆順)으로 반복함으로써 아래의 배열[12]에서 보는 바와 같이, 하나님께서 해와 달을 만드신 사실을 문단(14-19절)의 중앙에 놓고 있습니다.

```
A  낮과 밤을 나누기 위하여                    (14절 상)
 B  징조와 사시와 일자와 연한을 위하여         (14절 하)
  C  땅을 비추기 위하여                        (15절)
    D  낮의 다스림을 위하여 ┐ 하나님께서 두 큰  (16절 상)
    D´ 밤의 다스림을 위하여 ┘ 광명을 만드셨다   (16절 하)
  C´ 땅을 비추기 위하여                        (17절)
 B´ 낮과 밤을 다스리기 위하여                  (18절 상)
A´ 빛과 어두움을 나누기 위하여                 (18절 하)
```

대칭적인 배열 구조를 가진 문단에서는 중앙에 놓인 요소가 가장 부각되는 중요한 요소인 것입니다. 그리고 나머지 요소들은 이 중심 요소를 설명하거나 보완해 주는 보조 요소인 것입니다. A와 A´, B와 B´, C와 C´에 표현된 목적은 D와 D´에 표현된 목적을 설명하고 있는 것입니다. 따라서 '다스림'이라는 표현은 세 가지 목적 전체를 의미하는 용어로 쓰인 것입니다.[13] 한편 대칭적 구조에서는 동일한 내용이라 할지라도 그 내용의 표현을 바꿈으로써 그 내용의 의미를 더 풍부하고 정확하게 만들 뿐만 아니라 신선감을 제공합니다. 이것이 대칭적 구조의 일반적인 특성입니다. 그래서 서로 대칭되는 세 가지 목적 사이에 표현상 차이가 있는 것입니다.

18절 하반절에는 하나님의 평가가 나타납니다. 넷째 날의 창조 사역도 하나님께서 의도하신 바대로 완벽하게 이루어졌습니다. 넷째 날의 사역이 마무리된 때는 저녁이었습니다. 밤이 왔고 다시 아침이 되었습니다.

20-23절은 다섯째 날의 창조 사역을 묘사하고 있습니다. 이 문단에서도 다른 문단의 경우와 마찬가지로 말씀으로 창조하심(20절)을 말하고 이어서 직접 창조하심(21절)을 언급하고 있습니다. 그러나 다른 문단에서는 찾아볼 수 없는 내용이 추가되어 있습니다. 그것은 하나님께서 지으신 모든 생물에게 복을 주신 사실입니다.(22절)

하나님께서 다섯째 날에는 둘째 날 만드신 틀인 '물과 하늘'에 내용물을 채우시는 사역을 하십니다. 20절 상반절은 물의 내용물을, 하반절은 하늘의 내용물을 언급하고 있습니다. 하나님께서는 물 속에 생물이 번성하라고 말씀하십니다. 여기서 '번성하다'라는 말은 우글거릴 만큼 가득 차는 것을 의미합니다. 그리고 하반절에서는 새들이 날으라고 말씀하십니다. 새들이 날아다닐 장소는 "땅 위 하늘의 궁창에"라고 표현되었는데, 이 표현의 직역은 "그 땅 위에 (즉) 그 하늘의 궁창의 표면 위에"입니다. 여기서 알 수 있듯이, 새들의 활동 장소는 해나 달 또는 별들이 있는 '하늘의 궁창'(17절)과는 거리가 있는 것입니다. 하늘의 궁창은 심히 광대한 공간인데, 저 안쪽에 즉 땅과는 아주 멀리 떨어져 있는 공간에 광명체들이 있는 것이고, 새들은 바로 땅 위에 즉 궁창의 가장자리에서 날아다니도록 된 것입니다.

21절은 20절을 설명하는 구절인데, 앞에서 말씀드린 바대로 20절과는 달리 하나님의 직접 창조하심을 부각시키면서 앞의 내용을 설명하고 있습니다. 21절은 물 속에서 우글거리게 된 생물과 땅 위에서 날게 된 새들이 어떤 것인지를 분명하게 밝혀 줍니다. 물은 한 두 가지 종류의 생물로 가득 찬 것이 아닙니다. 움직이는 온갖 종류의 생물이 창조된 것입니다. 물론 큰 물고기들도 지음받았습니다. 어느 하나도 하나님의 창조의 손길을 거치지 않고 스스로 존재하게 된 것은 없습니다. 뿐만 아니라 하나님께서는 날개 달린 모든 종류의 새들을 창조하셨습니다. 특히 이 구절에서 부각되고 있는 사실은, 하나님께서 물과 하늘에 존재하는 모든 생물을 종류대로 만드셨다는 것입니다. 하나님께서 이 모든 사역을 마치시고 지으신 모든 생물을 보시니 그것들은 자신의 의도대로 완전하게 창조되었습니다.

22절은 다른 문단에는 나타나지 않은 새로운 사실을 언급하고 있습니다. 이것은 하나님께서 지으신 모든 생물들에게 복을 주신 사실입니다. 하나님께서 어떠한 복을 주셨는가? 이 복의 내용은 그분께서 하신 말씀 안에 담겨 있습니다. 그분은 "생육하고 번성하여 여러 바다 물에 충만하라 새들도 땅에 번성하라"고 말씀하셨습니다. '생육하다'는 말은 '많은 열매를 맺다' 또는 '다산

(多産)하다'는 의미를 가지며, '번성하다'는 21절에서의 의미와는 달리 '많아지다'는 의미이며, '충만하다'는 '가득 차다'는 의미입니다. 따라서 이 문장에서 '생육하다'와 '번성하다', '충만하다'라는 세 동사는 표현만 다를 뿐 실상은 '많다'는 하나의 공통적인 개념을 갖고 있습니다. 그리고 이처럼 여러 가지 표현을 사용하여 하나의 의미를 나타내는 것은 강조하기 위해서입니다. 따라서 이 말씀의 내용은 한마디로, 지으신 모든 생물의 활발한 종족 번식입니다. 이 구절에서 드러나는 사상은, 종족 번식의 왕성함은 단순히 자연적인 일이 아니라 하나님이 주신 복이라는 사실입니다. 새들도 역시 하나님의 복 주심으로 인하여 그 종족의 수를 많게 할 수 있는 것입니다. 그리고 새들이 비록 날아다니는 공간은 궁창이지만 알을 낳고 새끼들을 키움은 땅에서 이루어져야 하는 일이므로 "땅에 번성하라"는 말씀은 자연스러운 것입니다.

　　23절은 다른 날들과 마찬가지로 "저녁이 되며 아침이 되니 이는 다섯째 날이니라"는 말씀을 서술함으로써 이 날의 사역의 끝마침을 알려 줍니다. 여섯째 날과 일곱째 날에 관한 내용은 다음 과에서 계속해서 공부하겠습니다.

　　그럼 이제 오늘 우리가 다룬 본문의 전체 내용을 생각해 보아야겠습니다. 그러나 지금 우리가 하려는 것은 단순히 이제껏 살펴본 내용을 간추려 보려는 것이 아닙니다. 본문 내용을 통해서 기록자가 무엇을 말하려고 하였는가 그 중심되는 사상을 찾아보려는 것입니다. 중심 사상을 파악하는 것이야말로 그 글을 쓴 사람의 의도를 올바로 이해하는 것입니다. 말의 경우에도 마찬가지입니다. 사람이 말이나 글을 쓸 때는 나름대로 어떤 의도나 목적을 갖고 있고 이것은 문장을 통해서 표현됩니다. 따라서 그 말을 듣거나 그 글을 읽는 사람은 단순히 문장들 그 자체를 외우거나 문장들을 통해 드러난 어떤 사실들을 기억하는 것만으로는 그 의도나 목적을 알아낼 수 없습니다. 문장들을 분석하고 알아낸 사실들을 종합해서 판단하는 작업을 거쳐야만 읽은 글에 대해 올바른 이해를 갖게 되는 것입니다. 이런 작업이, 대화의 경우는 대부분 순간적으로 우리의 머리 속에서 진행되지만, 글의 경우에는 다소 시간이 걸립니다. 성경 말씀일 경우에는 현재 우리와의 문화적 시간적 간격이 더 크므로 작업 시간이 일반 다른 글의 경우보다 더 걸립니다. 그러나 아무리 많은 시간이 걸린다고 할지라도 성경 말씀의 올바른 이해를 위해서는 반드시 글의 분석-종합-판단의 작업 과정이 있어야 하는 것입니다. 이런 작업 과정을 통털어서 이른바 '해석'이라고 말하는 것입니다.

　간단한 예를 들어 보겠습니다. 두 꼬마가 화단 앞에 쪼그려 앉아서 자기 아빠 자랑을 늘어놓습니다. 한 꼬마가 말합니다. "우리 아빠는 내 자전거를 한 손으로 든다." 그러자 다른 꼬마가, "우리 아빠는 내 자전거를 손가락 두 개로 든다"고 응수합니다. 그러니까 처음 꼬마가 질 수 없다는 듯, "우리 아빠는 큰 자전거도 번쩍 든다"고 말합니다. 그러자 다른 꼬마가 약간 기세가 꺾인 듯하더니, "우리 아빠는 큰 자전거에 나를 태우고도 한 손으로 들 수 있다"고 반격을 합니다. 이러한 말 주고받기가 한동안 계속되더니만 말이 딸려서 더 이상 할 말을 못찾은 듯한 꼬마가 머쓱해지더니 "우리 총쌈할래?"하고 화제를 돌려버리고 맙니다. 이런 종류의 재롱담긴 예쁜 싸움은 예전에 우리 주위에서 가끔씩 볼 수 있었던 장면입니다. 그럼 이 이야기에서 각 꼬마가 말한 내용은, '자기 아빠는 무엇무엇을 어떠어떠하게 할 수 있다'는 것입니다. 그렇다면 각 꼬마가 자신이 말한 내용을 가지고 드러내려는 알맹이는 무엇입니까? 그것은, 단순히 그 꼬마가 나열한 이러저러한 사실들이 아니라, '자기 아빠는 힘이 세다'는 것입니다. 이와같이 글에서도, 직접 또는 간접적으로 표현된 사실들(facts)을 글의 내용이라고 하며, 이 내용을 통해 드러내려는 알맹이를 그 글의 중심 사상이라고 합니다.

　그렇다면 오늘 본문(창세기 1장 1절에서 23절까지만)의 내용과 중심 사상은 무엇입니까? 내용은, 여러 가지 사실들로 구성되어 있습니다. 이를테면, 하나님께서 하늘을 창조하셨다, 바다와 뭍을 창조하셨다, 온갖 식물들을 창조하셨다, 새들을 창조하셨다, 해와 달과 별들을 창조하셨다, 이 모든 것들을 말씀의 능력으로 만드셨다, 이 모든 것들이 하나님 보시기에 좋았다 등등 입니다. 그러나 이 내용을 간추리면 한마디로 그것은, '하나님께서 하늘과 땅 그리고 그 안에 있는 모든 동식물을 창조하셨다'고 말할 수 있습니다. 그렇다면 이러한 사실들로 구성된 내용을 통해 드러내려는 중심 사상은 무엇입니까?

　성경의 어떤 본문에서든지 그 중심 사상을 찾으려면 반드시 성경의 성격을 염두에 두어야 합니다. 바꿔 말하자면, 성경은 '하나님의 자기 계시'이므로 중심 사상은 인간 중심적이거나 도덕적 또는 윤리적 교훈의 형식으로 표현되어서는 안된다는 뜻입니다. 성경은 언제나 하나님 중심적으로 그 의도가 파악되어야 하는 것입니다. 그렇다면 앞의 질문 8번의 보기 (1)과 (2)는 맞는 답이 될 수 없습니다. 그것들은 성경의 독특한 성격과 관점을 무시하고 있기 때문입니다. 그러기에 일반적으로 중심 사상은 '하나님'을 주어(主語)로 한 문장으로 표현되어야 바람직합니다. 그러나 그렇다고 해서 '하나님'을 주어로 한 문장은 다 중심 사상이 될 수 있는 것은 아닙니다. 표현된 문장이 본문의 한 요소 또는 부분적인 사상에 불과한 것인지 아니면 본문의 내용 전체를 통해 드러난 중심적인 사상인지를 잘 분별해야 합니다. '하나님께서 말씀으로 그 모든 것을 창조하셨다'는 것은 이 본문에서 드러난 비중있는 사실입니다. 그러나 이 본문은 또 다른 비중있는 사실을 말하고 있습니다. 그것은 '하나님께서 그 모든 만물을 직접 창조하셨다'는 것입니다. 따라서 이 두 사실을 함께 묶어서 생각한다면, 말씀의 능력으로 만물을 모두 직접 창조하신 그분은 참으로 전능하신 창조자이심이 부각됩니다. 그리고 바로 이것이 오늘 본문의 중심 사상인 것입니다.

P 창세기 1:1-3에 대한 학자들의 의견은 분분합니다. 일일이 모든 의견이나 주장들을 살펴볼 수는 없으나 큰 흐름에 따라 간략하게나마 언급해 보고자 합니다. 우선 말씀드리고자 하는 것은 창세기 1:1의 천지(天地)를 어떻게 이해하고 있느냐 하는 점입니다. 칼빈(Calvin)이나 카일(Keil) 그리고 알더스(Aalders)는 그것을 세상을 구성하는 원물질(原物質, the substance of the world) 또는 세상의 초기적 형태(its elemmentary form)로 간주합니다[Keil and Delitzsch, *The Pentateuch:Commentary on the Old Testament in Ten Volumes*, trans. by James Martin, vol. 1 (Grand Rapids:Eerdmans, 1981), p.48; G. Ch. Aalders, *Genesis*, trans. by W. Heynen, 2 vols (Grand Rapids:Zondervan, 1981), 1:53]. 반면에 영(Young)은 그러한 구분을 인정하지 않고 '창조된 우주' 전체를 지칭하는 용어로 생각합니다. 앞의 의견에 대한 영 교수의 반론은 그의 책[Edward J. Young, *Studies in Genesis One* (Phillipsburg:Presbyterian & Reformed, 1979), pp. 9-11]에 나와 있습니다.

어떤 이들은 창세기 1장 1절은 처음 창조를 언급한 것이고 3절부터 재창조가 시작되었다고 생각합니다. 이렇게 생각하는 논리적 이유는, 2절의 "땅이 혼돈하고 공허하며……"라는 말씀 때문입니다. 그들의 생각으로는, 처음 창조된 세계가 그처럼 혼돈하고 공허하였다는 것은 하나님의 창조 사역의 문제점을 드러내는 것이므로 달리 해석하여야 한다는 것입니다. 그래서 그들은 2절의 표현을 "땅이 혼돈하고 공허하게 **되었으며……**"로 바꾸었습니다. 이렇게 바꿈으로써 1절과 2절 사이에는 본문이 전혀 시사조차 하지 않은 논리가 끼어 들어올 수밖에 없게 됩니다. 즉, 그 사이에는 사탄의 등장이라는 시나리오(scenario)가 끼어든 것입니다. 그러니까 이 논리는, 하나님께서 처음에 세상을 창조하실 때에는 참으로 아름답고 좋은 완벽한 세상을 만드셨으나 루시퍼(Lucifer)라고 하는 사탄이 이 세상을 자기의 지배하에 둠으로써 혼돈하고 공허하게 되었다는 것입니다. 이런 논리를 전개함으로써, 하나님의 창조 사역의 문제점을 해결한 듯하나 실상은 그분을 무책임하거나 무능력한 분으로 전락시키고 말았습니다. 왜냐하면 하나님께서는 자신이 창조한 세계에 대한 지배권을 사탄이 가로채도록 내버려두셨거나 빼앗기신 셈이 되기 때문입니다. 이처럼 1절과 3절 사이에는 긴 시간의 간격이 있다고 주장하는 이론이 '간격설'(the gap theory)인데, 이것은 3절이 재창조라고 주장하는 까닭에 '복구설'(the restitution theory)이라고도 일컬어집니다. 이 이론은 금세기 초엽에 매우 인기가 있었으나 그 이론적 근거의 빈약함 때문에 지금은 별로 주목을 받지 못하고 있는 형편입니다. 그러나 그럼에도 불구하고 그 이론이 우리 한국 교회에는 뿌리를 깊게 내렸는지 지금도 그 영향은 의외라고 할 만큼 막강합니다.

　　창세기 1:1-3에 연관된 이론들과 특히 간격설의 근거와 이설을 반박하는 주장들에 대해 자세히 알기를 원하시는 분은, 부르스 월키(Bruce K. Waltke) 교수가 쓴 "창세기 1장 1-3절에 나타난 창조 기사"[윤영탁 역편, 「구약신학논문집」 제5권 (수원:

합동신학교출판부, 1989), 7-49쪽]을 읽어 보시기 바랍니다.

　　위의 간격설의 주장에 따르면 사탄 루시퍼가 등장하는데 과연 이 사탄은 어디서 온 것인가? 그들은 이사야 14 : 12-20과 에스겔 28 : 12-19에 근거하여 사탄의 등장을 말합니다. 그러나 그들이 근거로 하고 있는 두 문단은 모두 역사적 사건을 언급한 것으로서 전자는 바벨론 왕의 몰락을 후자는 두로 왕의 몰락을 말씀하고 있습니다. 따라서 그 문단들은, 천사가 타락하여 사탄이 되었음을 말하는 근거가 될 수 없습니다[William J. Dumbrell, *The End of the Beginning* (Homebush : Lancer Books, 1985), p.174]. 그들이 아전인수(我田引水)식으로 성경을 해석하여 창세기 1 : 2 에 사탄을 등장시켰다는 사실을 드러내기 위해 하나의 예로서 이사야 14 : 12을 아래의 인용문을 통해 잠시 살펴보겠습니다.

　　　　12절은 오랫동안 잘못 해석되어 오고 있는 구절입니다. 이런 해석은 이 구절을 사탄의 타락을 말하는 근거 구절로 간주합니다. 계명성이 하늘에서 떨어졌다는 것을 사탄의 타락으로 여기는 것입니다. 계명성은 라틴어 번역 성경(Vulgate)에서 '루시퍼'로 되어 있는데, 이것과 연관지어서 사탄을 '루시퍼'라고도 합니다. 그러나 이런 식의 해석은 문맥을 무시해 버린 매우 그릇된 해석인 것입니다. 이미 13장에서 이사야 선지자는 바벨론에 대한 심판을 말씀하고 여기 14장에서는 바벨론 왕에 대한 심판을 말씀하고 있는 것입니다. 바벨론 왕은 그 당시 세계를 정복한 왕이었습니다. 그는 날아가는 새도 말 한 마디로 떨어뜨릴 수 있을 만큼 권세가 대단한 왕이었습니다. 그는 새벽 하늘에 홀로 반짝이는 샛별(계명성)과도 같이 역사상에서 찬란히 빛나는 존재이었습니다. 그러나 하나님 앞에서 지극히 교만한 죄인이었습니다. 그러기에 그에게는 하나님의 공의로운 심판이 불가피한 것입니다. 이러한 하나님의 심판으로 인하여 그는 멸망에 처하게 됩니다. 이 멸망에

대한 문학적인 묘사가 곧 12절인 것입니다. 12절은 다음과
같은 병행구절입니다.

어찌 그리   네가 떨어졌느냐   하늘로부터
                                    계명성, 아침의 아들아

[어찌 그리] 네가 찍혔느냐   땅에
                                    열국을 엎은 자여

이 구절에서 '열국을 엎은 자'와 '계명성, 아침의 아들'은 동
일한 존재를 가리키는 표현들입니다. 많은 나라를 정복하고
억압한 자는 곧 바벨론 왕이었습니다. 그러기에 그 위대한 정
복자를 새벽의 빛난 별에 비유한 것입니다. 그러던 그 왕이
도저히 상상할 수도 없었던 멸망을 당하게 된 것입니다. 그것
은 마치 하늘의 별이 땅에 떨어진 것과 마찬가지인 것입니다.
바로 이러한 멸망을 12절이 묘사하고 있는 것입니다. 따라서
이 구절을 사탄의 타락에 대한 근거 구절로 해석하는 것은 심
히 그릇된 일입니다.

위의 글은, 김영철, 「성경정독집 : 구약(하)」 (여수룬, 1988),
204-205쪽에서 인용한 것입니다. 그리고 하나 더 소개할 글은,
알렌(Robert L. Allen)이 쓴 "이사야 14 : 12에 나타난 계명성의
이해" [윤영탁, 「구약신학논문집」 제4권, 101-109쪽]입니다. 잘
읽어보시기 바랍니다.

A 기록자는 오늘 본문에서 지음받은 하늘과 땅 그리고 그 안의
모든 것들을 나열함으로써 천지와 모든 만물을 지으신 분이 하나
님이심을 처음 독자들에게 확실하게 밝히고 있습니다. 이로써 기
록자는 처음 독자들에게 하나님에 대한 어떤 강한 인상을 심어

주려는 것입니다. 그것은, 그분은 능력이 무한하신 전능자-창조자이시라는 인상입니다. 오랫동안 애굽에서 종살이 해온 이스라엘 백성의 사고 속에는 하나님에 대한 분명한 인식이 결여되었고 따라서 그분에 대한 믿음은 존재하지 않다시피 했습니다. 이러한 상태에 있는 그들을 하나님께서는 그 당시 세계 제일의 세력인 애굽의 군대와 그 신들을 물리치고 애굽으로부터 건져내셨습니다. 그리고 그들을 약속된 땅으로 인도해가시려 합니다. 그러나 그들에게는 군사훈련을 받은 정예부대가 없습니다. 성능 좋은 무기도 없습니다. 그럼에도 불구하고 그들은 이제 메마른 여러 광야를 거쳐 여러 강한 적들을 쳐부수고 가나안 땅으로 들어가야만 합니다. 따라서 그들은 오직 하나님에 대한 믿음만을 갖고 전진해야 하는 것입니다. 그러나 그들의 믿음은 변변치가 못합니다. 하나님에 대한 분명한 인식이 결여되어 있기 때문입니다. 그래서 기록자는 그분이 전능하신 창조주이심을 강조합니다. 이는 그들로 하여금, 그분이 그러한 분이시므로 그들을 애굽에서 빼내실 수 있었으며 홍해에서 애굽의 군대를 쳐부실 수 있었으며, 앞으로 모든 여정에서 능히 모든 적들을 물리치시고 그들을 안전하게 가나안 땅으로 인도하셔서 새로운 삶을 시작하게 하실 수 있음을 믿도록 하기 위함인 것입니다.

　이처럼 이 본문은 처음 독자들의 형편에 참으로 적절하고도 꼭 필요한 말씀인 것입니다. 그리고 그들은 이 본문의 말씀을 듣고 마음으로 받아들여야 합니다. 그래야 그들이 하나님을 더욱 분명히 알게 되고 따라서 그분을 더욱 신뢰할 수 있게 되는 것입니다. 이러한 결과에 이르러야 진정한 의미에서 말씀의 적용(application)이 이루어졌다고 말할 수 있습니다. 말씀의 적용이 우리의 마음 속에 이루어지려면, 먼저 본문이 말하고자 의도한 계시적 사실인 중심 사상을 깨닫고 그 다음에 이 사상에 자신을 비

추어 보아야 합니다. 이런 과정을 제대로 거치지 아니하면, 우리
는 새로운 부수적이고 단편적인 지식들을 습득하거나 윤리-도덕
적인 교훈을 찾아낼 수는 있지만, 결단코 하나님 그분께서 의도
하신 계시적 사실을 알 수 없습니다. 그 결과로 우리는 그분을 더
깊고 더 자세히 알아갈 수 없으며 그분과 더 친밀한 교제를 나눌
수 없으며 그분을 튼튼히 신뢰할 수 없게 되는 것입니다. 이 시점
에서 적용이 무엇인지에 대해 다시 한 번 말씀드리겠습니다.

중심 사상을 바로 이해하게 될 때 우리는 자연스럽게 우리의
삶 전체를 살펴보면서 하나님 앞에서 우리가 어떤 자세를 취
하여야 할지를 생각하게 됩니다. 이러한 살핌의 과정과 실천
즉 본문이 드러내주는 하나님의 계시에 합당하게 반응하는
것을 '적용'이라고 할 수 있습니다. '적용'이란, 해당 본문 전
체가 전달해 주려는 하나님의 계시를 고려함 없이 그저 자신
에게 부딪혀 오는 어떤 감명깊은 문구나 구절을 따다가 자기
생활 속에서 실천하려는 행위가 아닙니다. 이러한 '대입식'
적용은 비록 우리 생활 속에 유익한 자극과 용기와 격려를 아
니 그 이상의 것을 준다손치더라도, 결코 그 본문에서 의도된
하나님의 계시와 이 계시를 통하여 하나님께서 주시고자 하
는 은혜와 이로 인해 하나님과의 더 깊은 교제의 자리로 나아
가는 성숙함을 우리에게 가져다 줄 수 없는 것입니다. 하나님
의 말씀인 성경을 읽거나 공부하거나 설교를 통해 전해 듣거
나 가르침을 받는 목적은, 단지 좋은 것을 따다가 자신의 삶
에 유익하도록 사용키 위한 것이 아닙니다. 그 근본적인 목적
은, 하나님과 그의 보내신 자 예수 그리스도와 성령님을 알고
배우고 의지함으로 더욱 그분과 친밀한 교제를 갖는 것입니
다. 그렇기에 우리가 하나님의 말씀을 적용하는 기준을 어디
에 두는가는 매우 중요한 일인 것입니다. 어떤 본문을 대한
후에 자기 마음에 좋은 것을 취하여 이로 인해 은혜(?)를 받
았다 할지라도 그것은 하나님께서 그 본문을 통해 의도하신

은혜가 결코 아니라는 말입니다. 이러한 '대입식' 적용을 통하여 하나님의 은혜(?)를 받는 일에 익숙해진다 해도 그로써 결코 하나님께서 의도하시는 성장을 하기는 매우 어려울 것입니다. 그러한 자는 그저 자신의 삶을 경건한 분위기 속에 늘 담가 놓을 수는 있겠으나, 하나님께서 성경을 통해 계시하시는 그 풍성한 내용을 점점 더 깨달아가는 성숙의 계단을 밟고 올라가기는 어려울 것입니다. "모로 가도 서울만 가면 된다"는 식의 논리는 신자의 신앙 성숙에 매우 해로운 것입니다. 그런 식의 논리를 가진 자는 "성경을 보고 내가 좋고 그래서 은혜받고 신앙 생활에 유익하면 되지 본문에서 말씀하시는 하나님의 의도니 계시니 하는 것은 골치 아픈 일이 아니냐?"고 항변할 수도 있겠습니다. 그러나 우리가 진정 성경을 하나님의 말씀으로 믿고 받아들인 자답게 그분의 말씀대로 살기를 원한다면 말씀하신 그분의 참 뜻을 파악해야 하는 것입니다. 이러한 파악의 과정이 곧 '해석'이며 이 해석의 목적은 그분께서 그렇게 말씀하신 참 뜻 즉 그분의 의도를 아는 것입니다. 그리고 그분의 의도를 안 후, 우리가 그분 앞에서 바로 살기 위하여, 그분의 의도에 비추어서 우리 자신의 삶의 모든 부분의 과거와 현재를 살피고 반성하며 더욱 그분의 뜻에 맞게 우리의 미래를 꾸려 가려고 애쓰는 몸부림이 있어야 하는 것입니다. 이것이 앞에서 말씀드린 '하나님의 계시에 합당하게 반응하는 것'이며 올바른 '적용'입니다. 이러한 적용, 즉 주어진 본문을 바르게 해석하여 찾아낸 하나님의 의도(그 본문의 중심 사상)의 빛 아래서 자신을 보는 작업이 계속될수록 그는 하나님 자신을 더 크고 깊고 넓게 알며 교제하는 삶을 누리게 되며 온통 그분으로 가득 찬, 그분만으로 만족해 하는, 그분 때문에 감사하며 사는 풍요롭고 윤택한 삶을 만끽할 것입니다. [김영철, 「주님의 주님되심 : 신약 ① (여수룬, 1988), 33-35쪽.]

이제 이 본문의 중심 사상이 오늘날 우리 그리스도인들과는 어떻게 연결되는지를 생각해 보아야 하겠습니다. 이 본문의 처음 독자들과 우리들 간에는 메울 수 없는 간격이 엄연히 존재하고 있지만 구원의 측면에서 보면 공통성을 지니고 있습니다. 그들은 애굽에서 가나안으로 가는 자들입니다. 그러나 이들의 움직임은 단순히 거주 장소의 이동이 아닙니다. 그들은 자신들의 힘으로는 도저히 빠져나올 수 없는 세력의 지배 아래에서 종 노릇하였습니다. 그들은 하나님을 섬기는 대신 애굽 신들과 애굽 왕을 섬기는 종들이었습니다. 이러한 그들을 하나님께서 전능하신 능력으로 종살이 하던 데서 빼내 오셨습니다. 이로써 그들은 하나님의 구원의 은혜를 맛보고 그분의 백성으로서 그분과 더불어 사는 새로운 삶을 살기 시작하게 됩니다. 그리고 이 삶은 새로운 땅에서 더욱 풍요롭게 영원히 지속될 것이므로 그 땅을 향해서 그들은 전진하고 있는 것입니다. 즉, 그들은 구원받고 구원의 복을 누리며 구원의 완성을 향해 나가고 있는 자들인 것입니다. 우리 그리스도인 역시 그들과 동일한 성격의 행진을 하고 있는 자들입니다. 비록 우리가 구원받은 것은 애굽으로부터가 아니며 목적하고 있는 땅은 팔레스타인에 위치한 가나안 땅이 아니지만 그것들이 갖고 있는 신학적 성격에 비추어 볼 때 우리의 여정도 그들의 여정과 동일한 성격의 것입니다. 우리 그리스도인들은 하나님을 모르고 세상을 좇던 데서 하나님의 은혜로 구원을 받아 구원의 복을 누리면서 살고 있지만 동시에 약속된 새 하늘과 새 땅을 소망하며 그곳에서 이루어질 구원의 완성을 기다리는 자들이기 때문입니다. 이처럼 우리는 처음 독자들처럼 '이미 이루어졌으나 아직은 완성되지 않은'(already but not yet) 구원 역사의 긴장 속에서 사는 자들이므로 오늘 본문은 우리의 형편에 적절할 뿐더러 오늘날의 무신론적인 사상 때문에 오히려 더 절실하게 필요한 것입니다.

　　오늘날 교회 안에는 성경적인 모양을 갖추었으나 실상은 세속적인 여러 사조(思潮)와 사상(思想)이 곳곳에 깔려 있습니다. 그 대표적인 예가 신관(神觀)입니다. 많은 교인들이 하나님의 존재는 인정하나 그분을 전능하신 창조주로 간주하지 않습니다. 그러나 이러한 사고는 무신론(無神論)의 수준을 조금 넘어선 것일 뿐 진정한 의미에서 기독교의 신관이라고 말할 수 없습니다. 또 어떤 이들은 예수 그리스도만 자신의 구세주로 믿는다면 하나님을 어떻게 생각하든지 크게 문제될 것이 없다고 생각하는 듯합니다. 이것은 성경이 말씀하는 구원이 어떤 성격의 것인지를 전혀 이해하지 못한 데서 생겨나는 기형적인 사고입니다. 창조가 전제되지 않은 구원은 사상누각(砂上樓閣)과 같은 것입니다. 더군다나 창조가 전제되었다 하더라도 창조자가 없거나 불분명한 경우라면 이 창조와 연관된 구원은 한낱 환상이나 꿈에 불과한 것입니다. 간단히 말하자면, 인간을 비롯하여 창조된 모든 것이 죄의 영향 아래 있다가 하나님의 전능하신 능력으로 그 영향에서 벗어나 새롭게 재창조되는 것이 구원입니다. 따라서 하나님 그분을 전능하신 창조주로 믿지 않는다면 그분이 이루실 구원을 의심하는 것이며 예수 그리스도를 구세주로 믿는다는 고백도 실상은 쭉정이에 불과한 것입니다.

　　하나님을 전능하신 창조주로 제시한 본문의 중심 사상을 우리가 인정하고 받아들인다면 이 계시적 사실에 비추어 우리 자신의 사고와 삶을 살펴보아야 할 것입니다. 이것이 우리가 성경 말씀에 대해 합당히 반응하는 것이며, 이것이 곧 올바른 적용입니다. 우리 그리스도인들은 이론적으로는 그분이 전능하신 창조주이심을 믿고 있습니다. 그러나 삶의 현실 속에서는 이 사실을 잊을 때가 많습니다. 사방이 다 막힌 것같이 어려운 처지에 처하게 되면 우리는 하나님께 특별한 도움을 구합니다. 그러나 우리가 원하는 대로 일들이 풀려나가지를 않습니다. 그러면 우리는 곧잘 그분이 전능하신 창조주이심을 잊고 그분의 무능력함(?)을 마음 속으로 탓하게 됩니다. 그러나 그분의 능력은 우리의 소원에 따라 조종되는 것이 아닙니다. 설사 우리가 그분께 아무런 도움을 얻지 못해서 우리의 형편이 이루 말할 수 없는 꼴이 되어 버린다 해도, 그것이 그분의 전능하신 능력이 무력해지거나 약해졌다는 표시는 아닙니다. 그분은 모든 것을 지으신 창조주이십니다. 그분은 자신의 기쁘신 뜻과 세우신 목적에 따라 자신의 전능하신 능력을 사용하시는 분이십니다. 그러므로 우리가 그분의 전능하심을 믿는다 하면서 우리의 소원대로 그 능력을 사용해 주시길 원하는 것은 그분의 전능하심을 시험하는 결과를 가져올 수 있다는 사실을 명심해야 할 것입니다.

그분이 전능하신 창조주이심을 진정 믿으신다면 여러분은 진화론이나 이런 이론에 근거한 사상들을 받아들일 수 없는 것입니다. 물론 진화론이라는 용어 자체에 대해서는 거부감을 갖는 그리스도인들이 많지만, 그런 용어를 직접 쓰지는 않지만 그 실제적인 면에서는 진화론에 근거한 사상들은 무비판적으로 심지어는 호감을 갖고 받아들이는 사람들이 교회 안에 많이 있습니다. 이런 사람들은, '이론은 과학적인 것으로 신앙은 그리스도 중심적으로' 하는 식의 표어를 내세우지만 사실상 그들은 신앙과 삶을 분리시켜 놓은 그릇된 생각을 갖고 있는 것입니다. 우리가 잘 알다시피, 성경은 오늘날의 과학적인 모든 지식들을 담아 놓은 과학서적이 아닙니다. 성경은 과학적 설명을 시도하지 않습니다. 그러나 그렇다고 해서 성경이 비과학적인 사실들을 말하고 있는 것은 아닙니다. 어쨌든 우리의 입장은 성경을 통해서 과학을 비롯한 모든 학문을 이해하고 평가해야 하는 것입니다. 이것이 그리스도인의 자세입니다. 따라서 우리가 믿는 성경의 가르침에 위배되는 모든 사상과 사조나 이론을 배척해야 합니다. 기록 목적상 창세기 1장이 이 세상에 존재하는 모든 동식물의 종류를 다 언급하고 있지는 않지만 이 본문에서 분명히 알 수 있는 사실은, 우리가 섬기는 하나님은 세상 만물을 존재하게 하신 창조주이시라는 것입니다. 그렇다면 세상 만물의 기원을 자연발생적인 것으로 설명하려는 모든 이론은 그것이 어떤 고상한 형태를 취하든지 간에 또는 과학이라는 미명(美名)을 쓰고 제시되든지 간에 마땅히 거부되어야 하는 것입니다. 하나님을 전능하신 창조주로 믿는 그리스도인은, 과학 그 자체를 배척하지 않습니다. 과학도 하나님께서 인간의 윤택한 삶을 위해 그리고 무엇보다도 인간이 만물을 다스리도록 하시기 위해 허락하신 선물이기 때문입니다. 우리가 배척하려는 것은 다만, 과학이라는 이름은 달고 있지만 실상은 하나님을 거부하려는 사상에서 비롯된 온갖 이론인 것입니다.

하나님께서는 온 우주를 창조하신 분이십니다. 그러나 지음받은 이 세상은 인간의 타락으로 인해 저주 아래 놓였습니다. 이러한 불행한 상태는 하나님의 창조의 목적과 의도와는 전혀 다르게 바뀌어버린 사실인 것입니다. 그럼에도 불구하고 하나님께서 이 세상을 포기하시지 않으셨습니다. 그것은 곧 그분 자신의 목적과 의도를 포기하는 것이기 때문입니다. 그분께서는 전능하신 능력을 나타내시어 다시 새하늘과 새땅을 창조하실 것입니다. 이로써 자신이 전능한 창조주이심을 또 다시 역사상에서 드러내실 것입니다. 우리는 이러한 사실을 믿기에 그때를 기다리며 사는 것입니다. 새하늘과 새땅에서 하나님과 더불어 영원히 함께 살기를 소망하며 이 땅에서 살고 있는 것입니다. 그분은 전능한 창조주

이십니다. 그분은 우리 힘으로는 도저히 어쩔 수 없는 죄의 노예
된 상태에서 그 결박을 끊으시고 우리를 구원하셨습니다. 그리고
그분은 우리를 새하늘과 새땅에 이를 때까지 자신의 전능하신 능
력으로 인도해가실 것입니다. 그분은 온 세상을 창조하신 전능하
신 하나님이실 뿐만 아니라 이미 우리 속에 새로운 영을 창조하
신 하나님이십니다. 그러므로 우리는 그분에게 자신의 삶을 온통
다 내맡기고 소망 중에 즐거워하며 살아가면 되는 것입니다. 우
리는 옛날 이스라엘 백성처럼 그분의 능력을 시험하는 불신의 모
습을 보이지 말아야 할 것입니다.

전도를 받아 교회에 처음 나오시기 시작한 분들에게 무엇보다
필요한 것은, 하나님은 전능하신 창조주라는 사실을 깨닫게 해
주는 일입니다. 만일 이 일을 소홀히 한다면, 그들은 진정한 의미
에서 하나님의 백성이 될 수 없습니다. 그들이 하나님께서 전능
하신 창조주라는 사실을 깨달아야 비로소 그들 자신 속에 이제껏
알게 모르게 자리잡고 있던 거짓된 신들을 내쫓고 하나님만을 섬
길 수 있게 되기 때문입니다. 이런 과정을 거치지 않고 교인이 되
면, 미신적 사고와 혼합적인 신관(神觀)으로 인해 믿음이 성장하
지 않거나 기형적으로 성장하게 됩니다. 뿐만 아니라 올바른 세
계관과 가치관을 가질 수 없게 됩니다. 그 결과 삶과 분리된 신앙
을 추구하려는 경향을 지닐 수밖에 없습니다. 따라서 하나님이
전능하신 창조주이심을 믿는 신앙이야말로 기독교 신앙의 초석
인 것입니다. 그리고 이러한 올바른 초석 위에 놓이지 않은 기독
교 신앙은 제아무리 그 모양이 뜨겁고 열심있는 듯이 보여도 환
란을 당하면 타는 불길에 스러지는 짚단과 같이 연약하게 무너져
내리고 말 것입니다.

주)

1) Derek Kidner, *Genesis* (Tyndale OT Commentaries 1 ; Downers Grove:Inter-Varsity Press, 1967), p.45:"In the Old Testament the Spirit is a term for God's outgoing energy, creative and sustaining (cf. Jb. 33:4 ; Ps.104:30)."

2) '깊음'과 '그 물'이 동일한 것임은 이 용어를 포함하고 있는 부사구에서도 잘 드러납니다. "깊음 위에"는 '알 프네 테홈' ('al-pᵉnê tᵉhôm)이고, "수면에"는 '알 프네 하마임'('al-pᵉnê hammayim)입니다. 이처럼 뒤의 용어 '하마임'은 앞의 '테홈'을 대신해서 사용된 것이며 '테홈'이 무엇을 의미하는지를 뚜렷하게 설명해 주고 있습니다. 그런데도 어떤 이들은 '테홈'을 신화적으로 이해하기도 하는데 그것은 이 본문을 역사적 진실성을 지닌 하나님의 말씀으로 간주하지 않기 때문입니다.

3) Ibid.

4) '날'(yôm)의 길이가 얼마나 되는가에 대해서는 크게 두 가지 견해가 있습니다. 하나는 지금과 같이 24시간을 가진 하루로 보는 것이고, 다른 하나는 긴 세월의 기간으로 간주하는 것입니다. 두 견해 모두 성경적으로 타당한 것입니다. 그러나 이 본문에서 어떤 것이 더 알맞은 것인지 생각해 볼 가치는 있습니다. 비록 어느 한 쪽의 견해를 취한다고 해서 다른 견해는 틀렸다거나 무시해도 좋은 것은 결단코 아니지만. 하루의 길이에 대한 견해를 좀더 알고 싶으시면 다음 책을 읽으시기 바랍니다. 글리아슨 아처, 「구약총론」, 김정우 옮김(서울:기독교문서선교회, 1985), 204-12쪽. 이 책에서 아처(Gleason L. Archer, Jr.) 교수는 하루를 한 시대(時代)로 간주합니다. 그리고 그는 문자 그대로의 하루를 주장하는 사람들이 성경적 근거로 삼고 있는 출애굽기 20:11을 언급하면서 그 나름대로 반론을 제시합니다. 그러나 그의

반론은 논리적 설득력이 상당히 결여되어 보입니다. 왜냐하면 그는, 그 구절이 "문자적 24시간 하루를 전제하는 것이 아니다"(212쪽)라고 말할 뿐 그 실제적인 근거나 이유를 제시하지 않고 있기 때문입니다. 반면에 모리스(Henry M. Morris) 교수는, 하루를 한 시대로 보는 이론(the day-age theory)을 진화론에 근거한 지질학의 연대와 조화를 꾀하려는 수단이라고 질타하면서 문자 그대로의 하루로 받아들이지 못할 이유가 없다고 주장합니다. 그리고 그는 자기 주장을 지지해 주는 결정적인 성경 구절로 출애굽기 20:11을 제시합니다[Henry M. Morris, *The Genesis Record* (Grand Rapids: Baker, 1976), pp.53-54]. 그러나 모리스 교수 역시 출애굽기 20:11이 어째서 자기 주장을 지지하고 있는지에 대해 분명하게 설명하고 있지 않습니다. 따라서 저는 간단하게나마 그 구절을 살펴보고 과연 하루를 어떻게 이해하는 것이 창세기 1장의 본문에 적합한 것인지를 알아 보겠습니다.

출애굽기 20:8-11은 십계명 중 제4계명을 말씀하고 있는 부분입니다. 이 부분에서 하나님께서는 자신이 태초의 칠일 동안 어떻게 하셨는지를 말씀하시고 자신의 백성도 마땅히 그러한 패턴(pattern)을 따라 살아야 할 것을 명하십니다. 하나님께서는 자신이 여섯 날들(쉐쉐트 야밈) 동안 만물을 다 만드시고(아싸) 일곱째 날(욤 하쉐비이)에는 쉬셨다고 말씀하십니다. 즉 여섯 날의 일(work)과 하루의 쉼(rest)이라는 패턴을 말씀하신 것입니다. 그러므로 그의 백성도 하나님께서 그러셨듯이 여섯 날들(쉐쉐트 야밈) 동안 자기의 모든 일을 하고(아바드 / 아싸) 제칠일(욤 하쉐비이)은 아무 일도 하지 말고 안식하라는 것입니다. 단지 일곱 날 중에서 하루만을 성별할 것을 말한 것이 아니라, 여섯 날들도 하나님이 그러신 것처럼 자신의 모든 일을 하라고 하셨고 또 일곱째 날은 쉬라고 말씀하심으로써 일곱 날 모두를 철저하게 하나님의 패턴에 따를 것을 명하신 것입니다. 위의 괄호에서 알 수 있듯이, 여섯 날들, 일곱째 날, 일하다를 표현하는 원어는 하나님의 경우와 그의 백성의 경우에 모두 똑같은 것입니다. 더욱이 주목해야 할 사실은, 하나님께서 엿새 동안 하신 사역이 창조의 사역이므로 이 사역을 표현할 때는 으레 '창조하다'를 의미하는 동사 '바라'를 사용할 것이 예상되는데 여기서는 '아싸'라는 동사를 사용했다는 점입니다. 이처럼 의도적으로 동일한 표현들을 사용하는 것은, 단순히 창세기 2:2-3에 나타난 안식의 개념이나 사상만을 받아 안식일을 지킬 것을 말하려는 것이 아니라 칠일 모두를 그대로 하나님의 패턴에 따라야 함을 의도적으로 강조하기 위함인 것입니다. 그런데 만일 이처럼 그 용어까지도 동일한 것을 사용하여 하나님의 패턴을 그대로 따를 것을 말하는 문단에서 하나님의 경우에는 하루가 한 시대(時代)를 의미하며 사람의 경우에는 일일(一日)을 의미한다면, 그러한 의도적인 어휘 사용은 무의미한 것입니다. 이 문단에서는 하나님의 경우와 사람의 경우를 구분하여 전자의 경우는 하루를 상징적으로 후자의 경우는 문자적으로 간주할 아무런 근거가 없습니다. 만일 그렇게 하려 한다면, 논리상 날(日)에 대해서만이 아니라 하나님의 창조 사역 전체를 상징적으로 간주해야 하는 것입니다. 이 문단에서 이스라엘 백성에게 지키라고 명한 여섯 날과 제칠일에서 하루는 문자 그대로 일일(一日)입니다. 따라서 동일한 표현을 사용하여 언급한, 태초의 여섯 날과 일곱째 날에서 하루 역시 일일(一日)이어야 하는 것입니다. 그렇지 않다면 이 문단의 논리는 성립될 수 없기 때문입니다. 이 밖에 하루가 일일(一日)을 뜻함을 지지하는 여러 증거들이 무엇인지는 위의 언급된 책들이나 창세기 1장을 다루고 있는 주석책 등을 통해서 알 수 있습니다. 그리고 하루의 길이가 24시간인지에 대해 찬반 토론을 실어 놓은 책이

나와 있으니 참고하시기 바랍니다.〔Ronald F. Youngblood, ed., *The Genesis Debate* (Grand Rapids : Baker, 1990), pp.12-35〕

　5) 이곳의 '하늘'은 2절의 '땅'에 속한 하늘입니다. 윗물과 아랫물의 경계가 되는 지역인 것입니다. 이 하늘은, 1절의 '천지'에서 천(天)과 비교해서 말한다면, 그 가장자리에 불과한 것입니다. 이것을 그림으로 표현한다면 다음과 같습니다.

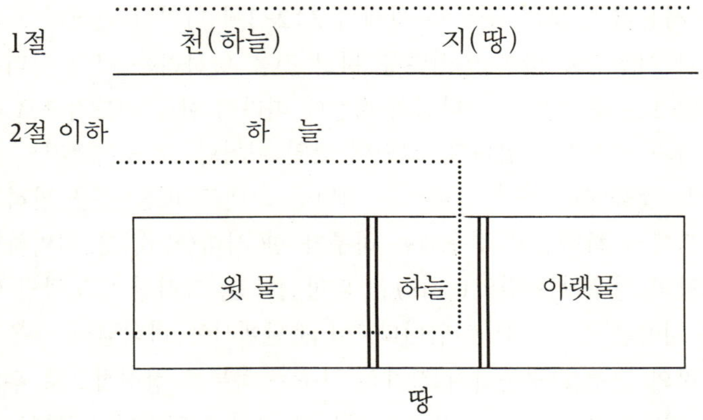

위에서 알 수 있듯이 하늘과 땅은 겹치는 부분을 갖고 있습니다. 그러기에 창세기 1:2 이하에서는 인간의 삶을 위한 환경인 '땅'을 언급하지만 이 언급 안에는 '하늘'의 일부분이 포함되는 것입니다. 정확히 말하자면 창세기 1:2은 "그런데 그 땅은 ……"으로 시작됨으로써 1절에 언급된 '그 하늘'과 '그 땅' 중에서 후자에게만 초점을 맞추고 있습니다. 그리고 '그 땅'에는 1절의 '그 하늘'의 바깥 쪽인 '하늘'이 포함됩니다. 그런데 이 땅에 속한 하늘의 궁창 안에는 해와 달과 별들이 놓이게 됩니다(14절 이하). 그렇다면 논리상, 2절의 '그 땅'은 우리가 알고 있는 온 우주(universe)를 뜻하는 것입니다. 그리고 2절 이하에서 한 부분만

언급된 채 더 이상 그 전모(全貌)가 드러나지 않은 '그 하늘'(1
절)이라는 용어의 개념 안에는, 우리가 알지 못하는 모든 물리적
세계(the unknown physical world)와 영적인 세계(the spiri-
tual world) 모두가 포함되는 것이라 생각됩니다. 그렇다면 성경
에서 하나님을 '하늘에 계신 분'으로 묘사한 것은, 단순히 그분의
높으심과 위엄 등을 나타내는 비유적인 표현에 지나는 것이 아니
라 오히려 문자적으로 정확하고 논리상으로 타당한 자연스러운
표현일 가능성이 큰 것입니다.

6) Cf. E. J. Young, *In the Beginning:Genesis 1-3 and The
Authority of Scripture* (Carlisle, Pennsylvania : Banner of Truth
Trust, 1976), p.16.

7) 참고. 이와 같은 사실이 NIV 영어 번역 성경에 잘 드러나
있습니다. "Then God said, 'Let the land produce vegetation :
seed-bearing plants and trees on the land that bear fruit with
seed in it, according to their various kinds.' And it was so"
(11절). 반면에 한글 개역 성경에서는 "……풀과 ……씨맺는 채
소와……씨 가진 열매 맺는 과목(나무)……"(11, 12절)으로 표
현함으로써 식물계를 셋으로 구분하고 있습니다. 뿐만 아니라 11
절에서는 "각기 종류대로"라는 표현이 "씨 가진 열매 맺는 과목"
앞에 놓여 있어서 "씨 맺는 채소"는 해당되지 않는 듯한 오해를
불러일으킬 수도 있습니다.

8) G. Ch. Aalders, *Genesis*, trans. by W. Heynen, 2 vols
(Grand Rapids : Zondervan, 1981), 1 : 62.

9) Cf. Henry M. Morris, *The Genesis Record* (Grand Rapids :
Baker, 1976), p.66-67. "문맥에 따라서는 궁창이라는 용어가 우
주의 어떤 특정한 지역을 지칭하는 데 쓰일 수 있다. 8절은 하나
님께서 그 궁창을 하늘이라고 칭하셨다고 말한다. 그렇다면 분명

한 것은, '궁창'이란 통례적인 용어이고 '하늘'이라는 용어는 하나님의 창조 사역의 대상이 된 궁창을 지칭하는 공식적인 명칭이라는 점이다." Ibid.

10) 원문(1:14-15)을 그대로 직역하면, "그리고 하나님께서 말씀하셨다. '주야를 나누기 위하여 …… 광명(들)이 있어라. 또 그것들[광명들]은 ……이 되어라 ……또 그것들은 땅에 비추기 위하여 ……이 되어라.' 그러자 그대로 되었다" 입니다. 그러나 이 내용을 간추리면, 광명체들은 세 가지 목적을 위해 지음받은 것입니다. 참고. Keil and Delitzsch, *The Pentateuch : Commentary on the Old Testament in Ten Volumes*, trans. by James Martin, vol. 1 (Grand Rapids : Eerdmans, 1981), pp.56-57.

11) 한글 개역 성경에는 "(그대로 되니라)"로 표현되어 있습니다만, 원문에 의하면 ( )를 벗기는 것이 더 바람직하겠습니다.

12) Gordon J. Wenham, *Genesis 1-15* (Word Biblical Commentary 1 ; Waco : Word, 1987), p.22.

13) 기록자는 16절의 '다스림'에는 여성 명사인 '메므솰라'(memšālâ)의 연계형을 사용한 반면에 18절의 '다스리기 위하여'에서는 동사인 '마솰'(mâšal)의 칼 부정사 연계형을 사용함으로써, 두 낱말의 어근이 같은 데서 오는 개념의 동일성을 의도적으로 구분하려고 한 것 같습니다. 그렇지 않다면 구태여 같은 개념을 가진 낱말을 게다가 같은 문단 안에서 서로 다른 꼴로 바꿔쓸 이유가 없는 것입니다.

〈해답〉

1. (1)　　2. (1) ×　　(2) ×　　(3) ×　　3. (4)　　4. (1)
5. (2)　　6. (3)　　7. (3)　　8. (4)

창세기 1 : 1~2 : 3 (2)

하나님의 닮은꼴

1 :24 하나님이 가라사대 땅은 생물을 그 종류대로 내되 육축과 기는 것과 땅의 짐승을 종류대로 내라 하시고(그대로 되니라) 25 하나님이 땅의 짐승을 그 종류대로 육축을 그 종류대로 땅에 기는 모든 것을 그 종류대로 만드시니 하나님의 보시기에 좋았더라 26 하나님이 가라사대 우리의 형상을 따라 우리의 모양대로 우리가 사람을 만들고 그로 바다의 고기와 공중의 새와 육축과 온 땅과 땅에 기는 모든 것을 다스리게 하자 하시고 27 하나님이 자기 형상 곧 하나님의 형상대로 사람을 창조하시되 남자와 여자를 창조하시고 28 하나님이 그들에게 복을 주시며 그들에게 이르시되 생육하고 번성하여 땅에 충만하라 땅을 정복하라 바다의 고기와 공중의 새와 땅에 움직이는 모든 생물을 다스리라 하시니라 29 하나님이 가라사대 내가 온 지면의 씨 맺는 모든 채소와 씨 가진 열매 맺는 모든 나무를 너희에게 주노니 너희 식물이 되리라 30 또 땅의 모든 짐승과 공중의 모든 새와 생명이 있어 땅에 기는 모든 것에게는 내가 모든 푸른 풀을 식물로 주노라 하시니 그대로 되니라 31 하나님이 그 지으신 모든 것을   보시니 보시기에 심히 좋았더라 저녁이 되며 아침이 되니 이는 여섯째 날이니라 2 :1 천지와 만물이 다 이루니라 2 하나님의 지으시던 일이

일곱째 날이 이를 때에 마치니 그 지으시던 일이 다하므로 일곱째 날에 안식하시니라 ³하나님이 일곱째 날을 복 주사 거룩하게 하셨으니 이는 하나님이 그 창조하시며 만드시던 모든 일을 마치시고 이 날에 안식하셨음이더라

Q 위의 성경 본문(1:24~2:3)을 자세히 읽으신 후에 아래의 물음에 대답하십시오.

1. 다음 진술 중 '하나님께서 사람을 자기 형상 곧 하나님의 형상대로 창조하셨다'(1:27)의 설명으로서 알맞는 것에는 ○표, 알맞지 않은 것에는 ×표를 하십시오.

   (1) 하나님의 처음 의도는 자신의 형상과 모양을 따라 사람을 창조하시려는 것이었으나(1:26), 의도를 약간 바꾸어서 자신의 형상대로만 창조하셨다는 사실을 알려 주고 있다. (   )

   (2) 하나님께서 사람을 눈, 코, 귀, 입, 손발 등 이런 형태와 모습을 지닌 존재로 창조하셨다. (   )

   (3) 하나님께서 사람에게도 어느 정도나마 하나님의 성품인 거룩성, 지식, 지혜, 의로움, 사랑 등을 소유할 수 있도록 하셨다. (   )

   (4) 하나님께서 사람을 남자와 여자로 지으셨다. (   )

   (5) 하나님께서 사람으로 하여금 만물을 다스리도록 하셨다.
   (   )

   (6) 하나님께서 사람을 육체뿐만 아니라 영혼을 지닌 고귀한 존재로 지으셨다. (   )

2. 다음 중에서 사람의 음식물로 주어지지 <u>않은</u> 것을 있는 대로
고른다면 어느 것이 해당됩니까? (   )
(1) 채소   (2) 나무   (3) 열매   (4) 고기

3. 다음 중에서 짐승의 음식물로 주어진 것을 있는 대로 고른다
면 어느 것이 해당됩니까? (   )
(1) 채소   (2) 나무   (3) 열매   (4) 고기

4. "그 지으신 모든 것"(1:31)이란 구체적으로 무엇을 의미합니
까?(   )
(1) 여섯째 날 지으신 모든 것
(2) 엿새 동안 지으신 모든 것
(3) 사람이 다스리게 된 모든 것
(4) 여섯째 날 지으신 것 중에서 땅의 생물(1:24-25)을 제외
한 모든 것

5. 다음 예문에서 '좋았다'의 의미가 "하나님이 ……보시기에 심
히 <u>좋았더라</u>"(1:31)의 밑줄 친 말의 뜻에 가장 가까운 것은
어느 것입니까? (   )
(1) 설악산의 가을 경치는 보기에 참으로 좋았다.
(2) 그 집안의 형제들은 사이가 참 좋았다.
(3) 그 타자기를 사용해 보니 참 좋았다.

6. 다음 중 일곱째 날의 특성과 관계가 가장 적은 것은 어느 것입
니까? (   )
(1) 복   (2) 거룩함   (3) 안식   (4) 완성

7. 이 본문이 말하고 있는 내용과 거리가 가장 먼 것은 무엇입니까? (　　)

    (1) 모든 생물의 기원   (2) 안식일의 기원

    (3) 인간의 창조와 그 역할   (4) 하나님의 전능하심

E 오늘은 창세기 1:1~2:3 본문 중 지난 과(課)에서 남겨둔 부분을 다루겠습니다. 따라서 오늘 본문은 하나님의 창조 사역의 여섯째 날과 일곱째 날을 기록하고 있는 1장 24절부터 2장 3절까지입니다.

24-31절은 여섯째 날의 사역을 언급한 문단입니다. 이 소문단(小文段)은 창세기 1:1~2:3 본문 중에서 가장 긴 문단입니다. 문단이 긴 까닭은 이 문단이 다른 문단보다 강조되고 있기 때문입니다. 그리고 이 문단이 길 수밖에 없음은 인간 창조를 다루고 있기 때문입니다. 일차 독자인 이스라엘 백성을 대상으로 창세기를 쓰고 있는 기록자로서는 무엇보다도 하나님과 인간의 관계 또는 인간에 대한 하나님의 관심 등을 다른 요소들보다 부각시키는 것이 당연하고도 자연스러운 일입니다. 그래서 기록자는 이제껏 다섯 날 동안 있었던 하나님의 창조 사역을 다루면서도 여러 피조물들을 단순히 창조된 물품으로서 나열한 것이 아니라 인간의 삶터인 땅과 그 환경이라는 시각에서 그것들을 바라본 것입니다.

24절부터는 여섯째 날의 창조 사역을 다루므로 이 문단에서는 무엇을 언급할지 넉넉히 예측할 만합니다. 앞에서 말씀드린 바대로, 처음 삼 일과 나중 삼 일의 사역이 긴밀한 연관을 갖고 있기 때문입니다. 셋째 날 지음받은 틀은 ‘땅과 식물’이었으므로 여섯째 날은 그 틀의 내용물이 지음받게 되는데 그것은 ‘동물과

인간'입니다. 이제껏 다섯째 날까지의 사역을 통해서 하나님께서는 여섯째 날 지음받게 될 동물과 인간이 살아갈 수 있는 모든 환경을 완전하게 마련해 놓으신 것입니다. 이런 준비를 다 갖추신 후에 비로소 하나님께서는 동물과 인간을 창조하십니다.

여섯 번째 소문단은 앞의 다섯 소문단과 마찬가지의 기본 구조를 갖고 있습니다. 먼저 말씀 창조를 언급하고 이어서 직접 창조를 언급합니다. 그리고 "하나님의 보시기에 좋았더라" 하는 평가(評價) 표현이 나타나고 이어서 "저녁이 되고 아침이 되니 ( )째 날이니라"는 마무리 선언으로 끝이 납니다. 그러나 이 문단에는 평가 표현과 마무리 선언 사이에 매우 긴 삽입부가 들어 있습니다. 바로 이 삽입부가 인간 창조에 대한 설명 부분입니다. 이렇듯 인간 창조에 관한 내용이 파격적으로 삽입된 것은, 그것이 소문단 전체의 공통적인 구조의 균형을 깨뜨리면서 삽입할 만큼 중요한 내용이기·때문입니다.

24절은 하나님께서 말씀으로 창조하심을 언급합니다. 하나님께서는 "땅은 생물을 그 종류대로 내되" 하고 말씀하십니다. 이 말씀은 땅에서 싹이 나듯이 땅에서 생물이 솟아나라는 뜻이 아닙니다. 이것은 마치 땅이 생물을 만들어내는 것처럼 표현함으로써 땅과 그 땅에서 살아갈 생물들의 뗄 수 없는 관계를 나타내는 것입니다.[1] 따라서 이 말씀은 '땅에 온갖 종류의 생물이 있어라'는 의미입니다. 땅에서 살아갈 생물들은 어떤 것들인가? 이것들은 크게 셋으로 분류됩니다. 즉, "육축과 기는 것과 땅의 짐승"입니다. 물론 이런 분류가 과학적인 것은 아니지만 적어도 일차 독자들의 관점에서 보면 땅에 사는 모든 생물을 다 포함하기에 족한 분류가 될 것입니다. 여기서 '육축'이라는 낱말은 소나 양처럼 길들여진 짐승을 의미합니다. 처음 이 짐승들이 지음받을 때는 길

들여진 것이 아니므로 '육축'이라고 할 수 없겠지만 일차 독자들을 위해서 그런 표현을 사용한 것이라고 생각됩니다. 그리고 '기는 것'이란 땅에서 기어다니는 온갖 생물을 다 포괄하는 총칭(總稱)입니다. 끝으로 '땅의 짐승'이란 말은 흔히 야생동물을 가리키는 용어입니다. 비록 '땅의 짐승'이란 표현 안에 '야생'(野生)이라는 개념이 들어 있지는 않지만 앞에서 '육축'이라는 표현이 지닌 개념 때문에 대칭적인 의미를 갖게 된 것입니다. 24절 하반절은 하나님께서 이처럼 말씀하시자 "그대로 되었다"는 사실을 언급하고 있습니다.[2]

25절은 아래의 직역에 나타난 바대로 24절을 정확히 설명하면서 하나님께서 그 모든 생물들을 직접 창조하셨음을 말하고 있습니다.

> 그리고 하나님께서 만드셨다
> 　　　　　그 땅의 짐승을　　　　　그 종류대로
> 　　그리고 그 육축을　　　　　그 종류대로
> 　　그리고 그 땅의 기는 모든 것을　　그 종류대로

이 구절에서 무엇보다 부각되고 있는 것은, 하나님께서 땅의 모든 생물을 각기 그 종류대로 만드셨다는 사실입니다. 그리고 이어서 "하나님의 보시기에 좋았더라"는 평가가 표현되어 있습니다.

26절과 27절은 인간 창조에 대해 말하고 있습니다. 이 두 구절은 하나님께서 사람을 만들 계획과 목적을 세우신 사실(26절)과 사람을 만드신 사실(27절)을 언급하고 있습니다. 먼저 26절부터 살펴보겠습니다. 그 직역은 아래와 같습니다.

> 그리고 하나님께서 말씀하셨다
> 　우리가 만들자
> 　　사람을
> 　　　우리의 형상대로
> 　　　우리의 모양처럼
> 　그리고 그들로 다스리게 하자
> 　　그 바다의 고기를, 그리고
> 　　그 하늘의 새를,　그리고
> 　　그 육축을,　　　그리고
> 　　그 땅 모두를,　　그리고
> 　　그 땅 위에서 기는 것 모두를(26절)

위에서 알 수 있는 대로, 상반절은 하나님께서 사람을 만들 계획을 말씀하십니다. 그런데 우리 눈에 이상하게 보이는 것은 "우리"라는 표현입니다. 그래서 어떤 분들은, 하나님에 관한 신학적 지식을 이 표현에 대입시켜서 이해하려고 합니다. 바꿔 말하자면, 하나님은 삼위일체(三位一體)이시므로 '우리'라는 복수(複數)형 인칭대명사를 사용하셨으며 이 표현이 삼위일체를 가르쳐 주는 첫 증거라는 것입니다. 하나님께서 삼위일체이시라는 것은 언제나 진리일 뿐만 아니라 우리가 믿고 고백하는 가장 중요한 핵심 교리인 것입니다. 그러나 다음 이유 때문에 이 문장에서 '우리'가 반드시 그런 의미로 사용된 것이라고 보기는 어렵습니다. 첫째는, '우리'라는 인칭대명사는 오직 셋만 의미하는 것이 아니라 둘 이상의 복수를 의미하기 때문입니다. 따라서 '우리'라는 표현은 그 사용하는 사람에 따라서 용도가 달라질 수 있는 것입니다. 이것은 삼위일체 교리를 지지하는 것일 수도 있지만 양신론 (兩神論)[3]이나 다신론(多神論)을 위한 증거도 될 수 있는 것입니다. 또다른 이유는, 일차 독자들이 '우리'라는 표현만을 가지고는 결코 하나님께서 '삼위일체'이심을 알 수 없었기 때문입니다. 일차 독자들은 오랫동안 애굽에서 종살이하던 자들입니다. 이른바 신앙의 자유가 허용되기는 커녕 애굽의 신들을 섬겨야만 했던 그들은 일반적으로 그 시대의 신관(神觀)을 가질 수밖에 없는 것입니다. 그것은 다신론적인 신관입니다. 그러기에 구약 시대에는 무엇보다도 올바른 신관을 심어 주는 것이 급선무였습니다. 그러나 처음부터 그들에게 '삼위일체'를 가르칠 수는 없습니다. 그렇게 한다면 다신론적인 사고에 젖어 있는 그들이 '삼위일체'를 다신론의 새로운 유형인 삼신론(三神論)[4]정도로 오해할 여지가 많았기 때문입니다. 그래서 구약 성경은 매우 효과적인 방법을 사용하여 하나님에 대해 가르칩니다. 이것이 곧 유일신론(唯一神論)입니다. 그러기에 구약 성경에서는 '오직 하나님은 한 분이시며 이분만이 참신이시다' 하는 점을 그토록 강조하는 것입니다. 이처럼 구약 시대에는 '다신론적' 사고를 제거하고 '유일신'을 가르치는 것이 하나님에 대한 교육의 강조점이었습니다.

    따라서 우리는 26절의 '우리'라는 말에 대해서 위에 언급된 그런 교리적인 이해를 갖고 접근해서는 안될 것입니다. 일차 독자들에게 '우리'라는 표현은 전혀 귀에 거슬리지 않는 자연스러운 것입니다. 그들은 다신론적 사고에 젖어 있었기 때문입니다. 그러므로 우리는 '우리'라는 표현에 무리한 의미를 집어 넣으려 하지 말고 일차 독자들처럼 '하나님'을 가리키는 대명사로 이해해야 할 것입니다.

    그러나 정작 우리가 관심을 기울여야 할 표현은 "우리의 형상대로 우리의 모양처럼"이라는 표현입니다. 이 표현의 의미는 무엇인가? 어떤 분들은 이 표현을 파악하기 위해 '형상'과 '모양'이라는 두 단어의 어원을 밝혀 보려고 합니다. 그러나 이런 어원적 접근 방법(etymological approach)은 일반적으로 문맥을 도외시하고 어원만을 밝혀 그 단어의 뜻을 알려고 하기 때문에 본문의 의미와는 전혀 다른 개념을 들여올 위험이 많은 방법입니다. 이 문맥에서 사실상 그 둘의 의미는 별로 구분할 필요가 없는 것입니다. 이것은 마치 우리가 사진을 찍을 때 "웃음을 머금고 미소를 띠고 여기를 보십시오"라고 말한다면 이 표현에서 '웃음'과 '미소'라는 단어의 의미를 구태여 구분할 필요가 없는 것과 마찬가지입니다. 왜냐하면 비슷한 두 단어를 연이어 사용하는 것은 각기 다른 두 개념을 드러내려는 것이 아니라 어떤 한 개념을 강조하려는 것이기 때문입니다. 만일 이 구절에서 '형상'과 '모양'이 서로 다른 개념을 갖고 있는 것으로 사용되었다면, 바로 다음 구절에서 언급한 사실 즉 하나님께서 "자기 형상대로" 사람을 창조하셨다는 것은 심각한 문제를 낳게 됩니다. 하나님께서 자신의 모양은 빼놓고 단지 형상대로만 창조하셨다는 의미가 되기 때문입니다. 그렇다면 하나님께서 자신의 모양을 빼놓으신 이유가 무엇인가? 그 이유는, 창조하실 때 자신의 모양을 반영해야 한다는 사실을 잊으셨거나 아니면 자신의 모양대로 사람을 지으실 능력이 부족하셨거나 이 둘 중의 하나인 것입니다. 그러나 이런 식의 논리 전개는 적어도 성경 말씀을 해석하는 과정에서는 결코 허용될 수 없는 것입니다. 이것을 허용하면 하나님 그분을 건망증이 심하거나 창조 능력이 부족한 분으로 논리가 귀결될 뿐만 아니라 이런 귀결은 거짓된 결론으로서 그분의 영예와 위엄에 손상을 입히기 때문입니다. 그렇다면 이처럼 거짓으로 귀결된 논리의 시작점에 문제가 있는 것입니다. 그리고 그 시작점은 다름아닌 '형상'과 '모양'을 다른 개념으로 이해한 데 있습니다. 따라서 이러한 이해는 잘못된 것입니다.

　26절 전반절은, 하나님께서 자신의 형상대로, 바꿔 말하자면 자신의 모양처럼 사람을 만드시겠다는 말씀입니다. 그렇다면 하나님께서 인간을 다른 동물들과는 달리 하나님 자신의 형상대로 지으시려는 목적은 무엇인가? 이 목적은 후반절에 나타나 있습니다. 후반절은 "그들로 다스리게 하자"로 시작됩니다. 다스리게 하는 것이 사람을 지으시려는 목적입니다. 그런데 여기서 특이한 사실은, 하나님께서 전반절의 "사람"을 "그들"이라는 복수형으로 대치하여 말씀하셨다는 점입니다. 이것은 하나님께서 세우신 계획은 단 한 사람만을 만드시려는 것이 아니었다는 사실을 알려 줍니다. 다음 구절에서 드러나는 바대로, 그분은 사람을 남성과 여성으로, 즉 두 사람을 만드셨습니다. 하나님께서 그들로 다스리게 하려는 것이 무엇인가? 다섯 개의 목적어가 나열되어 있는데 이것들은 이제껏 엿새 동안 지음받은 모든 동식물들을 총망라한 표현인 것입니다. "그 땅 모두"라는 목적어는 땅에서 난 모든 식물(植物)을 포함하는 표현이기 때문입니다.

　이러한 계획과 목적을 가지시고 하나님께서 사람을 남성과 여성으로 창조하셨습니다. 이 사실은 27절이 잘 말해 주고 있습니다. 이 구절을 좀더 잘 이해해 보기 위하여 다음과 같이 직역해 보았습니다.

a. 그리고 하나님께서 창조하셨다　그 사람을

b. 그의 형상대로

b. 하나님의 형상대로

a.　　　그분께서　창조하셨다　그를　　　　　(상반절)

남성과 여성(으로)

그분께서　창조하셨다　그들을　　　　　(하반절)

26-27절에서 우리는 하나님께서 사람을 만드신 과정에 대해 알 만한 아무런 단서도 찾을 수 없습니다. 그런 단서는 창세기 2 : 7에 가서야 발견할 수 있습니다. 반면에 거기서는 하나님께서 사람을 지으시려는 계획과 목적 등 여기서 알 수 있는 내용이 생략되어 있습니다. 이렇듯 같은 주제를 다루면서 그 내용에 차이가 생기는 것은, 이른바 문서설(文書說)[5]에서 주장하는 것처럼 그 주제의 출처가 각각 다르기 때문이 아니라, 기록자가 말하려는 의도 또는 초점이나 강조점이 다르기 때문인 것입니다. 그렇다면 특히 27절에서 강조하고자 하는 것은 무엇인가? 그것은 첫째, 누가 사람을 창조하셨으며 둘째로, 지음받은 사람은 어떠한 존재인가 하는 점입니다. 이 구절은 '하나님께서 창조하셨다'는 언급을 세 번씩이나 되풀이함으로써, 사람을 창조한 분은 바로 하나님이시라는 사실을 크게 강조하고 있습니다. 그 다음 사람에 대해서는 '하나님의 형상대로 지음받은 존재'라는 사실을 부각시키고 있습니다. 따라서 우리가 사람의 존재에 대해 올바른 이해를 얻으려면, 무엇보다도 먼저 '하나님의 형상'의 의미를 파악해야 할 것입니다.

'하나님의 형상'이 무엇인가에 대해서는 여러 가지 의견[6]이 있으나 그것들이 모두 이 본문에 알맞는 것은 아닙니다. 따라서 그러한 의견들을 간략하게 소개하면서 어떤 것이 이 문맥에서 가장 알맞는지를 살펴보려고 합니다. 첫째 의견은, '하나님의 형상'이라는 표현을 지극히 여자적(如字的)으로 이해한 것입니다. 이런 의견을 가진 분들은 사람이 얼굴과 몸과 손발을 갖고 있는 것은 '하나님께서 자기의 형상대로' 지으셨기 때문이라고 생각합니다. 바꿔 말하자면, 하나님의 형상이란 곧 하나님의 얼굴과 손발 또는 몸 같은 물질적 형태를 의미한다고 생각합니다. 그리고 이들은 성경적 증거로서, 하나님의 형태를 언급하고 있는 구절들을 제시합니다. 이를테면, "(여호와께서 가라사대) 네가 **내 얼굴**을 보지 못하리니 나를 보고 살 자가 없음이니라"(출 33:20), "내가 여호와를 기다리고 기다렸더니 **귀**를 기울이사 나의 부르짖음을 들으셨도다"(시 40:1), "너희가 손을 펼 때에 내가 **눈**을 가리우고……"(사 1:15), "내가 **내 손**을 들어 애굽 중에 여러 가지 이적으로 그 나라를 친 후에야 그가 너희를 보내리라"(출 3:20) 등등 입니다(고딕체는 필자의 표기입니다). 그러나 이 첫째 의견은 성경의 근본적인 가르침과 상충되며 동시에 성경의 어법(語法)에 대한 이해 부족에서 비롯된 것입니다. 성경 전체의 가르침에 비추어 보면, 하나님은 영(靈)이시므로 육체를 갖고 계시지 않습니다. 그런데도 위의 성경 구절에서 보는 바대로, 하나님께서 육체를 가지신 듯이 표현한 것은 하나님을 마치 사람처럼 표현함으로써 그분의 행동이나 말씀의 의도를 정확하고 생생하게 전달하려는 표현 방법인 것입니다. 그래서 이런 표현을 신인동형적(神人同形的) 표현이라고 합니다. 따라서 '하나님의 형상'이라는 표현을 물질적으로 이해한 의견은 전혀 용납될 수 없는 것입니다.

　둘째 의견은 전통적인 것입니다. 이는 첫째 의견의 문제점을 완전히 제거한 견해로서, 하나님의 형상을 그분이 지니신 속성(屬性)으로 이해하는 것입니다. 이를테면, 하나님의 의(義), 거룩함, 지식, 사랑 등입니다. 성경 전체의 가르침에 비추어 보면, 이런 속성을 '하나님의 형상'으로 간주합니다(참고. 엡 4:24; 골 3:10). 그러나 이 견해를 입증할 만한 근거나 단서를 26-27절의 문맥에서는 찾을 수가 없습니다. 따라서 우리는 이 문맥에 근거를 둔 의견을 찾아야 할 것입니다.

　셋째 의견은, 전통적인 견해의 취약점을 간파하고 이 문맥 자체에 근거를 둔 견해입니다. 이 의견을 제시한 분들은, 27절 자체의 논리에 초점을 맞춥니다. 그래서 27절 상반절의 사상이 하반절에서 설명된 것이라고 생각합니다. 위의 직역에서 보는 바대로, 상반절은 a-b / b-a의 동의적(同意的) 병행 구조를 갖고 있습니다. 이처럼 상반절은 '하나님께서 사람을 자기 형상대로 창조하셨다'는 사상을 말하고 있는 것입니다. 그런데 셋째 의견을 말씀하는 분들은, '하나님께서 남성과 여성으로 사람을 창조하셨다'는 사상을 말하는 하반절이 상반절을 설명하고 있는 것이므로 결국 '하나님의 형상'이란 남성과 여성이라고 주장합니다.[7] 그러나 어떤 한 구절의 상반절과 하반절의 논리적 관계가 반드시 후자가 전자를 설명해 주는 것이어야만 할 필요는 없습니다. 단순히 상반절과 하반절이 주제와 연관된 두 가지 사상만을 말한다 해도 논리에는 아무런 문제가 없는 것입니다. 26-27절을 한 단위로 묶어서 생각할 때 27절 하반절은 26절 하반절의 "그들로 다스리게 하자"는 표현에서 '그들'이 누구인지를 알려 주는 내용으로 볼 수도 있는 것입니다. 비록 이 의견이 27절 자체에서 해답을 찾으려고 애썼다는 면에서 높이 살 만한 것이기는 하지만, 역시 용납되기는 불가능한 견해입니다. 그 이유는, 사람만이 '하나님의 형상대로' 지음받았으므로 사람에게만 남성과 여성이 있어야 함에도 불구하고 동물에게도 암수가 존재하기 때문입니다.

　이제 우리는 '하나님의 형상'이라는 표현을 약간 다른 각도에서 생각해 보아야 할 것입니다. 우선 이 표현은 사람에게만 적용되었다는 사실을 염두에 두고, 본문에서 사람을 다른 동물들과 구별지을 수 있는 독특한 차이점을 찾은 다음 그것을 이 표현과 연관시켜 보려는 것입니다. 특별히 22절과 28절을 비교해 보면 차이점은 단지 한 가지입니다. 그것은, 인간은 '다스리는' 존재로 지어졌다는 사실입니다. 그렇다면 '하나님의 형상'이라는 표현은 인간의 '다스리는' 역할과 연관된 것입니다. 따라서 하나님께서 사람을 '하나님의 형상대로' 지으셨다는 것은 곧 하나님께서 사람을 '다스리는 자'로 세우셨다는 것을 의미합니다. 적어도 이 문맥에서는 이런 의미로 이해될 수밖에 없는 것입니다. 26절에서도 잠시 살펴본 바대로, 하나님께서 사람을 '하나님의 형상대로' 지으시려는 목적은 만물을 다스리게 하려 하심이었습니다. 이것은, 바꿔 말하자면, 사람으로 하여금 다스리게 할 것이 아니었다면 구태여 사람을 '하나님의 형상대로' 지으실 필요가 없었다는 뜻입니다. 이러한 문맥적 이해가 타당하다는 것을 입증해 줄 만한 성경 안팎의 증거들이 있습니다만 여기서는 성경 밖의 증거만 다루고 성경 안의 증거는 ⓟ부분에서 말씀드리겠습니다.

　고대 근동에서는 '신(神)의 형상'이라는 표현에 대한 개념이 분명하였습니다. 왕이 가진 권위와 그의 통치는 신의 권위와 통치를 대신하는 것으로 간주되었고 이런 의미에서 왕은 신의 권력을 그대로 소유하고 있는 이른바 신의 복사본(copy)인 것입니다. 그리고 복사본(複寫本)이란 원형을 본뜬 것이므로 '형상'(image)이라는 표현으로 나타내었습니다. 따라서 '신의 형상'이라는 표현은 다름아닌 '왕'을 지칭하는 것이었습니다.[8] 일차 독자들을 애굽에서 건져내어 가나안으로 이끌어가는 신은 하나님이십니다. 그렇다면 일차 독자들에게 '하나님의 형상'이라는 표현은 '신의 형상'이라는 표현과 사실상 똑같은 것이고 이것은 '왕'이라는 개념으로 이해되기에 충분합니다. 그리고 이처럼 우리가, 일차 독자들이 지녔던 개념에 대한 이해를 갖게 되면 26절과 27절 말씀의 의미가 더욱 확실하게 와닿게 됩니다. 온 세상의 진정한 왕이신 하나님께서 자신의 다스림을 나타낼 형상으로서 사람을 창조하셔서 그로 하여금 세상 만물을 다스리시도록 하신 것입니다. 하나님께서는 자신의 다스림을 나타내시려고 인간을 왕으로 세우신 것입니다.

하나님께서는 만물을 다스리는 자, 곧 왕으로 다른 어떤 힘있는 동물을 세우신 것이 아니라 사람을 세우셨습니다. 그런데 '사람'이라고 할 때 그것은 창조 때부터 남성과 여성을 의미하는 것입니다. 이 점은 27절 하반절이 분명히 알려 주고 있습니다. 다시 말해서, 남자만이 다스리는 자가 아니라 여자도 다스리는 자라는 것입니다. 이 사실은, 남자와 여자는 어느 하나가 다른 하나에게 다스림을 받는 대상이 아니라는 점을 시사합니다. 그러나 이 두 사람이 모두 왕이기는 하지만 만물을 다스리는 일에 있어서는 일치와 조화가 있게 됩니다. 왜냐하면 그들은 각자 자신의 뜻대로 다스리는 것이 아니라 하나님의 뜻대로 다스림으로써 그분의 다스림을 그대로 반영해야 하는 왕으로 세움받았기 때문입니다.

28절에서는 하나님께서 지으신 사람에게 복을 주신 내용이 쓰여 있습니다. 이 구절의 상반절은 기본적으로 22절의 내용과 같습니다. 여기서도 22절과 마찬가지로 하나님께서 복을 주십니다. 이 복의 대상자는 남자와 여자 모두입니다. 하지만 22절의 경우와는 달리 여기서는 하나님께서 그 복의 내용을 남자와 여자에게 직접 말씀하셨습니다. 이것을 통해서 우리는 하나님과 사람의 관계가 그밖의 피조물들과의 관계와는 다른 독특하고 인격적인 것임을 느낄 수 있습니다. 하나님께서 그들에게 주신 복의 내용은 그분께서 그들에게 하신 말씀을 통해서 알 수 있습니다. 그분은 "생육하고 번성하여 땅에 충만하라 땅을 정복하라"고 말씀하셨습니다. 여기서 '생육하다', '번성하다', '충만하다'는 말들의 의미는 22절의 경우와 똑같습니다. 따라서 이 문장에서 세 동사는 표현만 다를 뿐 실상은 '많다'는 하나의 공통적인 개념을 갖고 있는 것이며, 지으신 인간의 자손 증가는 사람의 힘으로 이루어내는 자연적인 일이 아니라 하나님이 주신 복이라는 사실을 알려 줍니다. 그러나 전반절에서 22절과는 달리 '땅을 정복하라'는 말이 추가되어 있습니다. 이 말은 '정복'이라는 낱말의 개념 때문에 우리에게 무력적이고 강제적인 느낌을 줍니다. 그러나 이 낱말의 의미는 이 문맥에서 이해해야 합니다. 26절에서 하나님께서는 인간의 다스림의 대상 안에 "온 땅"을 포함시키셨습니다. 그리고 28절 하반절에서는 '땅'을 다시 언급하지 않고 있습니다. 따라서 '땅을 정복하라'(직역은 '그것을 정복하라'입니다)는 말씀은 바로 앞에서 "……땅에 충만하라"고 말씀하신 데 이어서 자연스럽게 땅과 연관하여 사람이 해야 할 역할을 언급하신 것입니다. 그렇다면 '정복하다'라는 것은 땅에 대한 '다스림'을 구체적으로 표현하는 말이며, 그러기에 그것은 마땅히 하나님의 다스림을 반영한 행위이어야 하므로 그 말 자체 안에 우리가 일반적으로 생각하는 좋지 못한 개념이 들어 있을 수 없는 것입니다.

　　28절 하반절은 내용상 26절 하반절과 똑같은 것입니다. 그럴 수밖에 없는 까닭은, 26절 하반절에서는 하나님께서 사람을 지으실 목적을 말씀하신 것이고 여기서는 그 계획하신 목적대로 사람에게 다스리는 역할을 맡기신 것이기 때문입니다. 그러나 아래에 나타난 바대로, 두 구절 사이에 표현상의 차이는 있습니다.

　　　　그리고 그들로　　다스리게 하자
　　　　　　　　　　　　그 바다의 고기를, 그리고
　　　　　　　　　　　　그 하늘의 새를, 그리고
　　　　　　　　　　　　그 육축을, 그리고
　　　　　　　　　　　　그 땅 모두를, 그리고
　　　　　　　　　　　　그 땅 위에서 기는 것 모두를(26절)

        그리고 (너희는)   다스리라
                  그 바다의 고기를, 그리고
                  그 하늘의 새를, 그리고
                  그 땅 위에서 기는 모든 생물을(28절)

그러나 이 표현들을 자세히 살펴보면, 비록 다스림의 대상이 다섯에서 셋으로 줄었지만 다스림의 범위가 달라진 것은 아님을 알 수 있습니다. 26절의 처음 두 대상은 28절에서도 글자 그대로 표현되었습니다. 네 번째 대상인 땅은 이미 28절 전반절에서 언급되었으므로 하반절에서 구태여 다시 포함시킬 필요가 없습니다. 문제는 26절의 세 번째와 다섯 번째 대상입니다. 얼핏 보면 "그 땅 위에서 기는"이라는 꾸밈말이 똑같기 때문에 28절의 마지막 대상은 26절의 마지막 대상을 그대로 표현해 놓은 것처럼 보입니다. 그러나 28절에선 26절의 '기는 것 모두'라는 말 대신에 "모든 생물"이라는 말을 사용하고 있습니다. 이 말은 24절의 "땅은 생물을 그 종류대로 내되"라는 말씀에 있는 '생물'을 뜻하는 말입니다. 따라서 28절의 "모든 생물"은 "육축과 기는 것과 땅의 짐승"을 의미합니다. 이처럼 28절 하반절은, 남자와 여자가 하나님께서 지으신 모든 만물을 다 다스리는 왕으로 세움받았음을 말해 줍니다.

   29-30절은 하나님의 세밀한 배려에 대해 말하고 있습니다. 살아 있는 생물들에게는 식물(食物)이 필요합니다. 29절에서는 사람이 먹을 수 있는 식물을 언급하고, 30절에서는 땅의 생물과 새들의 식물을 언급합니다. 그러나 여기서 놓치지 말아야 할 사실은, 이 모든 식물은 하나님께서 주신 것이라는 점입니다. 29절은 이렇게 시작됩니다. "그리고 하나님께서 말씀하셨다 '보라!

내가 너희를 위하여 주었다……'"(직역). 이처럼 인간이 먹을 수 있는 식물로 이미 주어진 것은, 채소와 나무입니다. 이 두 가지 범주는 식물계(植物界) 전체를 의미하는 것입니다(제1과에서 1 : 11-12에 대한 설명을 읽어 보시면 더욱 자세히 알 수 있습니다). 그리고 29절 하반절은, "너희에게 그것이 음식물(飮食物)이 되리라"(직역)는 말씀으로 끝납니다. 이처럼 하나님께서는 식물계 전체를 그 자체를 위해서가 아니라 사람의 양식을 위해서 지으신 것입니다. 그러나 그렇다고 해서 나무 그 자체가 음식은 아닙니다. 음식으로 나무를 언급한 것은, 일종의 관용구(慣用句)로서 나무 그 자체가 아니라 그 열매를 뜻하는 것입니다. 부수적으로 우리는 이 구절에서 하나님의 창조 계획이 참으로 치밀하며 또 이 계획에서 인간이 차지하는 비중이 심히 크다는 사실도 읽을 수 있습니다.

30절 상반절은 크고 작은 모든 동물들의 식물(食物)을 언급합니다. 그러나 이 언급에서 바다의 물고기는 생략됩니다. 이는 그것이 첫 사람의 통치권에 속하기는 하지만 생활권과는 거리가 먼 범주이기 때문이라고 생각됩니다. 여기서 언급된 식물은 사람의 경우와는 달리 "모든 푸른 풀"로 제한되어 있습니다. 이 말은 29절의 '채소'와 거의 같은 의미입니다. 따라서 동물의 음식물에서 나무의 열매는 제외된 것입니다.

30절 하반절은, "그대로 되니라"입니다. 더 이상 설명할 것도 없이, 이 표현은 하나님께서 말씀하신 대로 다 이루어졌음을 나타내는 것입니다. 29-30절에 언급된 음식물을 보고 우리가 알 수 있는 사실은, 인간에게 육식(肉食)이 허용되지 않았을 뿐만 아니라 현재 동물계의 자연법칙으로 인정되고 있는 약육강식(弱肉強食)도 전혀 용납되지 않았다는 점입니다. 그렇다면 이런 것들은 인간의 타락 이후에 생겨날 것들이며 따라서 인간의 타락이 자연

계에 미칠 영향은 인간과 동물 그리고 동물간의 화목과 질서의
관계를 깨뜨릴 심각한 것임을 충분히 가늠할 수 있겠습니다.

   31절 상반절에는 얼핏 보기에 "하나님이 보시기에 좋았더라"
는 공식적(公式的)인 평가 표현이 다시 되풀이된 것처럼 보입니
다. 다만 차이가 있다면 이 구절의 것이 다른 것들보다 좀더 길고
'심히'라는 강조말을 쓴 정도인 듯합니다. 그래서 여섯째 날에는
두 개의 평가 표현(25절과 31절)이 들어 있는 것처럼 보입니다.
그러나 과연 하반절 내용이 공식적(公式的)인 평가 표현인가?
이 물음의 답을 알기 위해 우선 상반절을 직역해 보겠습니다. "그
리고 하나님께서 보셨다. 그가 지으신 모든 것을 그리고 보라!
(그것이) 심히 좋도다." 한편 공식적인 표현의 직역은, "그리고
하나님께서 보셨다 (그것이) 좋다는 것을" 입니다. 두 직역을 비
교해 보면 몇 가지 중요한 차이점을 알 수 있습니다. 첫째는, '보
셨다'는 동사의 목적어가 다릅니다. 공식적인 표현에서는 목적어
가 '(그것이) 좋다는 것을' 입니다. 바꿔 말하자면 공식적인 표현
은, 해당 소문단(小文段)이 언급하고 있는 날 하루 동안에 지음
받은 것이 그분의 창조 의도대로 만들어졌다는 사실을 하나님께
서 보셨다는 뜻입니다. 따라서 여기서 '보셨다'는 동사의 의미는
'아셨다' 입니다. 그러나 31절의 표현에서는, '보셨다'의 목적어
가 '그가 지으신 모든 것을' 입니다. 이 목적어는 공식적인 표현의
것과는 전혀 다릅니다. 후자의 경우에는 하루 분의 지은 것을 평
가의 대상으로 삼고 있습니다. 다시 말한다면, 공식적인 표현의
경우에는 앞의 표현이 나온 다음에 창조된 것들만을 대상으로 평
가합니다. 만일 31절의 표현이 공식적인 것이라면, '그가 지으신
모든 것'이란 25절에 나온 공식적 표현 이후에 창조된 것만을 대
상으로 하는 것입니다. 그런데 25절 이후에는 창조된 것이 단 하

나 즉 사람뿐입니다. 그렇다면 단지 하나인 대상을 가리켜 '그가 지으신 모든 것'이라고 말하는 것은 어법(語法)상 매우 부자연스럽습니다. 게다가 이 경우에는 '보셨다'는 동사의 의미가 문맥상 '아셨다'일 수 없습니다. 따라서 이 목적어는 하나님께서 엿새 동안 지어 놓으신 모든 만물을 의미해야 자연스럽습니다. 하나님께서 그 모든 만물을 보시니 과연 그 모든 것이 자신의 의도대로 잘 만들어졌습니다. 그래서 감탄문이 등장합니다. "보라! (그것이) 심히 좋도다." 이처럼 31절 상반절은, 공식적인 표현을 사용한 일일(一日) 평가서가 아니라, 엿새 동안 지으신 모든 만물에 대한 종합평가서인 것입니다. 그리고 이러한 종합평가가 여섯째 날을 마치는 마무리 선언 앞에 나온 이유는 매우 간단합니다. 이 평가 역시 여섯째 날에 행해진 일이기 때문입니다. 마침내 마무리 선언이 31절 하반절에 나옵니다. 이로써 여섯째 날의 사역만 마무리 된 것이 아니라 엿새 동안의 모든 창조 사역이 완벽하게 다 이루어진 것입니다.

　2:1-3은 창세기 1:1~2:3 전체 본문의 셋째 문단입니다. 이 문단의 첫 구절인 2장 1절은, 1장 1절을 설명할 때 말씀드린 바대로, 하나님의 창조 사역 전체를 수동형으로 표현해 놓은 것입니다. 이렇게 전체 본문의 둘째 문단(1:2-31)을 간추려서 서론을 마친 다음 기록자는 이 문단의 본론인 일곱째 날에 대해 언급합니다. 그러나 우리가 일반적으로 생각하고 있던 것과는 달리, 2절은 "하나님의 지으시던 일이 일곱째 날이 이를 때에 마치니……" 하고 말하고 있어서 일곱째 날에도 하나님께서 무엇인가를 조금이나마 하신 것처럼 보입니다. 만일 '……일곱째 날이 이를 때에 마치니……' 하는 대신에 '여섯째 날에 마치니'하고 표현되었더라면 하는 아쉬움도 있습니다. 그렇다면 우리가 이제껏 갖고

있던 생각, 즉 하나님께서 일곱째 날에는 아무 일도 하시지 않았
다는 생각이 과연 옳은 것인지 아니면 본문의 말씀에 따라 우리
의 생각을 바꿔야 할는지를 살펴보겠습니다. 먼저 2-3절을 직역
해서 그 의미를 생각해 보겠습니다.

　　　　그리고 하나님께서 마치셨다
　　　　　　　일곱째 날에
　　　　　　　　　그의 일을
　　　　　　　　　　　- 그가 만드시던
　　　　그리고 그가 안식하셨다
　　　　　　　일곱째 날에
　　　　　　　　　그의 일 모두로부터
　　　　　　　　　　　- 그가 만드시던 (2절)
　　　　그리고 하나님께서 복 주셨다
　　　　　　　일곱째 날을
　　　　그리고 그가 거룩하게 하셨다
　　　　　　　그것을
　　왜냐하면　　　그 날에
　　　　그가 안식하셨기 때문이다
　　　　　　　그의 일 모두로부터
　　　　　　　　　- 하나님께서 창조하며
　　　　　　　　　　만드시던
　　　　　　　　　　　(3절)

위의 직역에서 2절 상반절은 분명히 '하나님께서 일곱째 날에 자
신이 해오신 창조 사역을 마치셨다'고 말하고 있습니다. 반면에
하반절은 '하나님께서 일곱째 날에 안식하셨다'고 분명히 말합니

다. 그렇다면 마치신 것과 안식하신 것이 둘다 일곱째 날에 있었거나 아니면 상반절의 말씀이 잘못 표현된 것일 수밖에 없습니다. 3절 하반절 역시 2절 하반절을 지지하고 있기 때문입니다. 그래서 이러한 문제를 인식한 어떤 성경 번역이나 학자들은 아예 '일곱째 날'을 '여섯째 날'로 바꾸기도 하였습니다.[9] 한글 개역 성경에서도 "일곱째 날에" 대신에 "일곱째 날이 이를 때에"라고 고쳐 번역함으로써 위의 문제를 가지고 고민한 흔적을 남겨 놓았습니다.

과연 2절 상반절은 문제가 있는 것인가? 해결점은 '마치셨다'의 원어인 '칼라'(klh)의 의미를 올바로 이해하는 데 있습니다. 이 말은 '마치는 동작이 이미 그 이전에 있었음'을 뜻하는 것입니다.[10] 풀어 말하자면, "하나님께서 일곱째 날에 자신의 일을 마치셨다"는 문장은 '하나님께서 일곱째 날이 되기 이전에 이미 자신의 일을 마치셨다'는 것을 의미합니다. 따라서 우리가 이제껏 일곱째 날에 대해 갖고 있던 생각은 고쳐야 할 것이 아니라 오히려 더 튼튼히 만들어야 할 생각인 것입니다.

하나님께서는 여섯째 날에 자신의 창조 사역을 다 완성하셨습니다. 그러나 이 사실을 일곱째 날을 다루는 문단에서 표현하려면 '여섯째 날'이라는 용어는 사용하지 않음이 자연스러울 것입니다. 따라서 기록자는 2절 상반절에서 '마치셨다'는 독특한 동사를 써서 '일곱째 날에 마치셨다'고 표현한 것입니다. 2절 후반절부터는 일곱째 날의 특성을 언급하고 있습니다. 이 특성은 그 날 자체가 원래 지니고 있던 것이 아니라 하나님께서 부여하신 것입니다. 첫 번째 특성은 하나님께서 '안식하셨다'는 사실에서 비롯됩니다. 여기서 '안식하다'는 동사의 의미는 단순히 '쉬다'보다는 '그만두다'입니다.[11] '일로부터 안식하다'라는 말은 그 일에서 손을 떼고 그만두는 것을 뜻하는 것입니다. 그러기에 후일 하나님께서는 이스라엘 백성에게 안식일을 지킬 것을 말씀하시면서 평일에 하던 일상적인 일들을 그만두고 아무 일도 하지 말라고 명하신 것입니다(출 20 : 8-11). 그러나 여기서는 '안식일'에 대해서 말하고 있지는 않습니다. 하나님께서 안식하셨다는 사실을 알려 줄 뿐입니다. '안식일'이라는 명칭은 이 본문에서 전혀 나타나지 않습니다. 그러나 구태여 말하자면, '안식'의 근본적인 개념이 무엇인지는 여기에 드러나 있다고 할 수 있겠습니다. 이스라엘 백성이 비로소 안식일에 대해 처음으로 배우기 시작한 것은 출애굽 이후 광야에서 만나를 걷는 일을 통해서 입니다(참고. 출 16 : 22-30). 따라서 이 문단은 안식일의 기원을 알려 주는 문단이 아닙니다.

3절에서 일곱째 날의 특성이 두 가지 더 언급됩니다. 하나는 '하나님께서 일곱째 날을 복 주셨다'는 사실에서 드러납니다. 그러나 하나님께서 주신 복이 무엇인지는 분명히 언급되어 있지 않습니다. 22절과 28절의 경우에는 하나님께서 주시는 복의 내용을 말씀을 통해서 알려 주셨지만 여기서는 단지 '복주셨다'는 사실만 말하고 있습니다. 물론 하반절에는 이 날을 복 주신 이유가 언급되어 있긴 하지만[12] 그래도 이 본문만으로는 복의 내용을 알기가 어렵습니다. 그러나 살아 있는 생명체가 아닌 '날'에게 복을 주셨다는 독특한 사실과 복을 주신 이유를 고려할 때, 하나님께서 일곱째 날에게 복을 주셨다는 것은 장차 이 날을 지키는 사람들은 하나님의 복을 누릴 것이라는 사상을 간접적으로 표현한 것이라고 말할 수 있겠습니다.[13] 다른 한 가지 특성은 하나님께서 일곱째 날을 거룩하게 하셨다는 사실에서 찾을 수 있습니다. '거룩하게 한다'는 것은 하나님께서 어떤 것을 택해서 그것을 자신에게만 속하게 하는 것을 의미합니다.[14] 하나님은 거룩하십니다.

이분에게만 거룩함이 있는 것입니다. 그러기에 하나님이외의 다른 어떤 대상이 거룩해진다는 것은 그분이 가지신 거룩성을 소유하는 것을 뜻할 수 없습니다. 거룩성은 만질 수 있거나 잡을 수 있는 물질이 아니므로 나눠 갖거나 떼어낼 수 있는 것이 아니기 때문입니다. 거룩성은 거룩해지려는 대상이 스스로 어떤 노력을 통해서 얻을 수 있는 것도 아닙니다. 오직 거룩하신 하나님께서 선택하셔서 자신에게 속하게 하심으로써만 그 선택된 대상이 거룩해지는 것입니다. 거룩해진다는 것은 그 대상 안에 거룩성이 장착(裝着)되었음을 의미하지 않습니다. 유일하게 거룩하신 그분께 속하였으므로 그분의 속성에 맞춰 '거룩하다'고 표현하는 것뿐입니다. 따라서 '거룩하게 되다' 또는 '거룩하다' 등등의 표현은 그 대상이 지니게 된 성질을 언급하는 것이 아니라, 그 대상이 누구에게 속하였는가를 알려 주는 것입니다.

　이와같이 하나님께서 일곱째 날을 거룩하게 하셨다는 표현은 그날을 자기에게 속한 날로 정하셨다는 것을 의미합니다. 그럼 하나님께서 일곱째 날을 자신의 날로 정하신 까닭은 무엇인가? 그 이유는 3절 하반절에 명시(明示)되어 있습니다. 하반절은, 하나님께서 자신이 엿새 동안 해오신 창조 사역을 다 마치시고 그 일로부터 안식하셨기 때문이라고 말합니다. 그런데 이 하반절은 하나님께서 안식하신 날이 바로 일곱째 날임을 강조한 문장입니다. 따라서 이 문장의 뜻은, 하나님이 안식하신 날이 바로 일곱째 날이므로 이 날이 하나님께 속한 거룩한 날이 되었다는 것입니다. 이렇듯 이유는 매우 간단하고 분명합니다. 이 날은 하나님께 속한 날이므로 지난 엿새와는 다른 특징을 또한 갖고 있습니다. 이제껏 여섯 날은 "저녁이 되며 아침이 되니 이는 (　)날이니라"는 선언을 거쳐 다음 날로 진행되었습니다. 그러나 일곱째 날에는 그런 선언적 표현이 나타나지 않습니다. 이러한 특징은, 일곱째 날은 창조 사역의 기간이었던 엿새와는 구별되는 독특한 날이라는 사실을 알려 줍니다. 물론 모든 만물과 모든 날들이 다 하나님의 것이지만, 하나님께서는 특별히 한 날을 거룩하게 하심으로써 자신에게 속한 날로 삼으셨는데 그렇게 한 날을 택하신 이유는 그 날에 자신이 창조의 모든 사역을 마치시고 안식하셨기 때문입니다.

위에서 본 바대로 2-3절은 하나님께서 일곱째 날에는 아무 일도 하시지 않고 안식하셨다는 사실을 삼중적(三重的)으로 강조하고 있습니다(2절 상, 2절 하, 3절 하). 그리고 하나님께서 일곱째 날에 안식하셨으므로 그 날을 복 주시고 거룩케 하셨다는 사실을 말합니다. 이로써 하나님에 의해 왕으로 세워진 인간이 앞으로 일곱째 날을 어떻게 지내야 하며 그 날을 올바로 지낸 결과가 무엇일지를 예시(豫示)하는 것입니다.

P '하나님의 형상'이 왕을 의미한다는 사실에 대해 좀더 생각해 보겠습니다. 앞에서 말씀드린 대로 여기서는 '하나님의 형상'이 왕을 의미한다는 것을 지지하는 성경적 증거를 창세기 1장 본문 밖에서 찾아보고자 합니다. 첫째 증거는, '다스리다'라는 동사 '라다'(rādāh)의 쓰임새입니다. 이 동사는 구약 성경의 여러 곳에 나타나는데 '다스리다'라는 의미로 쓰일 경우에는 특이하게도 왕의 다스리는 행위를 묘사하고 있습니다(왕상 4:24; 사 14:6; 겔 34:4; 시 72:8; 110:2).[15] 따라서 이 동사가 창세기 1:26, 28에서 선택된 것은 아담의 다스리는 행위가 왕의 통치 행위임을 시사하는 것입니다. 두 번째 증거로는, 성경 전체의 비추어 볼 때 아담은 분명히 왕의 역할을 행했다는 사실을 들 수 있습니다. 우리가 아는 대로, 예수 그리스도의 세 가지 직임(職任)은 왕직, 제사장직, 선지자직입니다. 그리고 이것은 두 번째 아담으로서 갖

는 직임인 것입니다. 바꿔 말하자면, 그리스도께서 그 세 직임을 행하시는 것은 첫 사람 아담이 인류의 대표로서 그런 직임을 행하는 일에 실패했기 때문입니다. 그래서 그리스도께서는 다시 하나님 앞에서 새로운 인류의 대표로서 그 직임을 맡아 행하셔야 했던 것입니다. 이런 까닭에 그리스도를 가리켜 두 번째 아담이라고 하는 것입니다. 이로써 여기서 드러나는 것은, 아담이 분명히 왕직을 갖고 있었다는 사실입니다. 왕직과 연관해서 한 가지 사실을 더 언급해 보겠습니다. 성경은 우리가 장차 그리스도와 더불어 왕 노릇하리라(참고. 계 5 : 10)고 말씀합니다. 이처럼 우리가 왕의 직임을 갖게 된다는 것은 갑작스럽게 계획된 일이라고 할 수 없습니다. 오히려 이것은 창조 때부터 하나님의 계획 안에 있던 일이라고 생각됩니다. 왜냐하면 하나님께서 타락 이후에 진행시키시는 구원의 성격 때문입니다. 구원이란 한마디로, 하나님께서 창조 때에 의도하신 것이 인간의 타락으로 인하여 상실되자 그것을 다시 회복시키는 것을 뜻합니다. 따라서 장차 구원받은 백성이 누릴 모든 복은 이미 창조 때 의도되었던 것입니다. 그렇다면 왕직 역시 창조 때 의도된 것으로서 아담에게 부여되었던 직임이라고 보아야 할 것입니다. 세 번째 증거는, 시편 8편에 반영된 다윗의 견해입니다.

시편 8편을 간단히 살펴보겠습니다. 이 시편을 얼른 이해하기 쉽도록 아래와 같이 배열해 보았습니다. 아래의 배열을 보면 우리는 한눈에 이 시편이 여호와 하나님을 찬양하는 시(詩)라는 사실을 쉽게 알 수 있습니다.

1 여호와 우리 주여 주의 이름이 온 땅에 어찌 그리 아름다운지요

　　　주의 영광을 하늘 위에 두셨나이다 2 주의 대적을 인하

여 어린 아이와 젖먹이의 입으로 말미암아 권능을 세우
심이여 이는 원수와 보수자로 잠잠케 하려 하심이니이
다
3 주의 손가락으로 만드신 주의 하늘과 주의 베풀어 두신 달과
별들을 내가 보오니
4 사람이 무엇이관대 주께서 저를 생각하시며
인자가 무엇이관대 주께서 저를 권고하시나이까
5 저를 천사[하나님]보다 조금 못하게 하시고
영화와 존귀로 관을 씌우셨나이다
6 주의 손으로 만드신 것을 다스리게 하시고
만물을 그 발 아래 두셨으니
7 곧 모든 우양과 들짐승이며 8 공중의 새와
바다의 어족과 해로에 다니는 것이니이다
9 여호와 우리 주여 주의 이름이 온 땅에 어찌 그리 아름다운지
요

이 시는 여호와를 찬양하는 똑같은 문구로 앞뒤(1절 상반절과 9
절)를 둘러싸고 있는 아름다운 시입니다. 이처럼 여호와를 찬양
하게 된 계기가 있었는데 그것은 그분께서 지으신 밤하늘을 보았
을 때이었습니다(3절). 그러나 다윗이 밤하늘을 보고 그분을 찬
양하게 된 직접적인 이유는, 그분께서 인간에게 주신 높은 지위
(地位) 때문입니다. 다윗은, 사실 따지고 보면 인간은 주님의 관
심의 대상이 되거나 은혜를 받을 만한 자격이나 가치가 없는 존
재임에도 불구하고 주님께서 인간을 그토록 끔찍이 생각하시고
돌보시는 데 대한 감사를 토로합니다(4절). 그리고 이어서 주님
께서 세상을 창조하실 때 인간을 얼마나 높은 위치에 두셨는가를
언급합니다(5-8절). 다윗은 말하기를, 주께서는 사람을 '하나님'

(여기에 쓰인 히브리어는 '엘로힘'으로서 굳이 '천사'라고 번역하겠다면 못할 것도 없겠지만 '하나님'으로 번역하는 것이 더 자연스럽고 문맥에도 훨씬 잘 어울리는 것입니다)보다 조금 못한 위치에 두셨다고 합니다. 즉, 주님께서는 사람을 하나님 버금가는 지위에 세워 놓으신 것입니다. 이와 같은 지위가 어떠한 지위인지에 대해서는 5절 하반절의 표현에서 알 수 있습니다. 다윗은, 주께서 사람에게 "영화와 존귀로 관을 씌우셨"다고 말합니다. 이 문구는 왕으로 세웠다는 관용적인 표현인 것입니다. 이어서 6-8절은 인간이 왕으로 세움받은 사실을 풀어 설명하고 동시에 이 왕의 다스림이 미치는 범위가 어디까지인지를 언급합니다. 이처럼 이 시에 반영된, 창세기 1 : 26-28에 대한 다윗의 이해는 분명히, 하나님께서 창조시에 사람을 만물을 다스리는 왕으로 세우셨다는 것입니다.

이제 하나님의 엿새 창조와 제칠일의 안식에 연관된 문제를 언급해보고자 합니다. 이 문제는 한마디로, 세상의 종말을 계산해 내는 년수(年數)계산법입니다. 의외로 많은 수의 기독교인들이 세상의 총년수가 6,000년이라는 주장을 기정사실로 받아들이고 있습니다. 이 주장의 이론은, 하나님께서 엿새 동안 세상을 창조하시고 제칠일에는 안식하셨다는 사실과 베드로후서 3 : 8의 "주께는 하루가 천 년 같고……"라는 말씀을 주된 근거로 삼고 있습니다. 이 이론에 따르면, 하나님께서 일곱째 날에 안식하셨다는 것은 영원한 안식을 의미하는 것이므로 세상은 엿새 동안만 존재하고 제칠일에는 하나님의 나라가 임하게 된다는 것입니다. 그리고 주께는 하루가 천 년 같으므로 세상의 존재기간은 6×1000의 계산에 따라 6000년이라는 것입니다. 그렇다면 이 6000년이 끝나는 때가 언제인가? 이 때를 치밀하게 계산해낸 사람이 있습니다. 그는 17세기 영국의 대주교(Archbishop)였던 어셔 (Ussher)입니다.[16] 그는 그리스도 때부터 아담 때에 이르기까지 구약에 기록된 인물들의 나이를 계산하여 아담이 창조된 시기가 주전 4004년이라는 수치를 얻어내었습니다. 이것은, 매튜 헨리 (Matthew Henry) 같은 대주석가(大註釋家)도 자신의 주석 윗여백에 그 수치를 써넣을 만큼 서구 기독교계에 대단한 영향을 미쳤습니다.[17] 그러나 이와 같은 계산법은 구약 성경에 기록된 족보들의 특성을 알지 못한 데서 비롯된 잘못된 것이었습니다.[18] 그럼에도 불구하고 그의 무지에 근거한 수치는 오늘의 한국 교회에까지 깊이 침투하였습니다. 어쨌든 그의 수치가 발판이 되어 계산된 세상의 종말은, 전체 6000년 중에서 이미 지나간 주전 4004년의 기간을 빼고 나면 대략 주후 2000년에 임하게 됩니다. 그렇다면 요즈음 극성을 부리고 있는 시한부 종말론에서 1992년 휴거설을 주장하고 있는 계산적 근거를 알 만합니다. 이 극단적인 종말론자들은 잘못된 근거에서 산출된 서기 2000년 종말을 받아들이고 있는 것입니다. 그들은 세상 종말이 오기 전에 7년 동안의 휴거 기간이 있을 것이라고 확신하므로 종말의 해가 임하기 전 만(滿) 7년을 역으로 계산하면 1992년이라는 계산이 나올 수밖에 없는 것입니다.

　위에서 언급한 대로 서기 2000년이 세상 종말의 해라는 것은 매우 잘못된 근거 위에서 계산된 결과입니다. 그러나 더욱 잘못된 것은, 하루를 1000년으로 간주한 점입니다. 이것은 계산의 오류가 아니라 성경 말씀을 자기 마음대로 풀이한 해석적 오류인 것입니다. 현재 물의를 빚고 있는 시한부 종말론 같은 이론은, 잘못된 해석이 교회에 얼마나 많은 피해를 입힐 수 있는지를 보여 준 뚜렷한 실례(實例)라고 할 수 있겠습니다. 하루를 1000년으로 간주하는 자들은 베드로후서 3:8에서 상반절만 따다가 계산의 근거로 삼습니다. 그러나 같은 구절 하반절은 다시 "……천 년이 하루 같"다고 말하고 있습니다. 따라서 베드로후서 3 : 8을 근거로 삼으려 한다면 상반절과 하반절 모두를 포함해야 논리적인 설득력을 가질 수 있는 것입니다. 그렇게 할 경우 창세기 1장의 엿새는, 6×1000(상반절에 따른 계산)÷1000(하반절에 따른 계산)=6이므로, 다시 엿새가 되고 맙니다. 사실 이런 식의 계산은 우스꽝스러운 일입니다. 하루가 천 년 같다고 해서 엿새에 1000을 곱하고, 천 년이 하루 같다고 해서 다시 1000으로 나누는 일은 마치 어린 아이 장난과 같은 일입니다. 이런 식의 계산은 성경 말씀을 해석하는 데 필요한 초보적인 상식마저 무시한 결과입니다. 말이든지 글이든지 반드시 그것이 속한 문맥 안에서 해석해야 합니다. 만일 이 기초적인 규칙을 무시하고 해석한다면 우리는 그 말이나 글의 참 의미를 전혀 알 수가 없습니다.

베드로후서 3 : 8이 속한 문맥(벧후 3 : 1-9)에서는, 주의 재림이 예상보다 더디므로 이 약속을 믿는 것을 조롱하는 자들이 있으나 그들은 오히려 자신들의 조롱으로써 주의 재림의 확실성을 입증하는 것이라는 논리가 전개됩니다.[19] 따라서 8절은 사람의 눈에 주의 재림이 더딘 것처럼 보이는 이유를 설명하고 있는 것입니다.[20] 8절은 "그러나 이 한 가지를 잊지 말라"(직역)로 시작되는 문장입니다. 여기서 '한 가지'라는 것은, 하나의 사실 즉 "주께는 하루가 천년 같고 천 년이 하루 같은" 사실을 가리킵니다. 바꿔 말하자면, '하루가 천 년 같은 것'과 '천 년이 하루 같은 것'은 각각 다른 개념을 갖는 것이 아니라 둘이 묶여서 하나의 개념을 나타낸다는 의미입니다. 그렇다면 이 구절에서 나타내는 하나의 개념은 무엇인가? 이 개념은 시편 90 : 4("주의 목전에는 천 년이 지나간 어제 같으며 밤의 한 경점 같을 뿐임이니이다")에 나타나 있는 개념과 같은 것입니다. 왜냐하면 베드로후서 기록자는 시편 90:4에 있는 표현을 (원어로는 거의 그대로) 인용하여 여기 8절에 사용하였기 때문입니다. 그렇다면 이 개념은, 하나님의 영원성입니다. 풀어 말하자면, 하나님은 영원하신 분이므로 시간을 초월하신다는 뜻입니다. 따라서 그분은, 아무도 멸망치 않고 다 회개하여 재림과 더불어 임할 심판을 피할 수 있기를 원하시기 때문에(9절) 비록 사람의 눈에는 재림이 더딘 것같이 보인다 할지라도 서두르지 않으시는 것입니다. 그분은 시간에 매이시지 않고, 바꿔 말하자면, 시간을 초월하여 모든 이들이 회개하기를 오래 참고 기다리시는 것입니다.

　이처럼 베드로후서 3:8은 주의 재림이 더딘 이유를 알려 주는 구절로서 하나님의 영원성을 말하는 것이므로, 이 구절에 근거하여 그것도 상반절의 문구만 따다가 창세기 1장의 하루를 천 년으로 해석하여 세상의 종말을 계산하는 것은, 단순히 잘못된 일에 불과한 것이 아니라 극도로 악한 일입니다. 왜냐하면 이와 같이 종말의 때를 못박아 놓는 것은, 모든 이들이 회개하기를 오래 참고 기다리시는 하나님의 긍휼하심을 짐짓 무시하는 처사일 뿐만 아니라 자신이 하나님인 체하는 반역적 행위이기 때문입니다.

A 여섯째 날과 일곱째 날을 다루고 있는 오늘 본문이나 처음 닷새의 창조 사역을 다룬 이 앞의 본문에서 우리가 놓치지 말아야 할 것은, 처음부터 끝까지 거의 모든 문장의 주어가 '하나님'이라는 사실입니다. 창세기 1:1~2:3의 본문은 '하나님께서 무엇무엇하셨다'로 이어진 말씀입니다. 이 본문의 초점은 아주 철저하게 하나님에 대해 고정되어 있습니다. 이는 하나님의 말씀과 그분의 사역을 통해 그분이 어떠한 분이신지를 부각시키려는 의도 때문입니다. 그렇다면 기록자가 창세기 1:1~2:3 본문을 통

하여 부각시키려고 의도한 것은 무엇입니까? 앞 과(課)에서 말씀드린 것과 같이, 그것은 '하나님은 전능하신 창조자이시다'라는 계시적 사실입니다. 그리고 이 사실이 곧 본문의 중심 사상입니다. 그러나 오늘의 본문은 창세기 1:24~2:3입니다. 그렇다고 해서 오늘 본문의 중심 사상이 창세기 1:1~2:3의 중심 사상과 다를 수는 없습니다. 오늘 본문은, 창세기 1:1~2:3을 한 단위(a unit)로 삼고 있는 큰 본문의 한 부분이기 때문입니다.

　오늘의 본문에서는 어떠한 적용이 가능한가? 여러 차례 말씀드린 것과 같이, 적용은 반드시 계시적 사실인 중심 사상에 비추어서 이루어져야 합니다. 만일 그렇지 않으면 그 적용은 윤리적 / 도덕적인 교훈에 불과한 것이 되어서 하나님의 말씀으로서 성경 본문이 의도하는 것을 놓쳐버리게 됩니다. 그리고 이것은, 우리가 하나님의 말씀인 성경을 실제적으로는 다른 책들과 같은 수준과 관점으로 읽었다는 것을 뜻합니다.

　오늘의 본문에서 적용을 시도하기 전에, 중심 사상에 비추어 보는 적용이란 구체적으로 어떻게 하는 것인지 그 방법론을 말씀드리겠습니다. 두 가지 방법이 있는데, 하나는 '줄기 조명(照明)', 다른 하나는 '가지 조명'이라고 이름붙일 수 있겠습니다. 줄기 조명법은 앞 과에서 그 예를 보인 것과 같이, 중심 사상 그 자체에 독자(讀者) 자신을 비추어 보는 적용 방법입니다. 본문을 나무에 비유한다면, 그 본문 전체 내용의 요소들을 하나로 묶고 있는 중심 사상은 줄기에 비유될 수 있습니다. 반면에 가지 조명법은 간접적인 방법으로서, 중심 사상을 받쳐 주거나 이것에 연결된 보조적인 계시적 사실에 독자 자신을 비춰 보는 적용 방법인 것입니다. 그러나 조심해야 할 점은, 먼저 중심 사상을 파악해 내지 않고 막바로 이 방법을 사용해서는 안된다는 것입니다. 만일 그렇게 할 경우는 본문이 말하려는 의도를 모른 채 적용을 시도하는 것이므로 결국 종래(從來)의 윤리-도덕 중심적인 적용 방법으로 빠질 위험이 크기 때문입니다. 여기서 한 가지 중요한 사실을 덧붙이려고 합니다. 이것은 중심 사상의 표현에 관한 사항입니다. 성경의 본문은 그 본문의 일차 독자를 우선적으로 염두에 둔 것입니다. 따라서 우리가 본문에서 찾아낸 중심 사상에 비춰 적용을 시도하려면 우리와의 접촉점이 전혀 생기지 않는 경우도 있게 됩니다. 이럴 경우에는 그 중심 사상을 성경 전체의 흐름과 계시의 발전을 고려하여 그 표현을 손질해야 합니다.[21]

　그렇다면 이제 '가지 조명'의 방법으로 오늘 본문에 대한 적용을 시도해 보겠습니다. 그럼 먼저 '하나님은 전능하신 창조주이시다'라는 중심 사상을 받쳐 주거나 이와 연관된 보조적인 계시적 사실을 찾아 보아야 하겠습니다. '가지 조명'식의 적용의 한 예로서 한 가지만을　말씀드립니다. 그것은, 창세기 1:24-31의 소문단에서 찾을 수 있는 계시적 사실로서, '하나님께서 만물을 다스리는 자로 사람을 세우셨다'는 것입니다.

　우리가 섬기는 하나님은 전능하신 창조자이십니다. 그분은 모든 만물을 창조하시고 우리 사람도 만드셨습니다. 그러나 자신이 창조자라고 해서 사람을 자신의 노예로 부리시지 않습니다. 오히려 사람을 자신의 형상대로 지으심으로 모든 만물을 다스리는 왕의 위치에 세워 놓으셨습니다. 그분은 이토록 사람을 아끼시고 귀히 여기시는 하나님이십니다. 그분은 자신이 전능하시다고 해서 우리 연약한 인간을 깔보거나 억누르시지 않습니다. 그분은 사람에게만은 친히 말씀을 하시고 교제의 대상으로 삼으시는 하나님이십니다. 그분은 사람을 위해서 필요한 모든 환경을 친히 만들어 주신 분이십니다. 그리고 우리로 그 모든 피조물을 다스리게 하셨는데 불행하게도 우리는 그분의 성품과 의도를 반영하여 피조물을 다스린 것이 아니라 우리의 생각과 기호와 이기적

욕심에 따라 그것들을 다스려왔습니다. 우리는 폭군 같은 왕으로서 모든 자연 위에 군림하였던 것입니다. 그 결과로 이제 우리가 살고 있는 이 땅은 사람이 더 이상 살기가 힘든 오염된 삶터, 즉 죽어가는 환경으로 바뀌고 말았습니다. 따라서 사람은 전능하신 창조주 하나님에 의해 다른 피조물 위에 왕으로 세움받은 존재라는 사실을 아는 그리스도인은 이제부터라도 그분의 의도에 따라 올바른 다스림을 행사해야 할 것입니다. 그리고 다윗의 말처럼, 도대체 우리 인간이 무엇이관대 전능하신 창조주 하나님께서 그토록 끔찍이 우리를 아끼시는가 하고 그분께 고마워하며 온 땅에 가득 찬 그분의 선하심을 보고 그분을 찬양해야 할 것입니다.

주)

1) 알더스(Aalders)는 이 말씀을, 하나님께서 땅에서 재료를 취하여 그 모든 생물을 만드실 것을 시사한 것으로 봅니다 [G. Ch. Aalders, *Genesis*, trans. by W. Heynen, 2 vols (Grand Rapids : Zondervan, 1981), 1 : 68]. 이것은 창세기 2 : 19의 말씀을 이 표현 속으로 끌어들인 듯이 보입니다. 만일 그렇다면, 땅에서 그 재료를 취해온 인간에게도 그런 식의 표현이 적용되어야 할 것인데 이 문단 안에는 그런 표현이 전혀 나타나 있지 않습니다. 게다가 위의 견해가 맞다면 20절의 "물들은 생물로 번성케 하라"는 말씀도 동일한 방식으로 이해되어야 할 것입니다. 그러나 우리가 알다시피 물에서 번성하는 생물이라고 해서 물에서 취한 재료로 지음받은 것은 아닙니다.

2) 한글 개역 성경에서는 "그대로 되니라" 하는 문구가 괄호로 둘러싸여 있으나 원문 성경에 따라 이 괄호를 벗겨내는 것이 더 좋겠습니다.

3) 여기서 양신론(兩神論)은, 선신(善神)과 악신(惡神)으로 신을 구별하거나 어둠의 신과 빛의 신 또는 사랑의 신과 진노의 신 등등 신을 두 그룹으로 구분하여 이 신들이 서로 대립 또는 협상을 통하여 세상을 주관해나간다고 생각하는 견해나 사고를 의미하는 용어입니다.

4) 삼신론은, 성부 하나님과 성자 하나님과 성령 하나님을 각각 별개의 신으로 간주하고 이 삼신(三神)이 일종의 과두정치(寡頭政治)를 통해 세상을 주관한다고 생각하는 이론인데 이것은 이단(異端) 사상입니다. 역시 이것도 엄밀히 말하자면 다신론의 한 유형인 것입니다.

5) 문서설(Documentary Hypothesis)은 주로 성경 본문에 나타난 하나님의 명칭에 따라 그 본문의 출처를 구분하는 학설입니다. 예를 들어 '하나님'(Elohim)이라는 명칭이 나오는 본문은 E 문서, '여호와'(Jehovah)라는 명칭이 나오는 본문은 J 문서를 그 출처로 봅니다. 문서설에 대한 이론적 근거와 역사 그리고 비판에 대해 관심이 있으시면 다음 책을 읽어 보십시오. 배제민 역편, 「반문서설」(서울 : 기독교문사, 1978).

6) Cf. Gordon J. Wenham, *Genesis 1-15* (Word Biblical Commentary 1 ; Waco : Word, 1987), pp.29-31.

7) Susan T. Foh, *Women & the Word of God* (Grand Rapids : Baker, 1979), pp.54-55.

8) William J. Dumbrell, *The End of the Beginning* (Homebush : Lancer Books, 1985), pp.175-76.

9) Wenham, p.35.

10) Ibid.

11) Ibid.

12) 액센트 아트나흐('aṯnāh)로 구분된 상반절과 하반절은

그 논리적 무게가 엇비슷한 것입니다. 그런데 상반절에서는 '복 주셨다'는 것과 '거룩하게 하셨다'는 두 가지 사실이 언급되었고 하반절은 그 전체가 이유절입니다. 따라서 이유절의 내용은 '거룩하게 하셨다'는 사실과만 연관이 있는 것이 아니라 상반절의 두 가지 사실 전체의 이유로서 제시된 것입니다.

13) Cf. Ibid., p.36.

14) Ibid.

15) Dumbrell, p.176.

16) Eugene H. Merrill, *An Historical Survey of the Old Testament* (Phillipsburg : Presbyterian & Reformed, 1966), p.96.

17) Cf. Matthew Henry, *Matthew Henry's Commentary on the Whole Bible*, 6 vols. (Mclean : Macdonald, n.d.), 1 : 2-35.

18) 족보의 특성을 잘 다루어 놓은 그린(William Henry Green)의 "창세기 연대"라는 논문을 다음 책에서 읽어 보시기 바랍니다. 윤영탁 역편,「구약신학논문집」, 제1권 (총신대학출판부, 1979), 31-52쪽.

19) 김영철,「성경신학의 입장에서 본 노아홍수」(여수룬, 1989), 99-103쪽.

20) *The New Bible Commentary*, revised ed. (London : Inter-Varsity Press, 1970), p.1257.

21) 여러 가지 실례(實例)들은 제가 쓴 다음 책들에서 찾을 수 있겠습니다.「여호와 신실하신 우리 하나님 ① ②」(여수룬, 1986-88) ;「주님의 주님되심 : 신약 ①」(여수룬, 1988).

〈해답〉

1. (1) ×　　(2) ×　　(3) ×　　(4) ×　　(5) ○　　(6) ×
2. (2)(4)　　3. (1)　　4. (2)　　5. (3)　　6. (4)　　7. (2)

창세기 2 : 4 - 25 (1)

생명나무가 있는 동산

2 :4여호와 하나님이 천지를 창조하신 때에 천지의 창조된 대략이 이러하니라 5여호와 하나님이 땅에 비를 내리지 아니하셨고 경작할 사람도 없었으므로 들에는 초목이 아직 없었고 밭에는 채소가 나지 아니하였으며 6안개만 땅에서 올라와 온 지면을 적셨더라 7여호와 하나님이 흙으로 사람을 지으시고 생기를 그 코에 불어넣으시니 사람이 생령이 된지라 8여호와 하나님이 동방의 에덴에 동산을 창설하시고 그 지으신 사람을 거기 두시고 9여호와 하나님이 그 땅에서 보기에 아름답고 먹기에 좋은 나무가 나게 하시니 동산 가운데에는 생명나무와 선악을 알게 하는 나무도 있더라 10강이 에덴에서 발원하여 동산을 적시고 거기서부터 갈라져 네 근원이 되었으니 11첫째의 이름은 비손이라 금이 있는 하윌라 온 땅에 둘렸으며 12그 땅의 금은 정금이요 그곳에는 베델리엄과 호마노도 있으며 13둘째 강의 이름은 기혼이라 구스 온 땅에 둘렸고 14셋째 강의 이름은 힛데겔이라 앗수르 동편으로 흐르며 넷째 강은 유브라데더라 15여호와 하나님이 그 사람을 이끌어 에덴 동산에 두사 그것을 다스리며 지키게 하시고 16여호와 하나님이 그 사람에게 명하여 가라사대 동산 각종 나

무의 실과는 네가 임의로 먹되 [17]선악을 알게 하는 나무의 실과는
먹지 말라 네가 먹는 날에는 정녕 죽으리라 하시니라 [18]여호와 하나
님이 가라사대 사람의 독처하는 것이 좋지 못하니 내가 그를 위하여
돕는 배필을 지으리라 하시니라 [19]여호와 하나님이 흙으로 각종 들
짐승과 공중의 각종 새를 지으시고 아담이 어떻게 이름을 짓나 보시
려고 그것들을 그에게로 이끌어 이르시니 아담이 각 생물을 일컫는
바가 곧 그 이름이라 [20]아담이 모든 육축과 공중의 새와 들의 모든
짐승에게 이름을 주니라 아담이 돕는 배필이 없으므로 [21]여호와 하
나님이 아담을 깊이 잠들게 하시니 잠들매 그가 그 갈빗대 하나를
취하고 살로 대신 채우시고 [22]여호와 하나님이 아담에게서 취하신
그 갈빗대로 여자를 만드시고 그를 아담에게로 이끌어 오시니 [23]아
담이 가로되 이는 내 뼈 중의 뼈요 살 중의 살이라 이것을 남자에게
서 취하였은즉 여자라 칭하리라 하니라 [24]이러므로 남자가 부모를
떠나 그 아내와 연합하여 둘이 한 몸을 이룰지로다 [25]아담과 그 아
내 두 사람이 벌거벗었으나 부끄러워 아니하니라

Q 위의 성경 본문을 자세히 읽으신 후에 아래의 물음에 대답하
십시오.

1. 본문을 내용에 따라 세 부분으로 나눈다면 둘째 부분은 몇 절
   에서 시작됨이 가장 자연스럽겠습니까? (　　)
   (1) 8절　　　　(2) 15절　　　　(3) 18절　　　　(4) 21절

2. "여호와 하나님이 흙으로 사람을 지으시고 생기를 그 코에 불
   어넣으시니 사람이 생령이 된지라"(7절)의 뜻에 가장 가까운
   것은 다음 중 어느 것입니까? (　　)
   (1) 하나님께서 사람을 흙으로 잘 빚으시고 그 코에 기(氣)를
   　　불어넣으셨다.

(2) 하나님께서 사람을 흙으로 만드시고 생명을 주셨을 뿐만 아니라 다른 동물들과는 달리 영적인 존재가 되게 하셨다.

(3) 하나님께서 땅에서 재료를 취하셔서 사람을 정교하게 만드신 후에 생명을 주셨다.

3. 에덴 동산에 관한 다음의 밑줄 친 진술이 맞으면 ○표, 틀리면 ×표 하십시오.

(1) 거기에는 사람에게 필요한 모든 것들이 있어서 사람은 <u>아무런 수고 없이</u> 그 모든 것들을 누리기만 하면 되었다.

(　　)

(2) 에덴 동산 사방의 경계는 <u>주위를 흐르는 네 개</u>의 강이다.

(　　)

(3) 에덴 동산 중앙에 있는 <u>생명 나무와 선악을 알게 하는 나무는</u> 사람이 먹어서는 안된다.(　　)

(4) 하나님은 사람으로 하여금 <u>선악을 알 수 없도록 하시려고</u> 그 나무의 실과를 먹지 못하게 하셨다.(　　)

(5) 에덴 동산은 하나님께서 <u>특별히 만드신</u> 장소로서 이곳으로 사람을 초청해 들이셨다.(　　)

(6) 하나님께서는 사람이 에덴 동산에서 <u>죽지 않고 영원히 살기를 원하셨다.</u>(　　)

4. 다음 중 생명나무에 관한 설명으로 알맞지 <u>않은</u> 것은 어느 것입니까? (　　)

(1) 에덴 동산의 성격을 대표한다.

(2) 동산 중앙에 있는 진짜 나무이다.

(3) 이 열매를 따먹으면 영생한다.

(4) 이 열매는 따먹도록 허락되었다.

5. 에덴 동산의 성격을 알려 주는 요소로 보기에는 거리가 먼 것
   은 다음 중 어느 것입니까? (　　)
   (1) 선악과 나무　(2) 생명나무　(3) 보석　(4) 물

6. 이 본문이 말하고자 한 중심 사상은 어떤 요소에 그 초점을 맞
   추고 있습니까? (　　)
   (1) 에덴 동산에서의 행복
   (2) 하나님의 전능하심
   (3) 인간의 삶에 필요한 요소들
   (4) 하나님의 선하심
   (5) 하나님의 공의로우심

E 창세기 2:4부터는 새로운 문단이 시작됩니다. 모세오경의 기록자는 처음 독자인 그 당시의 이스라엘 백성을 위해서 창조 때부터 이스라엘이 애굽에 체류하게 된 때까지의 긴 역사를 간추려 놓았는데 이것이 곧 창세기입니다. 물론 이 간추림은 단순히 사건 나열식의 간추림은 아닙니다. 이것은 하나님의 구원 사역의 성격을 뚜렷이 보여 주는 내용들로 엮어진 간추림입니다. 바꿔 말하자면 창세기는, 창조 때부터 입애굽 때까지의 시간적 범위 안에서 구원을 이루어 가시는 **하나님 그분**과 이 하나님께서 이루어 가시는 **구원**에 대해 처음 독자들(그리고 성경의 모든 독자들)이 꼭 알아야 할 필요가 있는 것들을 기록해 놓은 것입니다. 따라서 우리는 창세기를 읽을 때 등장 인물이나 사건 그 자체에 초점을 맞추는 일을 삼가해야 하는 것입니다.

　창세기 1:1~2:3까지는 하나님께서 온 세상을 창조하신 일을 시간적 순서로 즉 '날' 별로 서술하였습니다. 그리고 이러한

서술로써 기록자는 처음 독자들에게, 그들을 애굽에서 구원해 내
시고 바로의 군대를 홍해에 수장(水葬)시키신 그들의 하나님 여
호와는 과연 그러실 만큼 위대하시고 권능이 크신 신이심을 알려
주었습니다. 이제 기록자는 오늘 본문에서 인간의 처음 삶에 관
해서 언급합니다. 하지만 이것은 인간이 이 땅에서 경험하게 되
는 처음 삶이므로 자연히 하나님의 창조 사역과 연관되어 서술되
는 것입니다. 따라서 어떤 자들이 주장하는 것처럼, 창세기 1장
과 2장이 두 개의 창조를 말하는 것이 아닙니다. 기록자는 창조
에 관한 내용을 창세기 1 : 1〜2 : 3에서 말한 데 이어서 이 새로운
문단(창 2 : 4-25)에서는 창조계의 왕으로 임명된 인간을 중심으
로 에덴의 삶을 묘사하려는 것입니다. 에덴의 삶이 처음 독자들
에게 알려져야 하는 까닭은, 이것은 하나님께서 그들을 인도해
들이실 그 약속의 땅에서 누릴 삶의 전형(典型)이 되기 때문입니
다. 그리고 성경 전체의 맥락에서 말한다면, 에덴에서의 삶은 하
나님께서 모든 인간으로 하여금 누리도록 의도한 삶이므로 인간
의 타락 이후에 다시 되돌아가야 할 목표가 되기 때문입니다.

　이 본문의 첫 구절인 창세기 2 : 4은 "천지의 창조된 대략이
이러하니라"로 시작됩니다(한글 개역 성경에서는 번역상 상반절
과 하반절이 도치되었을 뿐, 의미상으로는 정확합니다). 이어서
4절 하반절부터 6절까지는 사람이 처음 지음받을 때의 상황을 말
해 주고 있는 부분입니다. 그리고 7절은 사람을 지으심에 대해
말하고 있습니다. 그 다음에 둘째 문단은 에덴을 지으심에 대한
것이고 셋째 문단은 여자를 지으심에 대한 것입니다.
　여호와 하나님께서 사람이 살 수 있는 일반적인 환경인 땅과
하늘[1]을 지으셨으나 그것이 아직은 첫 사람의 거할 처소로는 최
적의 것은 아니었습니다. 그래서 여호와 하나님[2]께서는 아주 특

별한 삶터를 마련하시게 됩니다. 그것이 이른바 에덴 동산인 것입니다. 어쨌든 4절부터 6절까지는 하나님께서 사람의 삶을 위한 일반적 환경으로서 '땅과 하늘'을 지으실 때의 상황을 구체적으로 묘사하고 있습니다. 그런데 이 상황은 사람이 처음 지음받을 때와 연관되어 서술되고 있습니다. 따라서 4-6절은, 사람이 처음 지음받을 때의 상황이라고 말할 수 있는 것입니다. 이 상황은 두 가지로 언급됩니다. 그러나 실상은 한 가지 사실을 말하고 있는 것입니다. 이 상황은 (1) '들에는 초목이 아직 없었다'는 것과 (2) '밭에는 채소가 나지 아니하였다'는 것입니다. 바꿔 말하자면, 식물(植物) 그러나 식물군(植物群) 전체가 아니라 사람의 손에 의해 경작되어야 하는 식물이 없었다는, 한 가지 사실을 알려 주는 것입니다.

　5절 상반절은 위에 언급된 상황을 말하고 하반절은 그런 상황이 있게 된 이유를 알려 줍니다(한글 개역 성경에서는 상반절과 하반절이 도치되어 있습니다). 이 이유 역시 두 가지로 서술되어 있습니다. 그 첫째 이유는 비가 오지 않았기 때문입니다. 식물의 성장에 근본적인 필수 조건의 결여로 인하여 아직 그 식물이 땅 위로 솟아나지 못했습니다. 그런데 여기서 우리가 눈여겨 보아야 할 사실은, 이 본문의 기록자는 단순히 '비가 오지 않았기 때문이다' 하고 표현하고 있지 않다는 점입니다. 그는 "여호와 하나님께서 땅에 비를 내리지 아니하셨기 때문이다" 하고 서술하고 있습니다. 이것은 우리에게는 당연한 말씀같이 들릴지 모르겠지만, 일차 독자의 입장에서 생각해 본다면 기록자가 주려는 의미는 참으로 중요한 것입니다. 비는 일종의 자연 현상입니다. 따라서 비는 저절로 오는 것이라고 현대인들은 생각할 수 있습니다. 그러나 일차 독자 시대의 사람들은 그렇게 생각하지 않았습니다. 그들은 모든 자연 현상의 배후에는 신(神)의 힘이 있다고 생각하거나 그런 자연 현상을 일으키는 자연물(이를테면, 해나 달이나 별) 그 자체를 신으로 간주했습니다. 그래서 그들은 '비의 신'이 비를 내린다고 생각했습니다. 이 신이 누구인가? 기록자는 매우 분명하게 '그분은 여호와 하나님이시라'고 말하고 있는 것입니다. 기록자는 이미 창세기 1장에서 그분이 얼마나 위대하신 창조자이신지를 알려 주었습니다. 따라서 '하나님'이라는 명칭은 전능하신 창조자 그분을 떠올리게 하는 표현이 됩니다. 그런데 (앞으로 출애굽기 본문을 다룬 책에서 공부하게 되겠지만) '여호와'라는 명칭은 일차 독자인 이스라엘 백성을 애굽에서 건져내신 구원자를 연상케 만드는 표현인 것입니다. 그렇다면 기록자는, 너희 이스라엘 백성을 구원하신 하나님은 전능하셔서 세상을 창조하셨을 뿐만 아니라 비를 내리셔서 모든 식물들을 자라게 하시는 분이시라는 사실을 부각시키고 있는 것입니다.

　둘째 이유는 '땅을 경작할 사람이 없었다'는 것입니다. 이 문장에서는 '사람'이라는 단어가 강조되어(원어에서는 맨 앞에 나옴으로써) 있습니다. 그렇다면 5절 상, 하반절의 논리는, '초목'과 '채소'가 없음은 비와 그것들을 키워야 할 사람이 없었기 때문이라는 것입니다. 따라서 여기서 사람은 비(雨)와 마찬가지로 식물 성장에 꼭 필요한 존재로서 강조되고 있습니다. 그러니까 '초목과 채소'란 전체 식물군(植物群)을 가리키는 것이라기보다는 사람에 의해 자라나야 할 식물 즉, 야생 식물이 아닌 식물 모두를 지칭하는 것입니다. '초목과 채소'에 대해 설명을 덧붙이겠습니다. 5절 상반절은 아래와 같이 두 개의 병행문으로 이루어진 문장입니다.

　　　그 들의 모든 관목이 아직 그 땅에 있지 않았고
　　　그 들의 모든 채소가 아직　　　　싹나지 않았다.(직역)

여기서 '그 들'은 사람이 경작할 수 있는 평평한 지역을 가리키는 일반적 명칭입니다. 그리고 '관목'은 나무류 전체를 가리키는 것이 아닙니다. 나무는 들판에서만 자라는 것은 아니기 때문입니다. '채소'라는 단어는 이미 창세기 1:11에서 사용된 것으로서, 열매 안에 그 종자를 갖고 있지 않은 모든 식물을 가리키는 넓은 의미로 쓰인 낱말입니다. 그러나 여기서는 '그 들의 모든 채소'만을 언급하는 것이므로 모든 채소 중 경작될 수 있는 것만을 뜻하게 됩니다. '아직 그 땅에 있지 않았다'는 표현은 존재하지 않았다는 의미가 아니라, 아래 행에서 설명하고 있는 대로, 아직 싹이 트지 않았음을 뜻합니다. 그리고 그 이유가 하반절에서 설명됩니다. 따라서 위의 병행문에서 알 수 있는 사실은 (1) 관목과 채소는 들의 모든 식물을 총칭(總稱)하는 표현이며 (2) 이 식물이 자라나려면 다른 어떤 요소를 필요로 한다는 것입니다.

그러나 여기서 한 가지 질문이 생기게 됩니다. 아직 싹이 나기 이전 씨앗의 상태로 있는 식물이라도 살아 있으려면 수분(水分)이 필요한데 이 수분은 어떻게 공급되었을까? 이러한 우리의 질문에 성경이 일일이 대답할 의무는 없습니다. 설사 아무런 대답이 없다손치더라도 우리는 억지로 어떤 대답을 만들어 내서는 안 됩니다. 그런 대답은 우리의 생각의 결과일 뿐이므로 언제나 정답일 수는 없습니다. 더욱 중요한 점은, 우리가 만들어 낸 대답이 정답이라고 해도 그것은 계시된 내용이 아니므로 '하나님 말씀'으로서의 권위를 갖지 못한다는 사실입니다. 어쨌든 위 질문에 대한 답변은 6절에서 찾을 수 있습니다. 이 구절 첫 머리에 나오는 '안개'라는 단어의 직접적인 의미는 '습기' 또는 '물기'입니다. 그러나 땅에서 이러한 습기가 올라와 공기 중에 드러나게 되면 자연히 안개가 낀 듯한 현상이 생기게 되는 것입니다. 따라서 한글 개역 성경의 '안개'는 원어의 의미를 잘 파악한 의역입니다. 이렇게 올라온 습기는 모든 땅의 표면을 적셨던 것입니다.[3]

　　이처럼 사람을 지으실 때의 환경 형편을 간략하게 서술한 후에 기록자는 마침내 사람 지으심을 언급합니다. 7절은 세 문장으로 이루어졌는데 앞의 두 문장은 사람을 지으시는 하나님의 행동을, 그리고 마지막 문장은 그러한 행동의 결과를 묘사하고 있습니다. 따라서 이 구절은 창세기 1 : 26-27에 묘사된 사람 창조의 내용을 보완해 주고 있는 것입니다.

　　7절 상반절은 하나님의 행동을 묘사하는 문장 두 개로 구성되어 있습니다. 이 구절을 정확히 이해하려면 직역이 반드시 필요합니다.

> 그리고 여호와 하나님께서 지으셨다
> 　　그 사람을
> 　　　　그 땅으로부터 [취한] 티끌[로]
> 그리고 그분께서 불어넣으셨다
> 　　그의 코 안에
> 생명의 호흡을

그리스도인 가운데 많은 분들이 사람 창조에 대해 잘못된 생각을 갖고 있습니다. 그 중 하나는, 하나님께서 마치 찰흙으로 어떤 모형을 만들듯이 사람을 빚으셨다는 생각입니다. 이런 생각은 아마도 "흙으로 사람을 지으시고"라는 표현을 오해한 데서 생긴 듯합니다. 그러나 위의 직역에서 알 수 있듯이, '흙으로'라는 말은 정확히 말하자면, "그 땅으로부터 [취한] 티끌[로]"라는 문구입니다. 이 문구에서 우리가 쉽게 알 수 있는 사실은, 하나님께서 사람을 지으신 재료가 이른바 찰흙과 같은 흙덩어리가 아니라는 점입니다. 그분은 땅에서 '티끌'을 취하셨습니다. 여기서 '티끌'에 해당하는 히브리어 '아파르'('āpār)는 우리말에서 '먼지'로도 번역되는 용어입니다. 그러나 이 용어에는 '먼지'라는 단어에서 느끼는 '더러움'의 개념이 들어 있지 않습니다. 그 근본적인 개념은 '아주 작음'입니다. 따라서 '티끌'로 번역된 이 용어는 '세미한 알갱이'를 뜻하는 것입니다. 그러나 일차 독자의 시대에는 이른바 과학적 용어인 '분자'(分子)나 '원자'(原子)와 같은 미립자(微粒子)에 대한 개념이 없었습니다. 어떤 물질의 원자나 분자를 발견한 것은 현대에 이르러서 이지만, 옛날에는 그렇다고 원자나 분자가 존재하지 않은 것은 아닙니다. 그것은 물질의 존재를 가능케 하는 원소이기 때문입니다. 따라서 위의 문구는 우리 시대에 맞게 '땅에서 취한 어떤 원소들로써'라고 표현될 수 있는 것입니다. 이러한 이해가 그릇되지 않았음은 죽은 사람이 매장되고 나면 흙 속에서 분해된다는 사실을 통해서 알 수 있을 것입니다.

일반적으로 "생기를 그 코에 불어넣으시니"라는 문구 역시 잘못 이해되고 있습니다. '생기'라는 단어를 '싱싱하고 힘찬 기운'(生氣)으로 이해합니다. 그래서 하나님께서 사람에게 어떤 신비한 영적 기운을 불어넣으신 것으로 생각하는 분들도 있습니다. 그러나 이 단어는, 위의 직역에서 보는 것처럼, '생명의 호흡'이라는 두 단어로 이루어진 합성어입니다. 이 합성어의 의미는 분명합니다. 그것은 '호흡'이라는 뜻입니다. 하지만 생명이 있는 존재라야 호흡을 하기 때문에 이 호흡을 '생명의 호흡'이라고 표현하고 있는 것입니다. 그 다음으로 '그 코에 불어넣었다'는 표현을 올바로 이해해야 합니다. 하나님께서 흙으로 사람을 빚으신 것으로 이해하고 있는 분들은 일반적으로 이렇게 생각합니다. 잘 빚어서 사람 모습을 가진 그래서 동상(銅像)과 같은 그 진흙 조형물을 눕혀 놓은 다음 하나님께서 조심스럽게 허리를 굽히셔서 그 조형물의 코에 마치 인공호흡을 시키듯이 후후하며 숨을 불어넣으셨다. 그러나 이와 같은 회화적(繪畫的) 이해는 7절 상반절을 기계적으로 이해한 데서 생겨난 것입니다.

　글이나 말은 사회적 문화적 배경을 갖게 마련입니다. 오늘날 우리말에서도 쉽게 찾아 볼 수 있는 예를 하나 들어 보겠습니다. "국수 언제 먹습니까?" 하고 아직 결혼하지 않은 분에게 질문했을 때, 이 질문의 의미는 "언제 결혼하느냐?"는 것이지, 하루 중 어떤 끼니를 국수로 하겠느냐는 것이 아닙니다. "생기를 그 코에 불어넣으시니"라는 표현 역시 그러합니다. 성경의 용례를 살펴보면 구약 시대에는 일반적으로 사람의 죽음에 대해 두 가지의 회화적 묘사를 사용하였습니다. 하나는 '피를 쏟는다'(피를 흘린다)입니다. 이 표현은 타살의 경우에 주로 사용되고 있습니다. 다른 하나는 '호흡이 멈춘다'는 것입니다. 호흡은 주로 코를 통해서 이루어지는 것입니다. 따라서 코에 호흡이 없다는 것은 죽음을 의미하고 코에 호흡이 있다는 식의 표현은 살아 있음을 의미합니다. 따라서 '생기, 즉 생명의 호흡을 하나님께서 그의 코에 불어넣으셨다'는 것은 하나님의 동작을 직설적으로 묘사하는 것이 아니라, 하나님께서 지으신 사람에게 생명을 주셨다 즉 코로 숨쉬게 하셨다는 사실을 회화적으로 서술하고 있는 것입니다. 이러한 사실은 7절 하반절 문장을 통해서 잘 드러납니다.

　인간 창조에 대해 갖고 있는 오해 그것도 너무 그럴 듯한 해석에서 빚어진 오해는 7절 하반절에 관한 것입니다. "사람이 생령이 된지라" 하는 문장에서 '생령'이라는 단어를 왕왕 '성령'과 연관시키거나 '영적'인 의미로 파악하려고 합니다. 사람은 언제나 영적인 존재임이 분명하고 특히 그리스도인은 성령이 내주(內住)하는 사람입니다. 그러나 그렇다고 해서 자신이 원하는 성경의 단어에다가 그런 뜻을 부여해서는 안됩니다. 성경을 이해한다는 것은 그 표현을 말하거나 쓴 분이 어떤 뜻으로 한 것인지를 찾는 것이지 자기 좋은 대로 생각해 버리는 것이 아니기 때문입니다. 이 문장에 쓰인 원어[네페쉬 하야]는 이미 앞에서 여러 번 쓰인 말입니다. 거기서는 '생물'(창 1:20, 21, 24)과 '생명'(창 1:30)으로 되어 있습니다. 이렇게 번역한 것은 '네페쉬 하야'의 기본적인 뜻이 '살아 있는 생명체'이기 때문입니다. 그러나 이곳 창세기 2:7에서 '생물'이나 '생명'이라는 용어를 사람에게 쓰기에는 우리말의 어법상 어색합니다. 그래서 '네페쉬 하야'라는 말을 '생물'이나 '생명'으로 번역하지 않고 '생령'으로 번역한 것입니다. 따라서 7절 하반절은 '그러자 그 사람이 산 사람이 되었다'는 의미인 것입니다.

7절을 정리하여 보자면 그 뜻은 이렇습니다. 여호와 하나님께서는 땅에서 어떤 원소들을 취하셔서 그것으로 사람을 만드시고 사람으로 하여금 호흡을 하도록 생명을 부여하셨습니다. 따라서 지음받은 그 사람은 살아 있는 사람이 된 것입니다. 여기서 하나님께서 어떻게 원소들로써 사람을 만드셨는지 그 방법에 대해서는 전혀 말하지 않고 있으므로 우리가 그 점에 대해서는 알 수 없습니다. 그러나 분명히 알 수 있는 사실은, (1) 하나님께서 흙으로 공작품을 만드시듯 흙으로 사람을 빚으신 것이 아니라는 것입니다. 오히려 인간의 피와 살과 뼈를 정교하게 만드신 것이라고 봄이 더 옳을 듯합니다. 마치 사람이 숨이 끊어지면 매장되어 분해되기까지는 그대로 육체의 모양을 갖추고 있는데 바로 그런 모양이 하나님께서 사람을 지으셔서 생명을 주시기 직전의 상태라고 생각됩니다. 그리고 (2) 하나님께서 사람에게 생명을 주셨다는 사실입니다. 물론 어떤 방법으로 생명을 주셨는지를 구체적으로 말하고 있지 않으므로 우리는 더 이상 이 점에 관해서 알 수 없습니다. 그러나 사람의 생명은 하나님께서 주신 것이라는 사실을 이 구절은 아주 분명하게 말하고 있는 것입니다. 이처럼 사람을 만드시고 그 사람에게 생명을 주시고 살아 움직이게 하신 분은 다름아닌 이스라엘을 애굽에서 건져내신 그 여호와, 천지와 만물을 지으신 그 하나님이신 것입니다. 이 사실을 7절은 분명히 선포함으로써 본문의 첫 문단을 마무리 짓고 있습니다.

8절부터 17절까지의 둘째 문단에서는 하나님께서 사람을 위해 베푸신 크신 배려를 또 한 가지 말해 줍니다. 이것은 한 마디로 하나님께서 에덴 동산을 지으시고 그곳에서 사람이 온갖 복을 누리며 살도록 하신 일입니다.

이 문단은 두 부분으로 나누어서 살펴볼 수 있습니다. 그리고 각 부분에는 하나님의 행하신 일들을 묘사하고 있습니다. 먼저 하나님께서는 동방에 있는 에덴이라는 곳에 동산을 창설하셨습니다. 여기서 ‘동방’이라는 것은 ‘동쪽’이라는 뜻이며 이것은 일차 독자가 있는 지점을 기준으로 말한 방위(方位)입니다. 그리고 ‘창설하다’라는 의미는 단순히 ‘만들다’ 정도의 뜻이 아니라 ‘심다’라는 것입니다. 마치 싹이 나고 자라서 열매를 맺는 나무를 심듯이, ‘에덴’이라는 지역에 동산을 심으셨습니다. 그래서 우리는 편의상 그 동산이 위치한 지역의 이름을 따서 ‘에덴 동산’이라고 할 뿐입니다. 엄밀히 말해서 ‘에덴’은 동산의 이름이 아니라 지역의 이름이지만, 이제는 ‘에덴 동산’이 그 동산을 지칭하는 이름으로 사용됩니다. 이 동산의 규모는 전혀 알 수가 없지만 처음 사람들인 아담과 하와가 하나님이 누리도록 하신 모든 행복을 만끽하기에는 충분히 넓은 장소이었을 것입니다. 그러나 사람의 수가 더 많이 늘어날 경우(불행히도 그러질 못했지만)에 그 동산은 비좁게 될 것입니다. 그러면 이 동산이 비좁아서 살 수 없게 될 사람들은 어디서 살아야 하는가? '에덴 동산' 밖에서 살아야 하는가? 그렇다면 그곳도 '에덴 동산'인가? 이런 문제에 대한 해답의 실마리를 주는 것이 '심었다'는 동사입니다. 이 동산은 심기워진 것입니다. 바꿔 말하자면 이 동산은 점점 더 커지도록 만들어진 곳입니다. 마치 지어진 건축물처럼 그 크기가 고정되어 있는 곳이 아닙니다. 따라서 하나님의 의도는 이 동산에 거주하는 사람의 수가 불어나도 능히 이곳에서 모두 비좁음을 느끼지 않고 행복하게 살아갈 수 있도록 하시려는 것입니다. 그래서 그분은 그 크기가 나무가 자라나듯 확장될 수 있는 그런 동산을 특별히 만들어 놓으신 것입니다. 바꿔 말하자면 이 에덴 동산은, 에덴이라는 지역 안에만 고정되어 있어야 하는 삶터가 아니라, 에덴 전체와 나아가서는 이 세상 전체가 에덴 동산이 될 수 있는 그런 성격의 동산인 것입니다. 이와 같은 에덴 동산의 특성, 좀더 정확히 말하자면, 에덴 동산을 지으신 하나님의 의도를 표현하기 위해서 '심었다'[4)]는 용어가 사용된 것입니다. 어쨌든 에덴 동산은 하나님께서 사람이 그곳에 살도록 하려는 목적을 갖고 따로 특별히 만들어 놓으신 곳입니다. 이곳은 사람이 살 수 있도록 특별한 배려로 지어진 삶터인 것입니다. 이처럼 에덴 동산은 하나님께서 심으신 동산입니다. 따라서 이 동산의 주인은 하나님이십니다. 주인이신 하나님께서는 자신이 지으신 그 사람을 데려오셔서 이 동산에서 살도록 하십니다.

에덴 동산은 사람이 정착하여 조성해나갈 그런 일종의 개척지가 아니었습니다. 그곳은 이미 완벽하게 조성된 최적의 삶터입니다. 9절부터 14절까지는 이러한 에덴 동산과 그 주위 환경을 묘사해 주고 있습니다. 이 묘사에는 모든 것이 샅샅이 담겨 있지는 않지만, 적어도 일차 독자들에게 에덴 동산의 의미가 무엇인지를 알려 줄 만한 것들이 들어 있습니다. 그것은 두 나무, 강(江), 보석입니다.

에덴 동산에는 모양도 좋고 먹기도 좋은 온갖 나무들이 다 있었습니다. 이것들은 저절로 생긴 것이 아니라 하나님께서 마련해 주신 것입니다. 그래서 9절은 이렇게 말하고 있습니다. "그리고 여호와 하나님께서 그 땅으로부터 보기에 즐겁고 먹기에 좋은 온갖 나무를 나게 하셨다"(직역). 하나님께서는 단순히 사람의 최저 생계 수준을 위해 필요한 것들만 마련해 놓으신 것이 아니라 그와는 정반대로 사람의 최고 수준의 삶을 위한 환경을 갖추어 놓으신 것입니다. '보기에 좋은' 온갖 나무가 그곳에 있었습니다. 여기서 '좋은'이란 '기쁨을 주는'이라는 뜻입니다. 마음에 기쁨과 즐거움을 주는 온갖 나무가 있었습니다. 그러나 이런 나무는 단지 관상용(觀賞用)이 아닙니다. 이것은 먹기에 좋은 열매들을 제공해 주는 식용(食用) 나무이기도 합니다. 이로써 하나님께서는 인간을 위해 미적(美的) 환경과 식생활 환경을 완벽하게 갖춰 놓으셨습니다.

이어서 9절 하반절부터 14절까지는 하나님께서 만들어 놓으신 환경을 기록자의 입장에서 설명식으로 묘사하고 있습니다. 수많은 나무들 중에 두 나무만 그 이름이 언급되고 있습니다. 이는 이 두 나무가 앞으로 전개될 성경의 내용과 밀접한 관련이 있기 때문입니다. 하나는 '생명나무'이고, 다른 하나는 '선악을 알게 하는 나무'입니다. 이 두 나무는 실제 나무입니다. 그것은 에덴 동산의 중앙에 심겨져 있는 나무들입니다. 그러나 이 두 나무에는 상징적 의미가 부여되어 있습니다. 이것은 마치 우리나라의 국화(國花)는 무궁화라고 말할 때 생기는 의미와 비슷합니다. 그렇다면 여기서 우리는 이 두 나무의 상징적 의미를 생각해 보아야겠습니다. 먼저 우리가 배제해야 할 것은, 이 두 나무가 어떤 초자연적 효능을 갖고 있을 것이라고 보는 생각입니다. 예를 들자면, '생명나무'의 열매를 먹으면 생명이 연장되거나 영원히 살 수 있는 것이라는 생각과 '선악을 알게 하는 나무'의 열매를 먹으면 선악(善惡)을 알 수 있거나 더 잘 분별할 수 있다는 식의 생각입니다. 아마도 이런 식의 생각은 우리가 주위에서 들어온 신화(神話)나 옛이야기로 인하여 형성된 것인지도 모릅니다. 천도 복숭아 이야기라든가 진시왕이 구하려 했던 불로초 이야기 등을 통해서 어떤 식물 안에는 놀랄 만한 효능이 들어 있다고 생각하게 되는 것입니다. 물론 어떤 식물이나 동물은 인간의 건강과 치유에 큰 도움을 주는 효능을 갖고 있습니다. 그러나 효능도 효능 나름입니다. 생명을 부여하거나 윤리적 능력을 부여 또는 향상시키는 것은 전적으로 하나님의 손에 달려 있는 것입니다. 따라서 그 두 나무가 초자연적 효능을 갖고 있을 것이라는 식의 생각은 성경의 가르침과는 전혀 맞지 않는 것입니다. 성경학자들 가운데도 이런 식의 생각을 주장하는 이들이 있는데 그것은 주로 창세기의 기록(특히 1~11장)을, 하나님의 말씀으로서 역사적 사실이 아니라, 고대 근동 국가의 신화들과 같은 수준의 기록으로서 한낱 이스라엘의 건국 신화(神話)에 불과한 것으로 보기 때문입니다.

　그렇다면 '선악을 알게 하는 나무'라는 표현의 뜻은 무엇입니까? 그것은 분명히, '이 나무의 열매를 먹으면 선악을 알게 된다'는 의미입니다. 따라서 '생명나무'도 '그 열매를 먹으면 생명을 얻게 된다'는 어감을 우리에게 줍니다. 그러나 이러한 잘못된 의미와 어감을 전달하는 것은 바람직스럽지 못한 번역 때문입니다. '선악을 알게 하는 나무'는 직역하면 '선과 악의 지식 나무'입니다. 이렇듯 이 나무의 이름 그 자체에는 '알게 한다'는 개념은 전혀 들어 있지 않습니다. 따라서 한글 개역 성경에 구태여 '알게 하는'이라는 말을 써넣어야 했다면 작은 글자로 써넣음으로써 원문에는 들어 있지 않다는 것을 표시했으면 좋았을 것입니다. 그렇다면 '생명나무'와 '선과 악의 지식 나무'는 어떤 역할을 하는 상징입니까? 창세기 2-3장 문맥을 종합해 보면, 이 두 나무는 에덴 동산의 성격을 상호보완적으로 반영하고 있는 것입니다. 먼저 '생명나무'는 이 동산이 생명의 동산임을 나타내는 것입니다. 이 동산에서 사는 동안은 생명이 보장됨을 뜻하는 것입니다. 그러기에 금지된 열매를 따먹고 죽음을 선택한 범죄를 저지른 후에 아담과 하와는 더 이상 이 동산에 있을 수 없는 것입니다. 그들은 이 동산의 성격에 맞지 않으므로 추방되어야 했습니다. 반면에 '선과 악의 지식 나무'는 '죽음'의 나무입니다. 따라서 이 두 나무는 상반되는 성격을 나타내는 것입니다. 풀어 말하자면, 에덴은 생명이 있는 곳입니다. 죽음이 들어와서는 안됩니다. 그러나 죽음은 인간의 선택할 수 있는 가능성으로서 잠복하고 있습니다. 이 죽음을 계속 배제시키고 생명을 유지하는 유일한 방법은 하나님의 말씀대로 그 죽음의 열매를 따먹지 않는 길뿐입니다. 그러니까 에덴 동산은 '선과 악의 지식 나무'의 열매를 따먹지 않는 한 생명이 영원히 계속되는 생명의 삶터입니다. 이 사실은 '생명나무'로서 상징되고 있습니다. 반면에 그 죽음의 열매를 따먹으면 생명이 존속될 수 없습니다. 이런 경우에는 이 동산에서 축출될 수밖에 없는 것입니다. 이곳은 영원히 사시는 영생의 하나님의 동산이기 때문에 죽을 수밖에 없는 존재는 이 안에 살 수 없기 때문입니다. 이러한 사실은 '선과 악의 지식 나무'로서 상징되고 있는 것입니다. 이처럼 두 나무는, 운동회 때 청색기를 꽂은 곳은 청군, 백색기를 꽂은 곳은 백군을 나타내는 것처럼 그런 깃발의 역할을 하고 있는 것입니다.

　10절부터 14절까지는 강(江)을 서술하면서 보석 이야기도 곁

들이고 있습니다. 여기서 언급된 강은 에덴에서 시작되는 강입니다. 이 강은 에덴 동산에 물을 대주고 넷으로 갈라져서 네 강의 근원지가 됩니다. 지금 우리는 이론적으로는 강이 우리 생활에 식수나 전기를 공급해 주는 중요한 원천이 되는 줄 알고 있지만 실제로는 대개 낭만이나 휴식과 연관된 것으로 강을 생각하고 있을 것입니다. 그래서 강이 우리 자신들과 얼마나 밀접한 관계에 있는지를 실감(實感)하지 못하고 있습니다. 하지만 일차 독자들이나 고대 사람들은 자신들의 모든 삶을 강에 의존하다시피 하였습니다. 그들은 삶에 필요한 물을 얻어야 하는데 이 물을 얻을 수 있는 거의 유일한 처소가 강이기 때문입니다. 따라서 강에 대한 그들의 개념은 우리들의 개념과는 상당한 차이가 있는 것입니다. 그들에게 강은 삶 그 자체이다시피 한 것입니다. 이러한 강이 에덴 동산에 충분한 물을 공급하고 있습니다. 그 다음에 이 강은 네 강 - 비손, 기혼, 힛데겔, 유브라데 - 의 근원이 됩니다. 이 네 강이 어느 곳을 흐르는 강인지 일차 독자들은 잘 이해하고 있었을 것이나 현재 우리로서는 셋째와 넷째 강의 위치만 분명하게 확인할 수 있을 뿐입니다. 셋째 강인 '힛데겔'은 현재 이라크의 동쪽에 흐르는 '티그리스'강이며, 넷째 강 '유브라데'는 역시 현재 이라크의 서쪽에 흐르는 '유브라데스'강입니다. 본문에 따르면 첫째 강 '비손'은 '하윌라' 땅 전체를 돌아 흐르고 있는 강인데 이 지역은 보석의 땅으로 유명한 곳입니다. 그곳에는 순도 높은 양질(良質)의 금이 있을 뿐 아니라 베델리엄과 호마노라는 보석도 있었습니다. 두번 째 강은 '기혼'으로서 '구스' 땅[5] 전체를 휘돌아 흐르는 강입니다. 이 네 강은 그 당시 사람들의 세계관으로는 세상 전체에 해당하는 지역을 다 덮고 있는 중요한 강인데 이 강들의 발원지가 에덴 동산이 있는 에덴 땅이라는 사실을 말해 주고 있습니다. 이처럼 에덴 동산은 모든 물의 근원인 동시에 더욱

이 주변의 보석들과 동산 안의 온갖 나무들로 인해 형용할 수 없을 만큼 아름다운 곳입니다. 따라서 10-14절의 묘사는 일차 독자들에게 에덴 동산이야말로 생명의 동산이며 아름다운 삶터이었다는 인상을 주기에 넉넉한 것입니다.

이제 15절은 하나님께서 사람을 에덴으로 이끌어 들이신 목적이 무엇인지를 분명하게 말하고 있습니다. 이 구절은 직역하면, "그리고 여호와 하나님께서 그 사람을 데려오셨다. 그리고 그를 에덴 동산에 두셨다. **그것을 다스리며 그것을 지키도록 하시려고**"입니다. 여기서 고딕체 부분이 곧 하나님께서 에덴 동산에 사람을 데려다 살게 하신 목적을 말해 주고 있습니다. 사람이 하나님의 동산에 살게 된 것은 그저 가만히 앉아서 주어진 모든 복을 누리기 위함이 아닙니다. 사람에게는 해야 할 일이 주어져 있습니다. 이 일은 노동(勞動)입니다. '노동'이라는 말이 지금 타락된 세상에서 우리에게 주는 어감은 고생과 힘듦일 것입니다. 그러나 타락 이전의 상태, 즉 에덴 동산에서의 노동은 그 자체가 복의 한 부분인 것입니다. 창세기 1 : 28에서 하나님께서는 사람에게 "모든 생물을 다스리라"는 명령을 주셨습니다. 바꿔 말하자면, 사람은 왕으로 세움받은 것입니다. 그러나 왕의 '다스리는' 역할이란 어떤 것인가? 이것은 흔히 생각하는 군림(君臨)이 아닙니다. 오히려 이 역할은 '봉사'(奉事)입니다. 어떻게 이런 논리가 가능한 것인가 살펴봅시다. 창세기 1 : 28에서 사람은 '다스리는' 직임을 부여받았습니다. 그러나 그 직임이 구체적으로 어떤 것인지는 그가 행하는 일을 보아야 알 수 있는 것입니다. 그런데 바로 여기 창세기 2 : 15에서 '다스리는' 자가 어떤 직무를 감당해야 하는지 잘 드러납니다. 그는 '에덴 동산을 다스리며 지키는' 일을 맡게 되었습니다. 이것이 왕으로서의 직무인 것입니다. 그러나 창세기 2:15의 '다스리다' 라는 용어는 창세기 1:28과는 다릅니다. 이 말은 '봉사하다' 또는 '섬기다' 라는 뜻입니다. 그러나 이 말이 비인격체에게 쓰일 때에는 '잘 다루다' 또는 '잘 가꾸다' 라는 의미를 갖게 됩니다. 그리고 '지키다'라는 말은 '잘 돌보다' 라는 뜻을 갖습니다. 따라서 '다스리며 지킨다'는 것은 '에덴 동산을 잘 경작하고 돌보며 관리한다'는 의미가 됩니다. 즉 하나님의 뜻에 맞게 하나님의 동산을 잘 경영하고 관리하는 일이 다스리는 역할인 것입니다. 바꿔 말하자면, 사람이 다스리는 위치에 있다는 것은, 하나님께 봉사하는 청지기의 위치에 있는 것입니다. 노동은 창조주이신 하나님께 봉사하는 영광스러운 직임인 것입니다.

　사람이 왕으로 세움을 받았다는 것은 다른 피조물에 대해서 그러한 것입니다. 하나님께 대해서는 피조물로서 그분의 뜻을 받들어 일하는 청지기인 것입니다. 그러나 하나님은 청지기 된 사람을 수많은 명령과 요구로써 얽어매려고 하시지 않습니다. 단한 가지 명령, 그것도 매우 쉬운 명령 하나만 주셨습니다. 그러나 이 명령도 사람을 얽매는 것이 아니라 오히려 사람의 유익을 위한 것이었습니다. 16-17절을 살펴보겠습니다. 이 명령이 얽매기 위함이 아니라는 사실은 16절에 잘 드러나 있습니다. 하나님께서는 에덴 동산에 있는 어떤 나무에서든지 그 열매를 따먹을 수 있다고 말씀하십니다. 사람은 자신의 마음에 드는 대로 또 자기 마음대로 어떤 열매든지 먹을 수 있는 놀라운 자유를 누리고 있습니다. 사람은 모든 면에서 주인의 눈치를 보아야 하는 노비(奴婢)나 하인의 수준에 머무는 청지기가 아닙니다. 모든 것을 위임받아 자신의 판단에 따라 행할 수 있는 진정한 자유인(自由人)입니다. 16절 하반절 "동산 각종 나무의 실과는 네가 임의로 먹되"

라는 표현은 강조문으로서 이렇게 풀어쓸 수 있습니다. '동산에 있는 어떤 나무에서든지 네가 정말로 네 마음대로 그 열매를 따 먹을 수 있다.' 이 엄청난 자유에 비해 단 한 가지만 사람은 자신의 마음대로 할 수 없습니다. 그것은 단 한 가지 열매만은 먹어서 안되는, 아주 작은 일입니다. 그러면 하나님께서 이 작은 제한을 두신 이유는 무엇입니까?

많은 분들이 하나님께서 이른바 '선악과'를 금하신 까닭을 이상하게 풀이하고 있습니다. 한 마디로, 선악과는 순종의 시금석(試金石)이 된다는 것입니다. 선악과를 먹지 못하게 하심은 사람이 하나님의 말씀에 순종하는가 안하는가를 알기 위한 시험이었다는 것입니다. 그러나 성경 본문은 그렇게 말하고 있지 않습니다. 17절 하반절은 그 이유를 이렇게 밝히고 있습니다. "왜냐하면 네가 그것을 먹는 날에는 네가 정말로 죽을 것이기 때문이다"(직역). 여기서 분명히 알 수 있는 사실은, 그 열매를 먹으면 죽기 때문이라는 것입니다. 한 예를 들어 보겠습니다. 약품 상자 안에 여러 가지 약들이 들어 있습니다. 소화제도 있고 두통약도 있고 설사약도 있습니다. 그러나 그 안에는 한 가지 빨간 알약도 있습니다. 어머니가 중학생 딸에게 다른 약들은 네가 필요한 경우에 어떤 것이든지 다 꺼내 먹을 수 있지만 이 빨간 알약만은 어떤 경우에도 먹으면 안된다고 신신당부하셨습니다. 왜냐하면 그 약은 먹으면 목숨까지도 잃게 될 극약이기 때문입니다. 이런 경우에 그 빨간 약을 먹지 못하도록 금한 것은 자신의 딸이 자신의 말을 듣나 안 듣나를 알아 보기 위함이겠습니까? 만일 그렇다면 그것은 딸의 목숨을 담보로 한 무모한 실험을 하는 것입니다. 어머니가 딸에게 그 약을 먹지 못하도록 금한 것은 딸의 자유를 제한하기 위함이 아니요 순종을 시험하기 위함도 아니요 오직 한 가지 이유 때문인 것입니다. 즉, 자신의 딸의 생명을 보호하기 위함이기 때문입니다. 그렇다면 이제 우리는 하나님께서 선악과를 금하신 것을 어떤 관점으로 이해해야겠습니까? 하나님께서는 에덴 동산을 만드시고 사람을 그리로 데려오셔서 온갖 좋은 것을 다 누리게 하셨습니다. 이것이 적어도 16절까지의 상황입니다. 그런 하나님께서 갑자기 자신이 지으신 사람의 목숨을 담보로 삼아 무모한 아니 오히려 사람을 통해 행하시려는 자신의 모든 일들을 포기하는 결과를 초래할 실험을 감행하시려는 것입니까? 이런 이해는 성경 본문의 문맥뿐만 아니라 하나님 자신의 성품에 비추어 볼 때 전혀 맞지 않는 생각인 것입니다. 하나님께서 선악과를 금하신 것은 사람의 생명을 보호하시기 위함이었던 것입니다. 이것이 17절 하반절에서 언급되고 있는 금지의 이유인 것입니다.

‘생명의 보호’라는 이 이유에는 함축된 내용이 들어 있습니다. 바꿔 말하자면, 사람을 죽지 않게 하시려는 하나님의 의도에는 크게 말해서 두 가지 내용이 들어 있는 것입니다. 첫째는, 사람으로 하여금 영원히 살게 하려는 것입니다. 사람은 선악과를 먹지 않는 한 영원히 살 수 있는 것입니다. 그러니까 영원히 사는 것은 사람이 무엇을 행함으로써 이루어지는 일이 아닙니다. 에덴에서부터도 영원한 삶은 사람이 자신의 힘으로 얻는 것이 아니었습니다. 그것은 ‘먹으면 죽는다’는 하나님의 말씀을 믿고 받아들이는 믿음이 지속되는 한 누리게 되는 실재(實在)이었던 것입니다. 둘째는, 에덴에서 주어진 모든 복락을 영원히 누리도록 하시려는 것입니다. 사람에게는 완벽한 자유가 있었고 모든 것을 원하는 대로 사용할 수 있는 권한이 주어져 있었습니다. 그러나 무엇보다도 하나님과 더불어 사는 삶, 이것이 무엇보다도 가장 큰 최고의 복락인 것입니다. 16-17절에서 알 수 있는 것과 같이 하나님과 사람은 의사 소통의 관계에 있었습니다. 이 사실은 15절과 18절에서도 충분히 시사되고 있습니다. 에덴 동산은 하나님의 동산이고 그곳에서 하나님은 사람에게 자신의 의사를 전달하시며 그에 대한 지극한 관심을 보여 주십니다. 하나님 앞에서 그분의 관심의 대상으로서 그리고 그분의 의사를 알면서 사는 삶, 이것이 무엇보다도 그 동산에서 누릴 수 있는 지고(至高)의 복락인 것입니다.

여기서 서로 반대 되는 두 개념을 잠깐 생각하고 넘어가야겠습니다. 이것은 '생명나무'에서 의미하는 '생명'이라는 개념과 '선과 악의 지식 나무'와 연관되어 나타난 '죽음'이라는 개념입니다. 앞으로 창세기 3장 본문을 다루게 될 때 좀더 자세히 말씀드리겠지만, 우선 아셔야 할 것은 '생명과 죽음'이라는 것이 우리가 현재 일반적으로 생각하고 있는 '이 땅에 사는 동안 유지되고 있는 목숨과 이 목숨의 상실' 정도의 의미에 그치는 것은 아니라는 점입니다.

오늘 제3과에서 다룰 본문은 바로 여기 17절까지입니다. 창세기 2:4-25 본문의 셋째 문단인 18-25절 부분은 제4과에서 공부하겠습니다. 그렇다면 오늘 본문에서 가장 부각되고 있는 계시적 사실은 무엇입니까? 그것은 '여호와는 사람으로 하여금 자신과 살도록 하신 선하신 하나님이시다'라는 사실입니다. 그래서 이 본문에서는 하나님의 선하심을 다양하게 언급하고 있습니다. 그분은 특별한 동산을 만드셨습니다. 그리고는 지으신 사람을 그곳으로 인도해 들여서 자신과 더불어 살도록 하셨습니다. 그분은 그 동산을 아름답게 꾸미셨습니다. 그래서 사람이 그곳에서 사는 즐거움과 행복을 누리도록 하셨습니다. 또 사람에게 할 일을 주셨습니다. 이것 역시 삶의 커다란 복이었습니다. 무엇보다도 하나님은 사람과 영원히 교제하며 살기를 원하셨습니다. 그래서 죽지 않는 영생할 수 있는 방법을 알려 주셨습니다. 이토록 선하신 하나님 그분은 바로 구원의 하나님이신 여호와이십니다.

창세기는 모세오경의 다른 책들보다 훨씬 형식이 뚜렷한 구조를 갖고 있습니다. 창세기는, 시내산에서 하나님과 언약을 맺음으로 그분의 백성이 된 처음 독자들에게 이제껏 그들이 겪지 못한 과거의 역사를 통해 여호와 하나님이 어떤 분이신지를 알려 주는 책이므로 자연히 체계적인 구조를 가질 수밖에 없는 것입니다.[6] 글의 내용이 독자가 직접 경험한 내용이거나 동시대의 것이라면 어떤 체계적인 구조가 없이 다소 산만한 형식으로 글을 써 놓아도 그 내용을 이해하는 데 별다른 어려움을 겪지 않을 것입니다. 그러나 과거의 일들 더욱이 오랜 세월에 걸친 역사를 글의 내용으로 할 경우에는 어떤 체계가 없다면 시간적인 전후 관계가 독자의 머리 속에서 잘 정리되지 않으므로 그 글을 전체적으로 일관성 있게 이해하기가 쉽지 않은 법입니다. 그래서 신중한 기록자라면 당연히 가장 효과적인 구조를 만들어서 내용을 담기 마련입니다. 이것은 우리가 학교에서 역사 과목을 공부할 때 역사 교과서는 그 어떤 책보다도 시대별로 잘 정리된 책이었다는 사실을 기억해 보면 쉽게 이해할 수 있는 점입니다. 그런데 창세기는 하나님을 부각시키려는 의도의 글이므로 일반 역사책처럼 시대별 구분을 주된 구조로 삼지 않고 간단하면서도 독특한 문학적 구조를 사용하였습니다. 이렇게 함으로써 처음 독자들은 이제껏 하나님께서 이루어오신 역사를 훨씬 잘 기억할 수 있으며 따라서 그분이 어떤 분이신지에 대한 인식도 더욱 분명하게 가질 수 있었을 것입니다.

　　기록자는 "엘레 톨레도트"('ēlle tôlᵉdôt)라는 문단 나누기 표현을 10번 사용하여 창세기를 아래의 그림 3에서 보시는 바와 같이 11개의 큰 문단으로 나누었습니다. 그러나 한글 개역 성경에서는 이 공통적 표현이 우리말로는 번역하기 힘든 독특한 표현이므로 그 표현으로 시작되는 문단의 내용을 파악하여 의역(意譯)을 해놓았습니다. 어쨌든 이런 까닭에, 우리는 창세기를 읽어 내려가면서 11개 큰 문단의 첫부분을 얼른 알아보기가 그리 쉽지 않습니다. 엘레 톨레도트라는 표현이 처음 나타나는 2：4에서는 "대략(大略)이 이러하니라"로 번역된 반면에, 5：1에서는 "계보(系譜)가 이러하니라," 6：9에서는 "사적(事蹟)이 이러하니라," 10：1과 11：10에는 "후예(後裔)가 이러하니라"로 번역되어서 하나의 표현이 네 가지 다른 형태로 나타난 셈입니다. 그러나 창세기 후반부(11：27～50：26)에서는 이 표현이 세 가지 형태를 갖습니다. 11：27과 25：12 그리고 25：19에서는 "후예는 이러하니라," 36：1에서는 "대략이 이러하니라,"[7] 37：2에서는 "약전(略傳)이 이러하니라"로 되어 있습니다. 따라서 전체적으로 보면, 엘레 톨레도트는 모두 다섯 가지 용어로 표현되었습니다.

　기록자는 엘레 톨레도트를 사용하여 새로운 문단을 시작할 때마다 문학적 형식을 바꾸어서 글의 맛을 돋우었습니다. 그래서 전체적으로 볼 때 창세기의 글은 산문(散文)이지만 산문의 문학형식(literary style)에 변화를 줌으로써 마치 시(詩)의 병행 구조(parellelism)와 같게 만들었습니다. 이렇게 한 까닭은 무엇보다도 내용을 잘 기억하도록 하기 위한 배려 때문일 것입니다. 그리고 이러한 병행 구조의 차이에 의해서 창세기는 두 부분으로 나뉘어집니다. 그리고 각 부분에는 "엘레 톨레도트"가 다섯 개씩 들어가 있습니다. 전반부의 병행 구조는, '서술체-서술체-계보'의 패턴(pattern)이 반복된 A-A-B / A-A-B 구조인 반면에, 후반부는 서술체 사이사이에 계보가 끼어 있는 A-B-C-B-A 구조를 갖고 있습니다.

[그림 3] 창세기의 문학적 구조

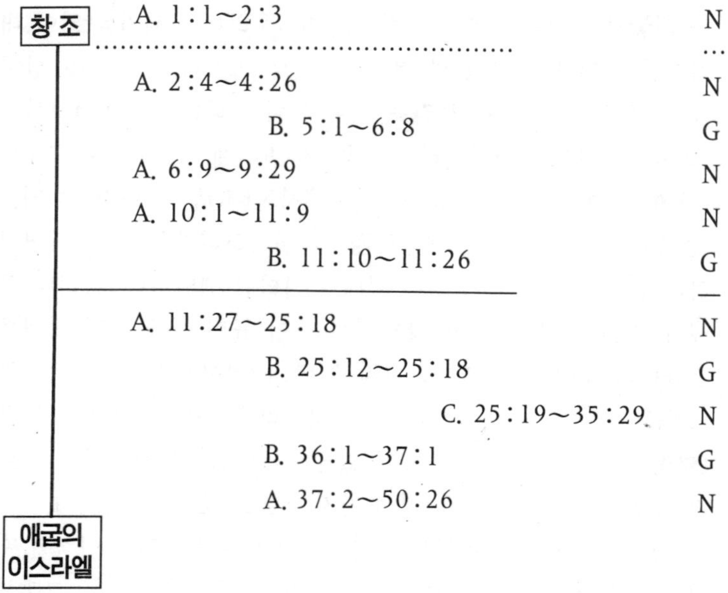

창조	A. 1:1~2:3	N
		...
	A. 2:4~4:26	N
	B. 5:1~6:8	G
	A. 6:9~9:29	N
	A. 10:1~11:9	N
	B. 11:10~11:26	G
	A. 11:27~25:18	N
	B. 25:12~25:18	G
	C. 25:19~35:29	N
	B. 36:1~37:1	G
애굽의 이스라엘	A. 37:2~50:26	N

[이 그림에서 N은 서술체(narrative), G는 계보(geneology)를 뜻합니다.]

위의 구조를 살펴보면 창세기는 단순히 문학적 형식만을 따라서 보기 좋게 배열한 것이 아니라 그 글의 내용에서도 체계적으로 배열되어 있음을 알 수 있습니다. 이것은 기록자가 창세기 구조에 대해 상당히 치밀한 계획을 갖고 창세기를 썼다는 사실을 드러내 주는 것입니다. 전반부는 위에서 보는 바대로 A-A-B 구조가 반복되는데 뒷 패턴은 앞 패턴의 중심적인 내용을 반영한 것입니다. '창조-에덴의 아담에서 라멕에 이르기까지 죄의 급증-

구원 계열의 계보'가 앞 패턴의 내용이라면, 뒷 패턴은 '홍수 이후의 새로운 창조-인구의 증가와 바벨에서 드러난 죄의 만연-새로운 구원 계열의 계보'를 그 내용으로 삼고 있기 때문입니다. 반면에 후반부는 세 개의 서술체를 축으로 삼고 그 사이에 계보를 끼워 넣고 있습니다. 이 세 축은 차례대로 아브라함과 이삭과 야곱의 이야기를 그 내용으로 하며 계보는 이스마엘과 에서를 다루고 있습니다. 이것은 아브라함과 맺은 언약과 그 계승자를 중심으로 이야기가 전개되고 있음을 보여 주는 것입니다.

　이처럼 기록자는 치밀한 계획에 의해 창세기의 형식과 그 내용을 조직함으로써 아담에서 아브라함에 이르기까지와 아브라함에서 애굽에 체류하게 된 이스라엘에 이르기까지의 역사의 흐름을 전·후반부로 나누어서 서술하고 있는 것입니다. 그리고 이로써 그는 창조 때부터 애굽에 이를 때까지 하나님께서 주도해 오신 구원 역사의 움직임을 드러내어 일차 독자들로 하여금 그들을 애굽에서 구원하신 여호와 하나님의 어떠하심과 어떻게 일하심을 올바로 이해할 수 있는 토대를 놓은 것입니다.

　이제 간단히 살펴보고자 하는 주제는 에덴 동산의 신학적 의미입니다. 바꿔 말하자면, 이 동산은 단순히 '사람이 살기 좋은 낙원 그러나 댐(dam)건설로 물에 잠겨버려서 이제 다시는 도저히 돌아갈 수 없는 옛 고향 같은 곳'인가 아니면 '다시 가서 살 수 있는 곳'인가 하는 점을 간략하게 생각해 보려는 것입니다. 먼저 창세기 2장 본문 이후에 에덴 동산이 어떻게 묘사되는지를 알아보겠습니다. 에스겔 선지자는 이 동산에 대해 다음과 같이 표현하고 있습니다. "나 주 여호와가 말하노라. 내가 너희를 모든 죄악에서 정결케 하는 날에 성읍들에 사람이 거접하게 하며 황폐한 것이 건축되게 할 것인즉 전에는 지나가는 자의 눈에 황무하게 보이던 그 황무한 땅이 장차 기경이 될지라. 사람이 이르기를 '이 땅이 황무하더니 이제는 에덴 동산같이 되었고 황량하고 적막하고 무너진 성읍들에 성벽과 거민이 있다' 하리니 너희 사면에 남은 이방 사람이 나 여호와가 무너진 곳을 건축하며 황무한 자리에 심은 줄 알리라. 나 여호와가 말하였으니 이루리라"(겔 36 : 33-36). 자세한 주해(註解)를 하지 않고 얼핏 보더라도 뚜렷이 드러나는 사실은, 여호와께서 에덴 동산과 가나안 땅을 연관지으셨다는 점입니다. 풀어 말하자면, 가나안 땅이 에덴 동산이 된 것은 여호와께서 그 땅을 자기 백성이 살기 좋은 땅으로 다시 회복시키시고 이곳에 그들을 살게 하셨기 때문입니다. 특히 창세기 2장에서 쓰인 '심었다'는 표현이 그대로 사용됨으로써 에덴과의 연관성을 한층 더 부각시키고 있습니다. 이처럼 하나님께서 자신의 백성으로 하여금 자신과 더불어 살아갈 수 있도록 마련하신 삶터라면 그곳이 비록 태초 때 바로 그 장소는 아니더라도 '에덴 동산'이 되는 것입니다. 첫 에덴 동산의 성격을 그대로 반영하고 있기 때문입니다.

　　에덴 동산에 대한 위와 같은 말씀은 에스겔 선지자를 통해서만 전달된 것은 아닙니다. 이사야 선지자는 이렇게 말합니다. "대저 나 여호와가 시온을 위로하되 그 모든 황폐한 곳을 위로하여 그 광야로 에덴 같고 그 사막으로 여호와의 동산 같게 하였나니 그 가운데 기뻐함과 즐거워함과 감사함과 창화하는 소리가 있으리라"(사 51 : 3). 여기서도 역시 가나안 땅과 에덴 동산을 연결시키고 있습니다. 특히 눈에 띄는 것은 '에덴' 동산을 '여호와의 동산'으로 표현함으로써 에덴 동산의 성격을 잘 말해 주고 있다는 점입니다. 이 시점에서 요엘 선지자의 말을 들어 보겠습니다. "불이 그들의 앞을 사르며 불꽃이 그들의 뒤를 태우니 그 전의 땅은 에덴 동산 같았으나 그 후의 땅은 황무한 들 같으니 그 들을 피한 자가 없도다"(욜 2 : 3). 위의 두 선지자를 통해서 하나님께서 말씀하신 가나안은 포로 이후의 회복된 가나안 땅이지만, 요엘 선지자를 통해서 드러난 것은 포로 이전의 가나안도 역시 '에덴 동산'이었다는 사실입니다. 그렇다면 우리가 하나님의 관점에서 생각해볼 때 분명하게 알 수 있는 사실은, 하나님께서는 이스라엘 백성을 애굽에서 건져내시고 그들을 가나안 땅으로 인도해 가심은 가나안을 새로운 에덴 동산으로 마련하시고 거기서 그들과 더불어 사시기 위함이었다는 것입니다. 그래서 그 땅에 성전을 짓게 하시고 그들을 다스리셨습니다. 그러나 그들의 범죄함으로 그분은 그들을 그 새로운 에덴 동산에서 축출하셔서 포로되게 하셨습니다. 포로기간 동안 그 땅은 하나님의 영광이 떠난 황무한 곳으로 바뀌었습니다. 즉 에덴 동산의 성격을 상실한 것입니다. 그러나 하나님 자신의 구원 계획과 목적에 따라 자기의 백성에게 은혜를 베푸셔서 가나안 땅을 다시 에덴 동산으로 만드시고 그들로 이 땅으로 돌아오게 하신 것입니다. 이렇듯 가나안 땅이 에덴 동산이 되고 안되는 것은 장소 자체에 달려 있는 것이 아니라, 하나님 자신에 의해서 결정되는 것입니다.

따라서 가나안 땅 그 자체는 영구화(永久化)된 '에덴 동산'이 아닙니다. 그 땅은 에덴 동산의 성격을 띠고 있다는 점에서 새로운 '에덴 동산'의 역할을 하는 것일 뿐입니다. 이스라엘 백성에게 맡기신 역할(참고. 출 19:6)을 고려할 때 새로운 에덴은 하나님의 백성의 수가 증가될수록 지리적으로 확장될 성격을 지닌 것이고 이것 역시 첫 에덴 동산의 기본적인 성격을 반영한 것입니다. 비록 이스라엘 백성은 하나님의 이러한 의도에 부합하기는 커녕 자신들마저 그 동산에서 축출되는 결과를 스스로 초래하였지만, 그렇다고 해서 하나님의 의도가 좌절된 것은 아닙니다. 에덴 동산을 회복하시려는, 바꿔 말하자면, 자기 백성과 영원히 함께 사시려는 하나님의 기쁘신 뜻은 포로 이후에 가나안 땅을 다시 회복시키심으로써 다시 계속됩니다. 그러나 이 땅 자체에 하나님의 뜻이 모두 실린 것은 아닙니다. 그 땅은 하나님의 뜻이 어떠한 지를 구체적으로 보여 주는, 일종의 모델 하우스(a model house)였던 것입니다. 그리고 그 때의 이스라엘 백성들뿐만 아니라 우리 새언약 백성들이 입주해서 영원히 살게 될 아파트(apartment)는 미래의 몫으로 남아 있는 것입니다. 이러한 사실은, 에덴 동산이 하나님의 백성 모두의 최종적이고 영원한 삶터로 묘사되고 있는 요한계시록을 통해 잘 드러납니다. " 또 저가 수정같이 맑은 생명수의 강을 내게 보이니 하나님과 및 어린 양의 보좌로부터 나서 길 가운데로 흐르더라. 강 좌우에 생명나무가 있어 열두 가지 실과를 맺히되 달마다 그 실과를 맺히고 그 나무 잎사귀들은 만국을 소성하기 위하여 있더라. 다시 저주가 없으며 하나님과 그 어린 양의 보좌가 그 가운데 있으리니 그의 종들이 그를 섬기며 그의 얼굴을 볼터이요, 그의 이름도 저희 이마에 있으리라. 다시 밤이 없겠고 등불과 햇빛이 쓸데없으니 이는 주 하나님이 저희에게 비춰심이라. 저희가 세세토록 왕 노릇하리로다."(계 22:1-5. 이와 같은 요한계시록의 말씀의 사상은 이미 구약 성경 스가랴 14:3-11에 나와 있는 것입니다.)

　　이런 점에서 오늘 본문이 일차 독자들에게 '에덴 동산'에 대한 묘사를 다소 상세히 제시한 것은, 그들이 지금 향하여 나아가는 '가나안 땅'이 새로운 에덴 동산임을 가르쳐 주기 위함인 것입니다. 그리고 현재 우리 새언약 백성들에게는 우리 앞에 있는 '새 하늘과 새땅'이 '에덴 동산'인 것입니다. 그리고 이처럼 하나님께서 자기 백성의 함께 사심이 에덴 동산의 본질적인 성격이라면 이스라엘 백성으로 하여금 짓게 하신 성막 역시 에덴 동산의 기능을 반영하고 있는 것이 분명합니다[cf. Sailhamer, "Genesis" in *The Expositor's Bible Commentary*, vol. 2 (Grand Rapids :

Zondervan, 1990), p. 43.]. 성막은 축소된 에덴 동산입니다. 또한 새언약 시대에 성령님께서 그리스도인의 심령 안에 내재(內在)하심 역시 에덴 동산의 성격을 반영하고 있는 것이라 할 수 있겠습니다.

A 오늘 본문은 '선하신 하나님'에 대해서 집중적으로 언급하고 있습니다. 그러나 그분의 선하심을 추상적이거나 관념적인 이론으로서 언급한 것이 아니라 그분께서 베푸신 구체적인 은혜들을 제시함으로써 그분의 선하심을 부각시키고 있습니다. 우리는 창세기 1장 본문 전체를 통해서 하나님은 전능하신 창조주이심을 배웠습니다. 바꿔 말하자면 창세기 1장은 그분의 능력과 신분에 대해 가르쳐 준 것입니다. 여기에 이어서 오늘 본문은 그분의 성품에 대해 가르쳐 주고 있는 것입니다. 그분이 얼마나 선하시고 좋으신 분이신지를 알려 주고 있는 것입니다. 하나님을 올바로 섬기며 그분과 더불어 살려면 무엇보다도 먼저 그분이 어떠하신 분인지를 배워야 하는 것입니다. 우리가 어떻게 해야 한다는 것을 배우기 이전에 먼저 그분 자신에 대해 배워야 합니다. 그래야 우리의 섬김이 겉치레가 아닌, 우리의 중심에서 우러나오는 진정한 것이 될 수 있는 것입니다. 이런 의미에서 본다면 창세기는 그 전체가 일차 독자들을 포함하여 모든 시대의 하나님 백성들을 위해 제시된, (하나님 학교에 입학한) 신입생 오리엔테이션(orientation)과 같은 성격의 글이라 할 수도 있겠습니다.

우리가 하나님의 선하심과 좋으심을 노래를 통해서도 찬양하지만, 어떤 의미에서 그분의 선하심을 인식하고 있는지는 되짚어 볼 만합니다. 우리는 대부분, 그분께서 내게 또는 내가 좋아하는 어떤 사람에게 베풀어 주시는 그 무엇 즉 물질적인 것 때문에 그분의 선하심을 느껴 봅니다. 이러한 느낌도 정말 중요한 것입니다. 그러나 우리가 물질적인 것을 대상으로 삼아야 하나님의 좋으심을 느끼는 일에 타성(惰性)이 붙는다면, 우리의 삶은 감사함보다는 불평으로 채워지기 시작할 것입니다. 왜냐하면 눈으로 확인될 만한 사건이나 물질이 내게 주어지지 않으면 그분의 선하심을 전혀 느낄 수 없게 되기 때문입니다. 우리 사람들 사이에서도 서로간에 물질적인 주고받음이 전혀 없더라도 상대방의 마음을 안다면, 그 마음을 물질보다 중요한 것으로 알아 상대방을 좋아하고 고마워하는 일이 많이 있습니다. 그런데 유독 하나님에 대해서만은 그분의 마음보다는 그분이 주시는 어떤 가시적이고 유형적(有形的)인 것으로 그분의 선하심을 느끼거나 판단하려고 한다면 이것은 분명히 잘못된 것입니다.

　위와 같은 현상은 우리가 하나님의 선하심을 느끼는 기준에 문제가 있기 때문에 생기게 됩니다. 우리는 어쩌면 하나님의 말씀 그 자체보다도 나의 오관(五官)을 통해서만 판단하고 확인하려는 이른바 '감각적인' 그리스도인으로 바뀌어 가는지도 모르겠습니다. 우리의 감각기관을 통해서는 아무 것도 느낄 수 없더라도, 우리와 늘상 함께 거하시며 동행하시는 그분의 숨결을 느끼며, 우리를 위해 그리고 그분 자신의 나라를 위해 세상 모든 일들을 다스리시는 그분의 손길을 볼 수 있어야 할 것입니다. 그렇지 않고는 우리의 삶은 우리 주변의 상황 변화에 따라 하나님 그분에 대한 충성심이 쉴새없이 뒤바뀌는 연약한 백성의 모습을 결코 벗어 버릴 수 없을 것입니다. 하나님을 우리가 올바로 보려면 마음의 눈, 믿음의 눈을 떠야 하는 것입니다. 샛눈을 뜨는 정도가 아니라 크게 활짝 떠야 합니다. 그리고 이것은 그분의 말씀에 따라 그분을 느끼고 보는 연습을 부지런히 해보아야 가능해지는 일입니다. 오늘 본문은 무엇보다도 그분이 자기 백성들인 우리와 함께 사시기를 원하시는 분이라는 면에서 그분의 선하심을 깨닫기를 요구하고 있습니다. 이와같이 본문이 요구하는 바대로 그분을 깨닫는 훈련이 계속된다면, 우리는 겉보기로는 매우 사소하거나 아무런 일도 생기지 않는 평범한 생활 가운데서도 그분을 여실하게 느낄 수 있게 될 것입니다. 그리고 이렇게 될 때 우리는 비로소 그분 중심적인 삶을 살 수 있게 됩니다.

주)

1) 한글 개역 성경의 순서대로 말하자면, 창세기 2:4의 상반절에 나오는 '천지'는 후반절의 "천지의 창조된 대략"에 나오는 '천지'와는 다릅니다. 뒤의 '천지'는 창세기 1:1의 의미와 같은 '그 하늘과 그 땅'으로서 잘 조직된 우주 전체(well-organized universe)를 뜻하는 것입니다. 그러나 앞의 것은 원문에 관사(冠詞)가 없이 쓰인, 게다가 단어의 배열이 바뀐 "땅과 하늘"인 것입니다. 따라서 이것은 창세기 1:2의 '땅'에 해당되는 것이라고 볼 수 있습니다.

2) 창세기 1:1~2:3까지에서는 전혀 볼 수 없었던 새로운 명칭이 2:4부터 등장합니다. 이제까지는 '하나님'이라는 이름이 사용되었는데 여기부터는 '여호와 하나님'이라는 이중적인 명칭이 나타나기 시작합니다. 그래서 어떤 이들은 '하나님'이라는 명칭과 '여호와'라는 명칭이 다른 것은 글쓴이가 다르기 때문이라고 주장합니다. 이런 류의 주장을 흔히 문서설이라고 말하는데, 이러한 문서설을 반박하고 모세오경이 모세에 의해 기록된 것임을 입증해 주는 매우 훌륭한 고전(古典)이 있어서 소개합니다. 그 책은, 알리스(Oswald T. Allis) 교수가 쓴 「모세오경」, 김정우 옮김(기독교문서선교회, 1982)입니다. 관심있는 분들은 꼭 읽어 보시기 바랍니다. 어쨌든 이중적인 명칭이 나타나는 것은 기록자의 의도 때문입니다. 처음 독자인 이스라엘 백성은 그분의

구원하심을 통해 자신들의 하나님이 어떠한 분이신지를 경험하였습니다. 그분은 구원자이신 하나님이셨습니다. 이것이 여호와라는 명칭의 근본적인 의미입니다(참고. 출 6:3-9). 하나님이라는 명칭은 신(神)이라는 의미의 일반적인 명칭인 반면에 이제 여호와라는 명칭은 이스라엘의 하나님을 지칭하는 고유명사가 된 것입니다. 그래서 저는, 기록자인 모세가 자신들의 하나님이 다른 신들과는 전혀 다른 참 신이시며 온 세상을 창조하신 전능자이심(창 1:1~2:3)을 드러낸 후에, 오늘 본문에서는 그 전능하신 창조자 하나님이 이스라엘을 애굽에서 건져내어 새로운 에덴 동산인 가나안으로 인도해가시는 여호와 그분이시라는 사실을 집중적으로 강조하기 위하여 이중적인 명칭을 의도적으로 사용한 것이라 생각합니다.

3) 6절 후반부는 "그리고 그것[습기]이 그 땅의 모든 표면에 물 주었다"로 직역될 수 있습니다. 그런데 여기서 '그 땅'에는 6절 전반부의 '땅'과는 다른 단어가 사용되었습니다. 이 문맥에서 전자는 경작의 대상이 되는 땅(hā'ᵃdāmâ)을 의미하고 후자는 육지와 바다를 포함하는 일반적 총칭으로서 땅(hā'āreṣ)을 의미한다고 볼 수 있습니다. 그렇다면 '그 땅'은 5절 상반절에 두 번 나오는 '그 들'을 가리키는 표현이라고 할 수 있습니다. 어쨌든 6절 후반부에서 분명히 드러나는 사실은, 하나님께서 지으신 땅 그 자체 안에 들어 있는 물기가 올라와서 지면을 적셨기 때문에 '그 들의 모든 식물'의 씨앗들이 수분을 공급받아 생존할 수 있었다는 점입니다.

4) '심는다'는 용어는 무생물에만 사용되는 것이 아니라 '사람'에게도 사용되고 있습니다. 모세는 홍해를 건넌 후 여호와를 찬양하는 노래 가운데 "주께서 백성을 인도하사 그들을 주의 기업의 산에 심으시리이다"하는 표현을 씁니다.(출 15:17)

5) 여기 언급된 '구스'도 성경의 다른 경우에서 처럼 지금의 에디오피아 지역을 가리키는 것이 아닐까 하고 추정합니다. 그렇다면 이 강은 출애굽기 초반에 나오는 '애굽강' 즉 지금의 '나일강'에 해당하는 것이라고 볼 수 있겠습니다. John H. Sailhamer, "Genesis" in *The Expositor's Bible Commentary*, vol. 2 (Grand Rapids: Zondervan, 1990), p.42.

6) 이미 오래 전에 클라인(Meredith G. Kline) 교수는 모세오경은 물론 신·구약 성경 전체의 구조를 연구한 책을 내놓았습니다. 이 책에서, 그는 특히 모세오경의 구조를 연구한 결과 모세오경은 하나님께서 이스라엘 백성과 맺으신 시내산 언약과 연관된 언약서(言約書)라는 사실을 설득력 있게 논증하였습니다.[M. G. Kline, *The Structure of Biblical Authority*, 2nd ed.(Grand Rapids: Eerdmans, 1972).]

7) 창세기 36:9에도 "엘레 톨레도트"가 나오지만 학자들은 이것을 이미 36:1에서 시작된 문단 안에 속한 것으로 간주하여 36:9부터를 새로운 문단으로 분류하지 않습니다. 그 주된 이유는, 36:9이후의 내용이 단지 36:1에서 시작된 내용의 자세한 설명에 불과하기 때문입니다. Cf. Willem VanGemeren, *The Progress of Redemption* (Grand Rapids: Zondervan, 1988), p.71.

〈해답〉
1. (1)　2. (3)　3. (1) ×　(2) ×　(3) ×　(4) ×　(5) ○　(6) ○　4. (3)　5. (3)　6. (4)

창세기 2 : 4 - 25 (2)

벌거벗은 행복

[18]여호와 하나님이 가라사대 사람의 독처하는 것이 좋지 못하니 내가 그를 위하여 돕는 배필을 지으리라 하시니라 [19]여호와 하나님이 흙으로 각종 들짐승과 공중의 각종 새를 지으시고 아담이 어떻게 이름을 짓나 보시려고 그것들을 그에게로 이끌어 이르시니 아담이 각 생물을 일컫는 바가 곧 그 이름이라 [20]아담이 모든 육축과 공중의 새와 들의 모든 짐승에게 이름을 주니라 아담이 돕는 배필이 없으므로 [21]여호와 하나님이 아담을 깊이 잠들게 하시니 잠들매 그가 그 갈빗대 하나를 취하고 살로 대신 채우시고 [22]여호와 하나님이 아담에게서 취하신 그 갈빗대로 여자를 만드시고 그를 아담에게로 이끌어 오시니 [23]아담이 가로되 이는 내 뼈 중의 뼈요 살 중의 살이라 이것을 남자에게서 취하였은즉 여자라 칭하리라 하니라 [24]이러므로 남자가 부모를 떠나 그 아내와 연합하여 둘이 한 몸을 이룰지로다 [25]아담과 그 아내 두 사람이 벌거벗었으나 부끄러워 아니하니라

Q 위의 성경 본문(2:18-25)을 자세히 읽으신 후에 아래의 물음에 대답하십시오.

1. "사람의 독처하는 것이 좋지 못"한(18절) 이유로서 알맞는 것은 다음 중 어느 것입니까? (　　)
   (1) 외로우므로
   (2) 정욕을 억제할 수 없으므로
   (3) 해야 할 일을 잘 감당할 수 없으므로
   (4) 생활이 여러모로 불편하고 지루하므로

2. "돕는 배필"(18절)의 뜻으로 알맞는 것은 다음 중 어느 것입니까? (　　)
   (1) 배우자를 내조하는 천생 연분의 짝
   (2) 모든 면에서 어울리는 짝
   (3) 배우자와 대등한 조력자
   (4) 배우자의 뜻을 잘 받드는 내조자

3. 하나님께서 아담에게로 동물들을 이끌어 내오신 근본적인 이유는 무엇입니까? (　　)
   (1) 아담으로 하여금 각 동물의 이름을 짓게 하시려고
   (2) 아담으로 하여금 돕는 배필을 찾게 하시려고
   (3) 아담이 만물의 영장됨을 모든 동물들이 알게 하시려고
   (4) 모든 동물들로 하여금 아담의 지배하에 놓이게 하시려고

4. "내 뼈 중의 뼈요 살 중의 살이라"(23절)고 아담이 말한 근본적인 이유는 무엇입니까? (　　)

(1) 여자가 아담의 신체 일부를 재료로 해서 지음받았기에
(2) 여자가 참으로 소중한 존재이며 평생의 반려자가 되기에
(3) 여자가 돕는 배필임을 아담이 파악하고 만족했기에
(4) 여자가 정말로 사랑스러워 보였기에

5. 결론 부분(24절)은 아담과 그녀에게가 아니라 처음 독자들에 게 <u>직접</u> 명령한 말씀이라는 사실을 알 수 있는 가장 분명한 단 서는 무엇입니까? (　　)
(1) 남자　　　　　(2) 부모　　　(3) 연합　　　(4) 한 몸

6. 이 본문이 말하고 있는 중심 내용은 무엇입니까? (　　)
(1) 가정의 본질과 행복　　(2) 결혼 제도의 기원
(3) 하나님의 선하심　　　(4) 돕는 배필의 등장

E 18절부터는 새로운 문단(文段)이 전개됩니다. 즉, 창세기 2 : 4-25 본문의 셋째 문단이 시작됩니다. 이 문단은 창세기 1 : 27을 자세히 해설한 부분이라 할 수 있겠습니다. 창세기 1 : 27은 "하 나님이 자기 형상 곧 하나님의 형상대로 사람을 창조하시되 남자 와 여자를 창조하시고"하고 말하고 있는데, 18절부터 시작되는 이 문단이 여자의 창조를 설명하고 있는 것입니다. 18절에서는 어떤 이유로 하나님께서 여자를 지으시려는가에 대해 말하고 있 습니다. 그 이유는 하나님의 말씀에서 드러납니다. "사람의 독처 하는 것이 좋지 못하니." 여기서 '사람'이란 7절에서 지음받고 에 덴 동산에서 살게 된 '아담'이라는 이름을 가진 남자를 가리키는 것입니다. 그리고 '독처한다'는 말은 홀로 있다는 뜻입니다. 그렇 다면 '좋지 못하다'는 표현의 의미는 무엇입니까? 사실 '좋다'는 낱말만큼 그 개념이 다양하고 광범위하게 쓰이는 말은 많지 않을

것입니다. 기분이 좋다, 그 사람 좋다, 그 기계 좋다, 경치가 좋다, 마음씨가 좋다, 날씨가 좋다 등등 팔방미인과 같은 단어가 바로 이 '좋다'는 말입니다. 이미 창세기 1장 본문을 다룰 때 설명한 것처럼, 단어에는 여러 의미가 있지만 문장에서는 일반적으로 한 가지 의미만을 갖게 됩니다. 그렇다면 여기에 알맞는 한 가지 의미는 무엇이며 어떻게 골라야 하겠습니까? 당연히 문맥에 비추어서 골라야 합니다. '좋다'는 낱말은 창세기 1장에서 여러 번 쓰였습니다. 그곳에서의 의미는 근본적으로, 하나님의 창조 의도대로 되었음을 나타내 주는 말이었습니다. 이 말이 2장에서는 여기 18절 이전에 9절의 "먹기에 좋은"이라는 표현에 나와 있습니다. 그런데 이 표현의 직역은 '음식으로 좋은' 입니다. 따라서 '좋다'는 것은 맛이나 모양을 포함하기도 하지만 무엇보다도 '사람이 음식으로 먹으려는 목적에 적합하다'는 의미입니다. 그러니까 1장에서부터 이제껏 '좋다'는 말은 '의도나 목적에 적합하다'는 의미로 사용된 것입니다. 문맥이 '좋다'는 말에 새로운 의미를 부여하지 않는 한 앞에서 쓰인 의미가 그대로 사용되는 것입니다. 따라서, 물론 사람이 혼자 있는 것이 심리적으로나 사회적으로나 성적(性的)으로나 좋지 않다고 표현할 수는 있겠으나, 여기서 '좋지 못하다'는 의미는 앞에서 쓰인 '좋다'는 의미에 비추어서 이해해야 하는 것입니다. 그렇다면 18절 상반절의 의미는 아주 분명합니다. 그것은, 하나님께서 지으신 그 사람이 혼자 있는 것이 하나님께서 그를 지으신 목적이나 의도에 맞지 않는다는 뜻입니다. 하나님께서 사람을 지으신 목적은, 사람이 생육하고 번성하여 모든 생물을 다스리게 하시려는 것입니다. 따라서 남자뿐만 아니라 여자의 창조도 자연히 필요한 것입니다.

18절 하반절은 "내가 그를 위하여 돕는 배필을 지으리라"고 말하고 있습니다. 이 말씀에서 우리는 하나님께서 여자를 어떠한 존재로 지으셨는가를 배우게 됩니다. 우선 우리가 오랫동안 오해해 왔던 표현인 '돕는 배필'의 의미부터 생각해 보아야겠습니다. 이 말을 우리말의 뜻대로 풀이하자면, 여자(여기서는 문맥상 '아내'로서의 여자)는 남자(남편)을 도와 주도록 되어 있는 천생 연분의 짝이라는 뜻입니다. 아무리 좋게 이해한다고 해도 '돕는 배필'이란 말은 '내조자(內助者)' 이상은 아닙니다. 게다가 우리 민족의 뿌리깊은 남존여비(男尊女卑) 사상과 결부되어 여자(아내)는 남자(남편)에게 종속된 존재라는 개념이 고정되어 있습니다. 그뿐 아니라 성경 곳곳에 나타난, 얼핏 보면 여자의 지위가 남자의 지위보다는 낮다는 것을 입증해 주는 것 같은 구절들을 연관시켜서 오늘 본문 18절의 '돕는 배필'을 설명하는 경우를 보게 되면, 우리는 마치 성경 전체가 여자의 지위를 남자의 종속적인 존재로 가르치는 것처럼 생각하기 쉽습니다. 그러나 사실은 성경이 그렇게 가르치고 있지 않습니다. 위의 오해는 우리가 성경의 가르침을 왜곡하거나 의도적으로 올바른 가르침을 회피하고 있기 때문에 생겨난 결과입니다.

　'돕는 배필'이라는 표현에서 '돕는'이라는 말이 '배필'이라는 뒷말을 꾸며 주고 있습니다. 그러나 실상은 그 반대가 되어야 합니다. 원어(에제르 케네그도)에 비추어 보면, '돕는'이라는 말은 '돕는 자'라는 뜻이고, '배필'은 '그와 상응(相應)하는'이라는 뜻입니다. 따라서 돕는 배필이란 단순히 내조자나 보조자라는 의미가 아니고 '그 [남자]와 상응하는 돕는 자'라는 의미인 것입니다. 여기서 개념을 분명히 정리할 필요가 있습니다. 우선 '돕는 자'라는 용어가 갖는 주된 개념은 '능력'입니다.[1] 옆에서 이것저것 거드는 조수(助手) 역할을 하는 자를 뜻하는 것으로 생각해서 '돕는 자'를 약간 낮은 위치에 있는 존재로 본다면 그것은 오해입니다. 성경에서는 하나님을 가리켜 우리를 돕는 분으로 묘사합니다. 그렇다고 하나님이 우리 인간보다 못한 분은 아닙니다. 또 우리는 일반적으로 의사를 가리켜 환자를 돕는 자, 교사를 가리켜 학생을 돕는 자라고 말할 수 있습니다. 이럴 때 의사나 교사를 환자와 학생보다 낮은 위치에 있다고 말할 수 있겠습니까? 그럴 수 없는 것입니다. 따라서 '돕는 자'라는 개념은 신분이나 수준 또는 가치의 높낮이를 알려 주는 것이 아니라 '능력을 가진 자'임을 의미하는 것입니다. 여자는 능력의 소유자입니다. 그 다음에 '상응한다'는 말에서 여자의 신분 또는 가치를 알 수 있습니다. 상응(相應)의 대상은 그 남자입니다. 따라서 여자 역시 남자와 동등한 신분과 가치를 지닌 존재입니다. 그래서 만일 남자가 손이라면 여자는 발이고 남자가 눈이라면 여자는 입이라고 예를 든다면 이것은 잘못된 비유입니다. 여자가 남자와 상응한다는 것은, 남자가 오른손이라면 여자는 왼손, 남자가 왼쪽 눈이라면 여자는 오른쪽 눈인 경우에 해당하는 것입니다. 이렇듯 남자와 여자는 온전히 대등한 존재인 것입니다.

그렇다면 여기서 생각해 볼 문제는, 어째서 하나님께서는 여자를 단순히 남자와 상응하는 존재로만 지으신 것이 아니고, '능력을 가진 자'로 지으셨는가 하는 점입니다. 그 이유는 하나님께서 사람을 지으신 목적과 연관이 있습니다. 하나님께서는 사람으로 하여금 생육하고 번성하여 땅에 가득 차도록 의도하셨을 뿐만 아니라 땅을 정복하고 모든 생물을 다스리도록 지으신 것입니다. 그래서 그분은 사람을 이끌어 에덴 동산에서 살게 하시며 그 동산을 경작하며 관리하도록 하신 것입니다. 이 일들은 남자 혼자서 해낼 수 없는 것입니다. 이 일들을 함께 할 수 있는 존재가 필요한 것입니다. 따라서 여자는 남자에 예속 또는 종속된 존재가 아닙니다. 여자는 하나님께서 남자에게 부여하신 임무를 남자와 공동으로 담당하기 위한 존재입니다. 남자에게 주어진 임무는 그 홀로는 도저히 하나님의 의도대로 해낼 수 없습니다. 그렇기에 이런 점에서 여자는 남자를 위해 돕는 배필인 것입니다. 간단히 말해서 이 본문 18절이 말하는 남녀의 위상(位相)은, 아래의 그림에 나타난 것과 같이, 수직 관계가 아니라 수평 관계인 것입니다.

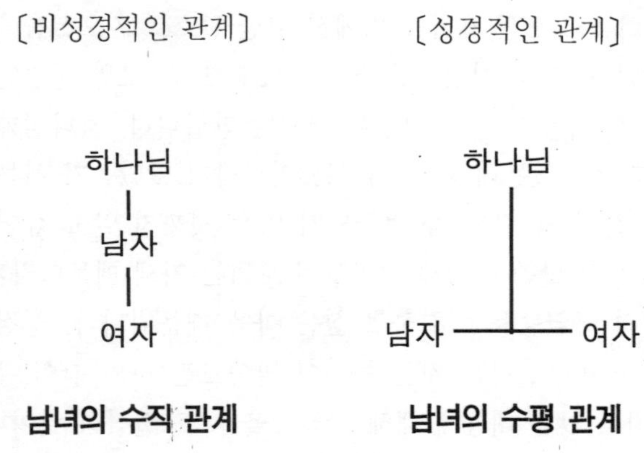

　19절과 20절은 성경 본문을 자세히 읽는 분들에게는 의아심을 불러일으키는 부분입니다. 왜냐하면 18절에서 분명히 하나님께서는 '돕는 배필'을 짓겠노라고 말씀하셨는데 정작 이 일에 착수하시는 것은 21절에 가서야 시작되기 때문입니다. 그 사이에는 19절과 20절에 나타난 바대로 다소 엉뚱한 일을 하고 계십니다. 그렇다면 '돕는 배필'을 지으려는 자신의 계획을 잠시 잊으신 것인지, 아니면 19-20절의 일이 더 시급하므로 이 일부터 처리하시려고 한 것인지 어쨌든 하나님께서는 각종 동물을 먼저 지으시고 그것들을 아담에게로 데리고 오셨습니다. 이 사건이 18절과 어떤 논리적 관계가 있는지 자세히 살펴보기로 합시다.

　　여호와 하나님께서는 흙으로 각종 들짐승과 각종 새를 지으셨
다고 19절 상반절이 말하고 있습니다. 여기서 '흙으로'라는 표현
의 직역은 '그 땅으로부터'입니다. 따라서 이 표현은, 7절에서 처
럼, 진흙이나 찰흙을 재료로 삼은 것이 아니라 땅에서 취한 어떤
원소(들)을 재료로 삼았음을 뜻하는 것입니다. 그리고 '들짐승'
은 그 직역이 '그 들의 모든 생물'이므로 들에 사는 모든 생물을
뜻하는 말입니다. 이렇듯 19절 상반절은 하나님께서 땅의 모든
생물과 하늘의 모든 새들을 땅에서 취한 원소로 지으셨음을 말하
고 있습니다. 결국 이것은 창세기 1 : 24, 25의 보완 설명인 셈입
니다. 혹시 다음과 같은 질문이 생겨날 만합니다. 하나님께서 물
고기들도 지으셨는데 왜 여기서는 언급되지 않았는가 하는 점입
니다. 이런 류의 질문 즉 언급되지 않은 것까지 알고 싶어 하는
이유는, 성경 말씀을 자세히 공부해 보려는 자세 때문이라기보다
는 자신의 궁금증을 해결하고 싶은 마음 때문입니다. 성경 말씀
을 자세히 공부한다는 것은 누누이 말씀드린 바와 같이, 본문에
언급되지도 않은 내용에 대해 궁금증을 갖고 열심히 알아내려고
하는 것이 아니라, 언급된 말씀의 의미가 무엇이며 그 말씀이 시
사하는 내용이 무엇인가를 파악하는 것입니다. 어쨌든 위의 질문
에 대해 대답해 보되 20절까지 설명한 후에 말씀드리겠습니다.

　　19절 상반절에는 한 가지 사실이 더 언급되어 있습니다. 하나
님께서 지으신 동물들을 그 사람에게로 나아가게 하셨습니다. 그
렇게 하신 목적은 그 사람이 자기에게 나아온 각각의 동물을 무
엇이라고 부르는지 보시기 위함이었습니다. 이것을 우리 성경에
서는 "어떻게 이름을 짓나 보시려고"라고 표현하고 있는데 매우
좋은 번역입니다. 여기서 '무엇이라고 부르다' 즉 '이름을 짓는
다'는 표현에는 중요한 개념이 들어 있습니다. 이 개념을 올바로

이해하지 못하면, 하나님께서 사람으로 하여금 동물들의 이름을 짓게 하신 이유를 알 수가 없는 것입니다. 그렇다면 그 중요한 개념은 무엇입니까? 그것은, '본질을 파악한다'는 것입니다. 아직 이름이 정해지지 않은 대상에게 이름을 부여할 때, 그 대상의 특성이나 모양 따위를 파악하여 이름을 붙이게 됩니다. 이것은 오늘날의 경우에도 마찬가지이고, 심지어 무생물체인 미술 작품이나 글의 이름 또는 제목을 붙일 경우에도 그렇고 별명을 붙일 때도 그런 것입니다. 이름을 짓거나 붙이는 데 선행되는 작업은 비록 정도의 차이는 있겠지만 본질 파악의 행위인 것입니다. 그렇다면 어째서 하나님께서는 그 사람으로 하여금 각 동물의 본질을 파악하게 하셨는가? 이 이유가 18절과 19-20절의 논리를 연결시키는 결정적인 고리가 되는 것입니다.

　19절 하반절은, 그 사람이 자기 앞에 나아온 각 생물에게 무엇이라고 부르는 호칭이 곧 그 생물의 이름이 되었다는 사실을 말합니다. 이어서 20절 상반절은 아담이 생물들 모두에게 이름을 주었다는 사실을 말하고 있습니다. 이 사실들을 통해서 우리는 아담이 모든 생물의 본질을 파악하였다는 것을 알 수 있습니다. 그러면 이와같이 모든 생물의 본질을 파악한 결과는 무엇이었습니까? 바꿔 말하자면 하나님께서 그 남자로 하여금 모든 생물의 본질을 파악하도록 하신 근본적인 목적 또는 이유는 무엇이었습니까? 물론 어떤 분들이 주장하는 것처럼, 모든 생물에게 이름을 준다는 것은 그 남자가 만물을 다스리는 자임을 입증하는 사건으로 볼 수도 있겠습니다. 그러나 남자만 만물을 다스리는 자로 세움받은 것이 아니라 여자도 그런 자로 세움받은 것입니다. 따라서 사람이 만물을 다스리는 자임을 드러내려면 여자가 지음을 받은 후에 이런 사건이 발생함이 훨씬 바람직할 것입니다. 아니라면, 여자가 지음받은 후에 이런 류의 사건이 여자에게도 일어났어야 할 것입니다. 그러나 이런 비슷한 사건이 여자에게 일어난 기록이 성경에는 전혀 나타나 있지 않습니다. 결국 우리는 위와 같은 시각으로 이름을 지어준 사건을 보는 것은 옳지 않다고 결론 지을 수밖에 없습니다.

그렇다면 이 사건은 어떤 시각에서 이해해야 합니까? 마땅히 성경 본문이 제시하는 시각에서 이해해야 합니다. 20절 하반절의 "아담이 돕는 배필이 없으므로" 하는 말씀이 위 사건을 어떤 시각으로 보아야 하는지를 가르쳐 주는 말씀입니다. 이 말씀을 직역하면, "그러나 아담[자신]을 위해서 그[아담]는 자기와 상응하는 돕는 자를 발견하지 못했다"입니다. 이 말은 19절과 20절 사건이 18절과 무관한 일이 아님을 여실히 보여 주고 있습니다. 하나님께서 각종 생물을 지으셔서 아담에게 나오도록 하시고 아담으로 이름짓게 하신 것은 그것들 가운데서 '그와 상응하는 돕는 자'를 찾아 보게 하시기 위함이었습니다. 그러나 결과는 그것들 가운데는 아담과 상응하는 돕는 자가 전혀 없었습니다. 여기서 이제까지 미루어온 위의 질문 즉, 물고기는 왜 언급되지 않았는가 하는 점에 대해 말씀드리겠습니다. 각종 들짐승과 공중의 각종 새는 아담의 '돕는 배필'의 후보로서 아담에게 나아온 것입니다. 적어도 후보의 자격은 아담과 더불어 땅에서 살 수 있는 것이어야 합니다. 그러나 물고기는 땅에서 생존이 전혀 불가능한 것이므로 이 장면에는 등장할 필요가 없습니다. 따라서 물고기에 대한 언급이 생략된 것입니다. 한편 새들은 비록 그 활동 공간은 하늘이라고 할지라도 그 번성 공간은 땅입니다. 그래서 번성 공간에 따라 생물을 분류하면, 물에서 번성하는 종류와 땅에서 번성하는 종류로 나뉘는 것입니다. 전자에는 물고기가 해당되고, 후자에는 땅의 생물과 하늘의 새가 해당됩니다. 창세기 1:22의 "새들도 땅에 번성하라"는 말씀이 그 증거가 됩니다.

　　아담이 자기에게 나아온 각종 들짐승과 공중의 각종 새 가운데서 '자기와 상응하는 돕는 자'를 찾지 못하자, 하나님께서 직접 지으시는 일에 착수하시게 됩니다. 21절과 22절이 하나님의 작업을 묘사하고 있습니다. 우선 하나님께서는 아담을 깊이 잠들게 하셨습니다. 여기서 '깊이 잠들게 한다'는 것은 현대식으로 표현하자면 '마취시킨다'에 해당합니다. 아담이 깊이 잠들자 하나님께서는 그의 갈빗대 중 하나를 꺼내시고 그 자리를 대신 살로 채우셨습니다. 그리고는 꺼내신 갈빗대로 여자를 만드셨습니다. 어떤 분들은 다른 재료나 다른 뼈가 아니고 갈빗대로 여자를 지으신 데 대해 여러 가지 고상하고 그럴 듯한 이유들을 말하고 있으나 그것들은 한낱 그럴 수 있다는 추측에 불과한 것이며 전혀 성경적 근거가 없는 비성경적인 생각입니다. 하나님께서는 여자를 만드신 후에, 각종 짐승과 새들을 그리 하셨듯이, 아담에게 나아와 맞선을 보게 하십니다. 그러자 이번에는 그 결과가 앞의 경우와는 완전히 달랐습니다. 아담은 첫눈에 반했습니다.

　　23절은 아담의 말을 기록한 첫 구절로서 아담이 그 여자가 '자기와 상응하는 돕는 자'임을 파악하고 만족하였음을 잘 드러내 주고 있습니다. 그의 말은 환희와 기쁨에 찬 시구(詩句)와 같았습니다. 그는 이렇게 말합니다. **"이번에야말로**[2] 이[this]는 내 뼈들 중의 뼈이며 내 살 중의 살이다. 이[this]는 여자라 불리우리라. 왜냐하면 남자로부터 이[this]가 취해졌기 때문이다"(직역). '이번에야말로'라는 아담의 말에서 우리는 19-20절에서 아담이 행한 일의 성격을 충분히 알 수 있습니다. 아담은 수많은 짐승들을 일일이 살펴보았습니다. 그들에게 이름을 지어 붙여 주는 본질 파악의 작업을 계속하였던 것입니다. 그 가운데서는 아무리 찾아도 '자기와 상응하는 돕는 자'를 만날 수 없었습니다. 그들은 사람이 아니라 사람의 다스림을 받아야 할 피조물들이었습니다. 아담에게는 그와 상응하는, 풀어 말하자면 하나님의 형상대로 지음을 받은 사람이 필요했던 것입니다. 이제 아담이 깊은 잠에서 깨어나자 자신 앞에 나아온 자기 외의 다른 사람을 보게 되었습니다. 그는 즉각적으로 그녀가 자신과 상응하는 자임을 감지하였습니다. 그래서 그는 그 여자를 가리켜 "내 뼈들 중의 뼈이며 내 살 중의 살이다" 하고 표현했습니다. 왜 아담은 이 여자를 가리켜 그런 표현을 했을까? 만일 아담이 하나님께서 자신의 갈빗대 하나를 꺼내어 그녀를 만드셨다는 사실을 알아서 그렇게 표현한 것이라고 한다면, 그렇다고 해도 그것이 "내 살 중의 살이다"라는 표현에 대한 설명은 되지 못합니다.[3] 따라서 우리는 아담이 '어떤 재료로 만들어졌는가'라는 측면에서 그녀를 관찰하여 그렇게 표현했다고 생각할 수는 없습니다. '이번에야말로'라는 문구는 아담의 현재 상황과 그 이전 행동을 연결해 주는 고리의 역할을 하기 때문에 "내 뼈들 중의 뼈이며 내 살 중의 살이다"라는 표현도 이전 행동의 성격에 비추어서 이해해야만 하는 것입니다. 여러 차례 말씀드린 것과 같이 19-20절에 묘사된 아담의 행동은 본질 파악의 성격을 지닌 것입니다. 그러므로 이 이상한 표현도 그런 성격에서 해석해야 합니다.

　그렇다면 이 표현의 의미는 매우 간단합니다. '뼈와 살'은 사람을 지칭하는 관용적(慣用的)인 표현입니다. 그런데 아담은 이 관용적인 표현에 수식어를 붙여서 "내 뼈 중의 뼈이며 내 살 중의 살"이라고 말했습니다. 이것은 아담 자신과 똑같은 본질을 지닌 사람일 뿐만 아니라 이제까지 자신이 그토록 열심히 찾았던 '자기와 상응하는 돕는 자'라는 사실을 의미하는 표현입니다. 그리고 이와 같은 사실은 그가 그녀에게 붙여 준 명칭에서 다시 한 번

확인됩니다. 아담은 그녀를 '여자'라고 칭했습니다. 그리고 그는 자신이 그녀를 그렇게 칭하는 이유를 말합니다. 그가 말하는 이유는, 그녀가 남자에게서 취해졌기 때문이라는 것입니다. 잘못 생각하면, 아담이 자기 자신과 그녀와의 관계를 가치(價値)의 측면이나 주종(主從)의 측면에서 언급한 것처럼 보입니다. 만일 아담이 그 이유를 '그녀가 **나에게서** 취해졌기 때문'이라고 말했다면, 위에 언급된 측면으로 볼 수 있는 논리적 여지가 있습니다. 그러나 아담은 그렇게 말하지 않았습니다. 아담은 자신을 '남자'라고 언급하였습니다. 이것은 자신을 개체로서가 아니라 본질적 측면에서 보고 그렇게 말한 것입니다. 그리고 그는 똑같은 측면에서 그녀를 보고 그녀의 본질을 드러낼 만한 표현을 사용합니다. 원어로 보면 이러한 사실이 더욱 실감나게 드러납니다. 원어에서는 남자가 '이쉬'('ish)이고 여자는 '이쉬'('isha)입니다. 아담이 볼 때 그녀는 자신과 동등한 본질을 지닌 존재이긴 하지만 자신과 같은 성(性)을 지니지는 않았습니다. 이처럼 동일한 본질 그러나 미묘한 차이를 지닌 그녀에 대해 아담은 자신의 본질을 나타내는 '이쉬'라는 표현에 모음만 살짝 추가하여 '이쉬'라고 칭한 것입니다. 따라서 '여자'라는 표현은, 여기서 뿐만 아니라 성경 전체에서도, 결코 비천함이나 종속성을 의미하지 않습니다. 오히려 이 표현은 남자와의 상응성 및 성별 차이를 나타내는 자랑스러운 명칭인 것입니다.

　이어서 24절은 오늘 본문 내용의 결론을 제시하고 있습니다. 기록자는 셋째 문단의 내용을 기록한 후에 그 결론의 첫 번째 항목으로서 '부모를 떠날' 것을 말합니다. 아담과 그녀는 첫 사람이므로 그들에게 부모가 있을 리 없습니다. 따라서 기록자가 이 결론 구절을 언급한 것은 특별히 처음 독자들에게 직접 명령한 것임을 알 수 있습니다. 어쨌든 이 결론의 내용을 정확히 이해하기 위해서 직역을 한 후 한 항목씩 살펴보겠습니다. "그러므로 **남자**는 그의 아버지와 그의 어머니를 잊어버릴지니라. 그리고 그의 **여자**에게 고착(固着)될지니라. 그러면 그들은 하나의 **살**이 될 것이다."(비록 이 직역이 투박하긴 하지만 한글 개역 성경의 미끈한 번역을 통해 이해할 때 빠뜨리거나 다소간 오해되기 쉬운 개념들을 파악하는 데는 도움이 될 것 같아서 투박한 그대로 표현했습니다. 그리고 고딕체 부분들은 23절에서 아담이 말한 내용에 나온 것들이므로 그 의미를 살리기 위해 그대로 사용하였습니다.)

이 구절은 남자에게 행동을 요구하는 내용입니다. 그렇다고 여자에게는 책임이 없는 것이 아닙니다. 남자와 여자 둘 모두에게 그렇게 행동할 책임을 요구하는 것입니다. 그럼에도 불구하고 처음 독자들인 이스라엘 백성의 사회는 남자 중심적인 성격을 유지하고 있으므로 기록자는 그 당시 사회 형편을 고려하여 남자를 행동의 주체로 표현한 것입니다. 그렇기에 만일 오늘날 이 구절을 재표현한다면, "남자와 여자는 반드시 ……할지니라……"는 식으로 해야 할 것입니다. 이 구절은 세 항목으로 이루어져 있습니다. 첫째와 둘째 항목은 명령문과 같은 의미를 갖는 문장이고, 셋째 항목은 그 결과를 나타내는 문장입니다.

첫 항목의 내용은, 한글 개역 성경의 표현대로 한다면, 부모를 떠나라는 요구입니다. '떠나다'는 우리말 단어가 갖는 개념은 일반적으로 장소(場所)적인 것입니다. 그러나 위의 직역에서 알 수 있듯이 이 단어는 '잊어버리다'의 의미로서 장소적이 아니라 사고(思考)적인 개념을 갖습니다. 물론 이 말은 기억을 다 지워버리라는 식의 의미는 아닙니다. 또한 이 말은 부모에 대한 마땅한 공경과 마땅한 돌봄의 책임을 벗어놓는 것을 의미하지 않습니다.

또 분가(分家)해서 살아야 함을 뜻하지도 않습니다. 이 말은 단지 이제껏 유지해 왔던 부모 의존적인 사고를 내버릴 것을 뜻하는 것입니다. 앞에서 설명드린 바대로, 하나님께서 여자를 지으심은 '남자와 상응하는 돕는 자'를 남자에게 주셔서 그들로 하여금 하나님께서 맡기신 일을 잘 감당하도록 하시기 위함입니다. 따라서 남자와 여자의 결합은 하나의 팀(a team)을 구성하는 것입니다. 이제 이 팀은 그 나름대로의 독자적인 결정과 판단을 내려야 하는 것입니다. 그러자면 무엇보다도 이전에 소속되었던 팀 즉, 그들 각자의 부모팀의 결정과 판단에서 벗어나야 합니다. 한편 '부모'라는 단어는 '그의 아버지와 그의 어머니'로 표현되어 있습니다. 물론 이 두 가지 표현이 의미상으로는 똑같지만 적어도 어감(語感) 상으로는 상당한 차이를 만들어냅니다. 따라서 첫째 항목의 요구는, 부모라는 한 팀에서 뿐만 아니라 그 팀의 구성원 개개인으로부터도 사고의 독립이 있어야 함을 뜻하는 것입니다.

　그리고 둘은 서로 연합해야 합니다. 일반적으로 "그 아내와 연합하여 둘이 한 몸을 이룰지로다" 하는 말씀을 부부의 정신적 연합과 육체적 연합을 의미하는 것으로 이해하고 있습니다만, 이러한 이해는 이 본문에서의 독특한 의미를 찾아내지 못한 두루뭉실한 이해입니다. 여기서 '연합하다'는 동사의 의미가 특별히 정신적인 측면으로 사용된 것은 아닙니다. 또한 이것은 단순히 '뭉침'이나 '어울림'을 뜻하지도 않습니다. 이 동사의 일차적인 뜻은 '달라붙다' 또는 '엉겨붙다'로서 밀착성(密着性)을 부각시킵니다. 따라서 서로 연합하라는 요구는, 팀의 두 구성원간에는 반드시 서로 떨어질 수 없는 마치 몸의 지체와 같은 밀착된 관계가 있어야 할 것을 의미합니다. 부모로부터 독립된 새로운 팀으로서 독자적인 사역을 감당하기에 필요한 호흡을 완벽하게 맞추려면, 어느 한 측면이 아니라 전(全)인격적으로 서로에게 달라붙어 있어야 하는 것입니다. 이러한 팀의 구성원은, '남자와 그의 여자' 입니다. 비록 위에서는 23절과 표현의 연결을 드러내기 위하여 '남자와 그의 여자'라고 직역했지만, 여기서 이 말의 의미는 말할 나위없이 '남편과 그의 아내'인 것입니다. 이들이 이러한 밀착된 관계를 갖게 된 것을 가리켜 '한 몸을 이룬다'고 표현합니다. 따라서 '한 몸을 이룬다'는 표현을 기계적으로 이해하여 두 몸이 하나된다고 하거나 비유적으로 이해하여 성적(性的) 또는 육체적 관계를 갖는 것으로 생각한다면, 이것은 이 표현의 의미와는 거리가 먼 것입니다. 왜냐하면 기록자는 23절의 표현을 그대로 따와서 '몸'이라는 단어 대신에 '살'이라는 용어를 사용하고 있기 때문입니다. 그러므로 여기서 의미하는 '하나의 살'(한 몸)이라는 표현은, 우리가 일반적으로 생각해 오던 것과는 달리, 앞 구절에서 의미하던 대로 동일한 본질로서 서로에게 상응하는 존재가 됨을 뜻하는 것입니다.

이처럼 이 두 구성원이 각자 자신의 부모를 떠나 서로 연합하여 팀을 이루게 될 때, 진정한 의미에서 그들은 비로소 '하나의 살'이 되는 것입니다. 바꿔 말하자면, 그들은 하나님 앞에서는 하나의 팀으로, 그리고 서로에게는 상응하는 존재로 서게 되는 것입니다. 이것이 결혼의 진정한 의미입니다. 그리고 이것은, 결혼이라는 주제를 다룬 성경의 다른 본문들과는 달리, 이 본문 나름대로의 시각에서 본 독특한 내용인 것입니다.

25절은 밀착된 관계에 들어섬으로써 하나의 살을 이룬 두 사람의 상황이 어떠한가를 단적으로 보여 주고 있는 장면입니다. 그러나 이 구절은 3장에서 전개될 상황이 어떤 성격의 것인지를 독자가 가늠할 수 있게 해줌으로써, 2장의 사건과 3장의 사건을 이어 주는 일종의 고리 역할을 합니다. 첫 부부는 벌거벗은 상태로 있었습니다. 그러나 그들은 하나님의 동산인 에덴에서 하나님과 더불어 살고 있었습니다. 그들 각자에게는 서로에게 상응하는 남편과 아내가 있어서 하나님께서 맡기신 일을 잘 감당할 수 있었습니다. 그들에게 필요한 모든 것들은 그 동산 안에 다 갖춰져 있었습니다. 최소한의 의복마저 필요없는 서로에게 완전히 밀착된 관계를 누리고 살았기에 그들은 벌거벗었으나 오히려 행복했습니다. 이러한 행복의 상태를 기록자는, 처음 독자의 관점에서 '부끄러워 아니하니라'고 표현한 것입니다. 여기서 '부끄러워 아니하다'라는 동사는 단순히 자기 자신에 대한 자신의 느낌이나 감정을 나타내는 말이 아니라 '서로 상대방 앞에서' 부끄러워 아니함을 뜻하는 말입니다. 타락 이후의 세상에 사는 처음 독자들은, 벌거벗음을 남 앞에 드러내놓는 것이 얼마나 수치스럽고 부끄러운 일인지 잘 알고 있습니다. 이것은 비단 처음 독자들에게 뿐만 아니라 타락 이후의 모든 인간들이 잘 알고 있는 사실입니다. 그런데 이 첫 부부들은 전혀 서로에 대해 부끄러워하지 않았습니다. 이것만큼 그들의 완전한 밀착성과 타락 전 에덴에서 이루어가던 삶의 행복을 여실하게 드러내 줄 만한 표현은 찾기 힘들 것입니다. 그들은 아무 것도 걸치지 않은 벌거벗은 몸으로, 그러나 모든 행복을 다 소유한 가득 찬 마음으로 살았던 것입니다.

오늘 본문에는, 어느 글에서나 마찬가지로 여러 가지 요소가 들어 있습니다. 그러나 중심 내용은, 하나님께서 여자를 창조하셔서 아담에게 데려오신 것입니다. 그렇다면 이 본문에서 드러내고자 하는 중심 사상은 무엇인가? 짧게 말한다면, 그것은 앞 과(課)의 중심 사상과 마찬가지로 '하나님의 선하심'입니다. 하지만 오늘 본문은 이 앞 과의 본문과는 달리 하나님의 선하심을 부각시키는 측면에 차이가 있습니다. 오늘 본문은, 하나님께서 남자의 돕는 배필로서 여자를 창조하신 측면에서 그분의 선하심을 강조하고 있습니다.

A 하나님은 참으로 선하신 분이십니다. 그분은 사람을 지으시되 남자와 여자를 지으시고 그들로 가정을 갖도록 하셨습니다. 그리고 그분은 남자와 여자가 상응하는 존재로 그리고 하나님의 맡기신 일들을 능히 행할 수 있는 능력을 지닌 자로 지으셨습니다. 비록 우리 또는 우리 주위에서 남녀 관계의 일그러진 모습과 가정의 비뚤어진 모습을 자주 보기는 하지만, 이런 일들 때문에 하나님의 선하심이 가리워지는 것은 아닙니다. 그런 모습들은 오히려 인간의 죄악됨과 추악함을 적나라하게 입증할 뿐입니다. 우리는 우리가 가진 문화와 관습 또는 생활 습관 등 우리 스스로가 쳐놓은 울타리 때문에, 특히 남자들은 자신들의 편익 때문에 하나님께서 남자와 상응하는 존재로 지으신 여자를 낮게 취급하거나 얕잡아 보기도 합니다. 뿐만 아니라 남자 중심적인 사회 구조 때문에 여자들은 정당한 요구를 하기 힘들고 무시당하는 일들을 많이 겪기도 합니다. 이 모든 일들은 엄밀히 말하면, 남자와 여자가 함께 자의적으로 결정해서 선택한 행동으로 인하여 생겨난 타락의 결과이며 죄의 열매인 것입니다.

그러나 하나님께서는 우리 그리스도인들을 타락의 결과인 저주에서 그리고 죄의 사슬에서 건져내셨습니다. 바꿔 말하면, 이제 우리에게는 그리스도로 인하여 그런 타락의 영향을 물리치고 원래의 남녀 관계로 회복할 힘이 주어졌다는 것입니다. 그런데도 어떤 면에서는 교회 안에서 더욱 남녀의 차별이 심한 듯이 보입니다. 어떤 기능을 하느냐로 그 차별이 심하다고 말하는 것이 아닙니다. 여자에 대한 사고 또는 의식 구조를 살펴볼 때 그렇게 보인다는 뜻입니다. 남녀에게는 공통적인 기능이 있지만 동시에 고

유한 기능도 있는 것입니다. 그리고 이러한 기능의 구분은 그들이 속한 민족과 문화 또는 관습에 따라 달라질 수 있는 것입니다. 따라서 반드시 다른 문화권에 속한 구분이 우리의 것보다 더 좋다고 말할 수는 없습니다. 그러나 문화와 관습 또는 그 어떤 요소도 성경이 제시하는 근본적인 원리를 배척하거나 거부하게 할 만큼 그리스도인에게 영향을 미쳐서는 안됩니다. 이런 시각에서 우리의 사고와 의식을 살펴보아야 할 것입니다. 우리가 성경적인 사고에 근거하지 않고 단순히 우리 몸에 배인 습관대로 이성(異性)을 대한다면, 이것은 하나님의 선하심을 왜곡시키는 것입니다. 뿐만 아니라 그분의 의도하신 복과 즐거움을 누리지 못하고 더욱이 그분이 남녀로 이루어진 팀에게 주신 본분을 감당할 수 없습니다. 남자든 여자든 이성을 성경적으로 정당하게 대하는 것은 그리스도인의 마땅한 본분이며 이것이 그분의 선하심을 드러내는 길입니다. 가정을 꾸미려는 형제 자매들 역시 가정의 의미가 무엇이며 그 할 일이 무엇인지를 깊이 생각해 보아야 할 것입니다. 그렇게 하지 않는다면 그들은 그 가정 속에서 하나님의 선하심을 크게 맛보며 그분께 감사하는 삶을 살아가기가 어려울 것입니다.

　결혼한 여자가 어떤 일을 하느냐에 따라 그 가치가 좌우되는 것은 아닙니다. 여자가 남자와 상응하는 존재라고 해서 반드시 똑같은 종류의 일을 하라는 것은 아닙니다. 그런데도 그리스도인들 중 많은 수의 아내들이 남편과 같이 밖에 나가 돈을 벌어와야 정당한 대우를 받는다고 생각하는 듯합니다. 이것은 특히 그 남편이 아내를 자신과 상응하는 존재로 인정하지 않고 있다는 증거입니다. 가정에 물질이 부족하다면, 또 자기 성취감을 위해서, 또는 무엇인가 자신의 능력을 발휘해 보고 싶다면, 아내들도 나가서 돈버는 일을 할 수 있습니다. 그러나 아내들이 가정에서 일하는 자신이 무가치하거나 소중하지 않은 것 같은 생각이 들어서 밖으로 나가려 한다면, 이것은 남편이 자신의 아내를 그녀의 하는 일과 관계없이 순수하게 자신과 상응하는 존재로 인식하고 있지 않은 데서 주로 비롯되는 것입니다.

하나님께서 여자를, 아내를 그리고 가정을 어떤 의미로 지으셨는가 깊이 생각하여 우리의 사고를 고쳐나가야 할 것입니다. 그렇지 않으면 그리스도인 가정 안에도 타락의 영향이 거세게 몰아칠 것입니다. 남녀가 서로 주도권을 잡으려는 보이지 않는 전쟁이 쉴 날이 없을 것이며 어떤 면으로든지 서로 위에 군림하여 상대방을 지배하려는 욕심이 끊일 날이 없을 것입니다. 형제들이여, 어떤 여성관을 갖고 계십니까? 자매들이여, 어떤 남성관을 갖고 계십니까? 그리고 자신을 어떻게 생각하십니까? 하루 아침에 우리의 오래된 사고와 습관을 고칠 수는 없습니다. 그러나 우리에게 고칠 힘은 이미 주어져 있습니다. 성경적이지 못한 사고와 의식으로 녹슬은 우리의 마음에서 이 녹을 조금씩 그러나 단호하게 벗겨내 봅시다.

주)

1) Cf. W. C. Kaiser, Jr., *Hardsayings of the Old Testament* (Downers Grove : Inter-Varsity Press, 1988), pp.23-26.

2) 한글 개역 성경에서는 '이번에야말로', '이번에는' 또는 '이제야'에 해당하는 원어 '하파암'(hapaʻam)을 번역해 놓지 않았을 뿐더러 20절 하반절도 의역을 해놓음으로써 19-20절 사건이 18절과 논리상 무관한 것처럼 보이게 만들었습니다.

3) 카쑤토(Casssuto)라는 학자는, 하나님께서 여자를 창조하실 때 갈빗대 하나뿐만 아니라 그 갈빗대에 붙어 있는 살까지도 떼내셔서 갈빗대로는 그 여자의 뼈들을 만드셨고 붙어 있던 살로

는 그 여자의 살을 만들었다는 흥미로운 주장을 합니다[Sailha-mer, "Genesis" in *The Expositor's Bible Commentary*, vol. 2(Grand Rapids : Zondervan, 1990), p. 47.]. 그러나 우리가 성경 말씀을 이해할 때는 반드시 성경 본문에 근거된 표현이나 논리를 우선적으로 고려해야 합니다. 카쑤토의 주장은, 성경에 전혀 언급되지 않은 사항을 고려한 데다가 아담의 말 가운데 분명하게 드러난 논리를 무시하였으므로, 그의 개인적인 추측에 불과한 것이며 따라서 우리로서는 받아들일 수 없는 공상적인 해석입니다.

〈해답〉
1. (3)　　2. (3)　　3. (2)　　4. (3)　　5. (2)　　6. (4)

창세기 3 : 1 - 24(1)

말하는 뱀

[1]여호와 하나님의 지으신 들짐승 중에 뱀이 가장 간교하더라 뱀이 여자에게 물어 가로되 하나님이 참으로 너희더러 동산 모든 나무의 실과를 먹지 말라 하시더냐 [2]여자가 뱀에게 말하되 동산 나무의 실과를 우리가 먹을 수 있으나 [3]동산 중앙에 있는 나무의 실과는 하나님의 말씀에 너희는 먹지도 말고 만지지도 말라 너희가 죽을까 하노라 하셨느니라 [4]뱀이 여자에게 이르되 너희가 결코 죽지 아니하리라 [5]너희가 그것을 먹는 날에는 너희 눈이 밝아 하나님과 같이 되어 선악을 알 줄을 하나님이 아심이니라 [6]여자가 그 나무를 본즉 먹음직도 하고 보암직도 하고 지혜롭게 할 만큼 탐스럽기도 한 나무인지라 여자가 그 실과를 따먹고 자기와 함께한 남편에게도 주매 그도 먹은지라 [7]이에 그들의 눈이 밝아 자기들의 몸이 벗은 줄을 알고 무화과 나무 잎을 엮어 치마를 하였더라 [8]그들이 날이 서늘할 때에 동산에 거니시는 여호와 하나님의 음성을 듣고 아담과 그 아내가 여호와 하나님의 낯을 피하여 동산 나무 사이에 숨은지라 [9]여호와 하나님이 아담을 부르시며 그에게 이르시되 네가 어디 있느냐 [10]가로되 내가 동산에서 하나님의 소리를 듣고 내가 벗었으므로 두려워하여 숨었

나이다 [11]가라사대 누가 너의 벗었음을 네게 고하였느냐 내가 너더러 먹지 말라 명한 그 나무 실과를 네가 먹었느냐 [12]아담이 가로되 하나님이 주셔서 나와 함께하게 하신 여자 그가 그 나무 실과를 내게 주므로 내가 먹었나이다 [13]여호와 하나님이 여자에게 이르시되 네가 어찌하여 이렇게 하였느냐 여자가 가로되 뱀이 나를 꾀므로 내가 먹었나이다 [14]여호와 하나님이 뱀에게 이르시되 네가 이렇게 하였으니 네가 모든 육축과 들의 모든 짐승보다 더욱 저주를 받아 배로 다니고 종신토록 흙을 먹을지니라 [15]내가 너로 여자와 원수가 되게 하고 너의 후손도 여자의 후손과 원수가 되게 하리니 여자의 후손은 네 머리를 상하게 할 것이요 너는 그의 발꿈치를 상하게 할 것이니라 하시고 [16]또 여자에게 이르시되 내가 네게 잉태하는 고통을 크게 더하리니 네가 수고하고 자식을 낳을 것이며 너는 남편을 사모하고 남편은 너를 다스릴 것이니라 하시고 [17]아담에게 이르시되 네가 네 아내의 말을 듣고 내가 너더러 먹지 말라 한 나무 실과를 먹었은즉 땅은 너로 인하여 저주를 받고 너는 종신토록 수고하여야 그 소산을 먹으리라 [18]땅이 네게 가시덤불과 엉겅퀴를 낼 것이라 너의 먹을 것은 밭의 채소인즉 [19]네가 얼굴에 땀이 흘러야 식물을 먹고 필경은 흙으로 돌아가리니 그 속에서 네가 취함을 입었음이라 너는 흙이니 흙으로 돌아갈 것이니라 하시니라 [20]아담이 그 아내를 하와라 이름하였으니 그는 모든 산 자의 어미가 됨이더라 [21]여호와 하나님이 아담과 그 아내를 위하여 가죽옷을 지어 입히시니라 [22]여호와 하나님이 가라사대 보라 이 사람이 선악을 아는 일에 우리 중 하나 같이 되었으니 그가 그 손을 들어 생명나무 실과도 먹고 영생할까 하노라 하시고 [23]여호와 하나님이 에덴 동산에서 그 사람을 내어 보내어 그의 근본된 토지를 갈게 하시니라 [24]이같이 하나님이 그 사람을 쫓아내시고 에덴 동산 동편에 그룹들과 두루 도는 화염검을 두어 생명나무의 길을 지키게 하시니라

Q 위의 성경 본문을 자세히 읽으신 후에 아래 물음에 대답하십시오.

1. 본문을 내용에 따라 두 부분으로 나눈다면 둘째 부분은 몇 절
　에서 시작됨이 가장 자연스럽겠습니까? (　　)
　(1) 8절　　　(2) 14절　　　(3) 15절　　　(4) 22절

2. 본문에 등장한 뱀에 대한 다음 진술 중 맞다고 생각되는 것에
　는 ○표 그렇지 않다고 생각되는 답에는 ×표를 하십시오.
　(1) 이 뱀은 진짜 뱀이다. (　　)
　(2) 이 뱀은 사탄이 변신한 것이다. (　　)
　(3) 다른 뱀들은 다 말할 수 없지만 이 뱀만은 말하는 능력을
　　　타고 났다. (　　)
　(4) 이 뱀은 원래 간사하고 교활한 뱀이다. (　　)
　(5) 이 뱀은 원래 기어다니지 않았으나 저주를 받고 기어다니
　　　게 되었다. (　　)

3. '눈이 밝아진다'(5, 7절)의 의미에 가까운 것은 다음 중 어느
　것입니까? (　　)
　(1) 시력(視力)이 좋아진다　　(2) 인식(認識)이 달라진다
　(3) 선과 악을 잘 구별한다　　(4) 상황 판단력이 증가한다

4. "네가 어디 있느냐?"(9절)의 의미에 가까운 것은 다음 중 어
　느 것입니까? (　　)
　(1) 네가 어디 있는지 그 위치를 말해라.
　(2) 네가 도대체 그 따위 짓을 할 수 있는거냐?
　(3) 너는 왜 그곳에 숨어 있는거냐?
　(4) 너는 지금 무엇을 하고 있는거냐?

5. 다음 중 뱀이 받은 저주의 내용으로서 알맞지 <u>않은</u> 것은 어느

것입니까? (   )

(1) 이 뱀은 모든 동물들 중에서 가장 큰 저주를 받았다.

(2) 이 뱀은 흙을 먹고 살아야 한다.

(3) 이 뱀은 그 여자의 한 후손에 의해서 패배할 것이다.

(4) 이 뱀에게 임한 저주는 사탄에게 임한 저주의 상징적 표현
    이다.

6. 다음 중 어떤 것이 본문(3 : 1-14)의 중심 내용으로 가장 알맞
   겠습니까? (   )

(1) 하나님의 말씀과 그 뱀의 거짓말

(2) 인간의 불순종과 하나님의 추궁

(3) 인간의 타락과 하나님의 구원

(4) 그 뱀의 유혹과 하나님의 저주

E 창세기 3장 본문은 에덴 동산에 새로운 존재 즉, 불행을 가져
올 장본인이 등장함으로써 시작됩니다. 그런데 그 장본인에 대한
묘사는 그 크기나 모양에 대한 것이 아니라 그 속성에 관한 것입
니다. 1절은 "그런데 그 뱀은 영리하였다"(직역)로 시작됩니다.
여기서 '그 뱀'이라는 것은 뱀이라는 종류 전체를 가리키는 총칭
(總稱)이 아니라 사람에게 유혹의 미끼를 제공한 바로 그 뱀 개
체(個體)를 가리킵니다.[1] 이 뱀은 영리하였습니다. 영리하다는
뜻은 좋은 쪽으로도 나쁜 쪽으로도 쓰일 수 있습니다. 어느 쪽으
로 쓰였는가 하는 것은 문맥에 의해 결정되는 것입니다. 그러니
까 '영리하다'는 낱말 그 자체는 도덕적으로 중간에 해당하는 말
인 셈입니다. 따라서 1절에 쓰인 '간교하다'라는 말을 우리말 식
으로 '간사하고 교활하다'로 이해하는 것은 바람직하지 못합니
다. 단순히 '영리하다' 혹은 '똑똑하다'로 이해해야 할 것입니다.

1절은 그 뱀이 영리하되 얼마만큼 영리한지를 말해 주고 있습니다. 그 뱀은 "여호와 하나님께서 지으신 들의 모든 생물들보다" 영리하였습니다. 이 문장의 뜻은, 들의 모든 생물들도 영리한데 그것들의 영리함보다 이 뱀이 더 영리하다는 것입니다. 동일한 질(質)의 영리함이 하나님의 지으신 모든 생물들 안에 있었습니다. 차이는 그 정도(程度) 또는 분량(分量)에 있는 것입니다. 이런 비교를 볼 때, 우리는 두 가지 사실을 알 수 있습니다. 첫째, '영리하다'는 말이 이 문장에서는 좋은 쪽으로 쓰였다는 것입니다.[2] 이 모든 생물들과 그들이 지닌 영리함은 하나님에 의해 주어졌으며 이 뱀도 같은 질의 영리함을 갖고 있기 때문입니다. 둘째, 이 뱀은 진짜 뱀이라는 사실입니다. 이 뱀과 비교의 대상이 되는 생물들이 진짜이기 때문입니다. 이 뱀 역시 하나님께서 지으신 생물 중의 하나인 진짜 뱀인 것입니다.

　　바로 이 영리한 뱀이 아담의 아내에게 이렇게 물어 보았습니다. "하나님께서 '너희는 그 동산의 모든 나무의 열매를 먹지 말라'고 말씀한 것이 정말이냐?"(직역). 이것은 '여차여차한 사실이 정말이냐?'는 꼴로서 다소 놀람을 담고 있는 질문 형식인 것입니다.[3] 바꿔 말하자면, 이 질문은 '하나님께서 그렇게 말씀하신 것은 정말 의외다 또는 심하다'는 어감을 전달하는 물음인 것입니다. 이것은 상대방이 어떻게 반응할지를 떠보기에는 매우 적절한 질문 형식인 것입니다. 질문을 던졌기에 상대방은 대답을 하게 마련이고 그 대답 속에는 질문의 내용에 대한 상대방의 생각이 배어나오게 되는 것입니다. 질문의 내용이 제삼자(여기서는 하나님)의 말씀을 정확하게 그대로 옮긴 것이거나 전혀 무관한 것이라면 '예'나 '아니오'로 간단히 대답해 버릴 수 있겠지만, 부분적으로 맞을 때에는 질문자가 제삼자에 대한 자신의 느낌을 슬쩍 실어서 질문을 던지면 해명(解明) 또는 옹호(擁護)식의 대답이 나올 수밖에 없는 것입니다. 이처럼 이 뱀은 상대방의 생각이 반영된 대답을 끌어낼 수 있는 질문을 던진 것입니다. 따라서 이 것은 유혹의 미끼가 되기에 충분한 것이었습니다.

여기서 우리가 생각해 보아야 할 문제가 있습니다. 이것은 이 뱀이 말을 한다는 점입니다. 어떤 언어를 사용했는지는 알 수 없지만, 적어도 그 여자에게 정확한 의사 전달과 어감을 전달할 만큼 명확한 의사소통을 하고 있으며 이것을 본문은 분명히 '말했다'고 표현하고 있습니다(한글 개역 성경 1절은 "뱀이 여자에게 물어 가로되"이고 원어에서는 "그리고 그[그 뱀]가 그 여자에게 말했다"로 되어 있습니다). 하나님께서 원래 지으실 때부터 뱀에게만은 말할 수 있는 능력을 주신 것인가? 아니면 이 뱀만 말할 수 있는 것인가? 하는 문제를 먼저 풀어야겠습니다. 간단히 말해서 성경 어느 곳에서도 사람 이외의 어느 생물에게 말할 수 있는 능력이 있다고 가르치지 않습니다. 혹 동물이 말할 수 있다면 그 것은 일시적으로 하나님께서 말할 수 있게 하셨기 때문입니다. 예를 들자면, 나귀가 자기를 무고하게 때리는 발람에게 말을 한 사건(민 22:21-30)입니다. 이 경우에 성경은 분명히 "여호와께서 나귀 입을 여시니"(민 22:28)라고 말하고 있습니다. 그럼 앵무새가 말하는 것은 어떻게 설명할 수 있겠느냐고 반문하시겠지만, 그것은 여기 본문에서 의미하는 의사소통으로서의 말은 아닙니다. 앵무새의 경우에는 발음(發音)의 모방일 뿐입니다. 마치 어린 아이가 아무런 의미도 알지 못한 채 외국어를 따라 외는 것과 같은 일입니다. 그렇다면 위의 두 가지 선택 중에서 후자를 택할 수밖에 없습니다. 즉, 본문에 등장한 이 뱀만 말할 수 있다는 것입니다. 그렇다면 또다시 질문이 꼬리를 물게 됩니다. 이 뱀에게는 처음부터 말할 능력이 부여되었는가? 이 뱀 역시 하나님에 의해 지음받은 피조물이므로, 위에서 말씀드린 바대로, 말할 능력을 갖고 있지 않습니다. 다시 문제는 원점으로 돌아온 것 같습니다. 그렇다면 그 뱀이 어떻게 말할 수 있었는가? 한 가지 가능성이 있을 뿐입니다. 그것은 발람 사건의 경우처럼 하나님이나 다른 어떤 초자연적인 존재가 뱀으로 하여금 말을 하게 했을 경우입니다. 그러나 여기서는 하나님이 제외됩니다. 하나님이 그 뱀에게 말을 시켜 1절 하반절과 같은 질문을 하게 했다면 논리적 모순뿐만 아니라 하나님은 이중인격적인 존재가 되고 말기 때문입니다. 그럼 마지막으로 남은 선택은, 어떤 초자연적인 존재가 그 뱀에게 말을 하게끔 했다는 것입니다. 물론 아직 이것은 논리적인 가정일 뿐입니다. 본문에는 하나님 이외에 다른 초자연적인 존재에 대한 언급이 전혀 나타나 있지 않기 때문입니다. 그러나 성경 기록의 특성을 이해한다면, 우리는 초자연적 존재에 대한 언급이 없다는 것과 초자연적인 존재가 존재하지 않는다는 것을 구별해야 합니다. 성경은 존재하는 모든 만물을 다 기록해 놓은 물품목록서와 같은 것이 아닙니다. 성경에 언급되지 않은 것도 존재할 수 있다는 뜻입니다. 성경은 우리가 잘 아는 대로 하나님께서 자신을 계시하심에 필요한 것들만을 기록해 놓은 것입니다. 어쨌든 현재로서는 위에 언급된 논리적 가정 즉, 초자연적 존재가 이 뱀으로 하여금 말을 하게 하였다는 것을 전제하고 본문 설명을 진행하겠습니다. 그러면 설명이 진행되는 동안 이 전제된 가정이 올바른 것임이 조금씩 드러나게 될 것입니다.

2절과 3절은 그 여자의 대답을 기록하고 있습니다. 이 대답을 보면 이 여자가 1절 하반절에서 뱀이 던진 유혹의 미끼를 물었는지 아닌지를 알 수 있습니다. 2절에서 그 여자는, '동산 나무의 실과를 우리가 먹을 수 있다'고 대답합니다. 여기까지는 좋습니다. 그러나 그녀의 대답은 여기서 멈추질 않습니다. 3절까지 계속됩니다. 그리고 드디어 그녀의 속마음이 드러납니다. 그녀는 이렇게 말합니다. "하나님께서 '그러나 그 동산 가운데 있는 나무의 열매를 너희는 (그것을) 먹지 말아라. 그리고 (그것을) 만지지도 말아라 너희가 죽지 않도록'이라고 말씀하셨다"(직역).[4] 이 말 가운데서 문제가 되는 것은 하나님께서 말씀하시지 않은 금지 사항을 하나 첨가하고 있다는 점입니다. 그녀는, 열매를 만지기만 해도 죽을 것이라고 하나님께서 말씀하셨다고 대답함으로써, 그 금지 명령에 대해 '너무 지나치다' 내지는 '못마땅하다'고 생각하고 있음을 내비쳤습니다. 자기가 던진 유혹의 미끼를 물었다고 확신한 뱀은 대담한 승부수를 던집니다. 그것은 '먹으면 죽는다'는 하나님의 말씀 그 자체를 정면으로 부정하는 것입니다. 이제껏 그녀는 비록 하나님의 금지 명령에 대한 불만을 갖고 있었지만 '죽으리라'는 말씀 자체는 흔들림 없이 믿어 왔습니다. 그런데 그 뱀은 그녀의 마음 속에서 찾아낸 하나님에 대한 불만의 틈을 비집고 들어가서 하나님에 대한 신뢰 그 자체를 들어 엎으려고 하는 것입니다. 불만을 지렛대로 삼아 신뢰의 바위를 통채로 뒤엎어버리려는 영악한 술수입니다. 단 한 번으로 상황을 뒤바꿀 수 있는 정면돌파의 승부수를 이 뱀은 던진 것입니다.

4절에서 그 뱀은 '너희가 결코 죽지 아니하리라'고 말합니다. 하나님께서는 창세기 2：17에서 '먹으면 정녕 죽으리라'고 말씀하셨습니다. 이 뱀의 말은 하나님의 말씀과는 정반대입니다. 그러나 뱀의 말은 단순히 정반대임을 드러내는 것에서 그치지 않고 그녀를 부추기는 효과를 갖고 있습니다. 뱀은 아무런 조건이나 가정을 달지 않은 채 '결코 죽지 않을 것이다' 하고 말함으로써 '만지는 것은 물론 먹어도 결단코 죽지 않으니 너 하고픈 대로 다

해도 아무런 문제가 없다'는 어감을 줍니다. 그리고 이로써 그 뱀
은 그녀로 하여금 하나님의 명령을 어기는 행동을 하도록 부추기
는 효과를 얻게 됩니다. 그러나 이러한 소극적인 방법만으로는
목적을 달성하기 어렵습니다. 뱀은 더욱 적극적인 방법을 사용합
니다. 그것은, 그녀가 행동하면 그 결과로 얼마나 값진 것을 얻
을 수 있는지를 알려 주는 방법입니다.

　　5절은 그 뱀의 적극적인 방법이 얼마나 대담하며 파괴적인 것
인지를 보여 줍니다. 이 구절은 이렇게 시작합니다. "왜냐하면 하
나님이 알고 계시기 때문이다 (다음과 같은 사실을)." 이 말은
하나님에 대한 신뢰에 금이 생겨서 유혹에 노출된 그녀에게는 참
으로 엄청난 힘을 발휘할 만한 것이며 이로써 대세를 판가름 짓
기에 충분한 것입니다. 풀어 설명하자면, 하나님께서 사람으로
하여금 이른바 선악과를 먹지 못하게 한 것은 죽기 때문이 아니
라 다른 이유 때문인데 그 이유가 무엇인지는 하나님 자신이 잘
알고 있다는 뜻입니다. 그렇다면 하나님께서 알고 계신 그 사실
은 무엇인가? "너희가 그것을 먹는 날에는 너희의 눈이 열릴 것
이고 따라서 너희가 선과 악을 아는 하나님[5] 같을 것이라"(직역)
는 사실입니다. 이렇게 말함으로써 '먹어도 죽지 않으리라'는 뱀
의 말이 '먹으면 죽으리라'는 하나님의 말씀보다 더 큰 논리적 설
득력을 갖게 됩니다. 이쯤되면 그녀의 마음 속에는, 그렇다면 이
제껏 하나님은 자기들에게 거짓 엄포를 놓아 그 열매를 못 먹게
하시고 자신의 유익을 꾀하셨구나 하는 생각이 자리를 틀기 시작
할 것입니다. 결국 하나님께서 금지 명령을 내리신 것은, 사람이
하나님같이 되는 것을 막기 위한 비열한 사기(詐欺)극인 셈입니
다. 이 뱀의 말대로라면, 하나님은 사람을 자신의 라이벌(rival)
로 여겨 사람이 더욱 잘되는 것을 막아버린, 못된 성품을 가진 분

으로 전락되고 마는 것입니다.

　이 시점에서 그녀는 갈등을 거쳐 선택의 기로에 서게 됩니다. 누구의 말을 신뢰할 것인가? 정확히 말하자면 이것은, 이제껏 신뢰해 왔던 하나님을 불신하고 새롭게 등장한 신뢰의 대상을 믿을 것인가를 결정해야 하는 시점입니다. 신뢰의 대상을 바꿔야 하는 문제입니다. 이것은 단순히 말 자체만으로가 아니라 그 말을 통해 그 대상의 인격을 가늠 또는 판단하고 나서 결정되는 문제입니다. 따라서 이 뱀의 말을 받아들인다면, 그것은 뱀의 말을 듣고 하나님의 말씀은 불신하는 데서 그치는 것이 아니라 그런 말씀을 하신 하나님의 인격 자체를 불신하는 행위입니다. 매우 심각한, 그리고 그녀 자신의 심사숙고와 판단을 거쳐 이루어지는, 결정에 아무런 제한을 받지 않는 완전히 자유로운 선택인 것입니다. 따라서 어떤 결정이든지 그것은 전적으로 그녀 자신의 책임인 것입니다. 신뢰의 지조(志操)를 지키느냐 배신(背信)하느냐 하는 기로에서 그녀는 후자로 마음이 기울고 말았습니다.

　그녀의 마음이 배신의 길로 들어섰다는 사실은 6절에서 여실히 드러납니다. 6절 상반절은 그녀의 마음이, 그녀의 시각이 바뀌었음을 보여 줍니다. 그녀의 말(창 3 : 3)에서 알 수 있듯이, 그 나무는 그녀에게 '접근조차 할 수 없는' 그래서 그리 즐겁지 못한 대상이었습니다. 그러나 그 뱀의 말을 듣고 난 뒤로는 그 나무에 대한 시각이 바뀌었습니다. 그 뱀의 말을 듣고 마음에 받아들였기 때문입니다. 그 뱀의 말의 요지는, (1) 먹어도 죽지 않는다. (2) 먹으면 오히려 눈이 열린다. (3) 그리고 먹으면 하나님처럼 지혜로워진다는 것입니다. 6절 상반절에서 말하는 항목도 세 가지입니다. 그녀가 그 나무를 보니 이제는, (1) 먹기에 좋다. (2) 눈에(보기에) 쏙 든다. (3) (사람을) 지혜롭게 만들기에 바람직하다고 보였습니다. 이처럼 뱀의 말은 표현상 세 가지로 그 내용을 간추릴 수 있으며 또한 그 세 가지는 6절 상반절에 반영되었다고 할 수 있겠습니다. 이로써 그녀의 마음은 하나님과 그분의 말씀을 완전히 저버리고 그 대신에 뱀의 말을 받아들였다는 사실이 드러납니다. 이제 남은 것은 마음먹은 대로 행동하는 것뿐입니다.

　그녀의 자유로운 결정에 의한 후속 행동이 나타납니다. 그녀는 그 열매를 땄습니다. 그리고 그것을 먹었습니다. 그녀의 행동은 여기서 멈추지 않습니다. 그녀는 자기의 남편에게도 주었습니다. 그래서 그도 먹었습니다. 아담이 그 열매를 아내에게서 받아 들고 주저했는지 망설였는지에 대해서 언급하지 않습니다. 그러나 그도 역시 갈등의 과정을 겪었든 아니든 간에 자신의 자유로운 선택에 의해 먹기로 결정한 것이고 그래서 먹었습니다. 아담과 그의 아내, 즉 인류의 첫 사람들은 자신들의 자유 의지에 따라 자신들을 지으신 하나님을 거절하기로 작심한 것입니다. 이제부터 하나님과 인간은 이제까지와는 정반대의 관계, 즉 소원(疏遠)한 관계로 바뀔 수밖에 없는 실정에 이르렀습니다. 이러한 관계의 악화를 노린 장본인은, 하나님께서 선하게 지으신 한낱 미물(微物)에 불과한 그 뱀인가? 그렇다면 후에 우리가 보게 되겠지만, 인간의 잘못을 한 번의 실수로 간주하지 않고 하나님 자신을 배반한 것으로 확대 해석하셔서 에덴 바깥, 죽음이 있는 세상으로 내쫓으신 하나님의 처사는 정말 너무 하나님답지 못한 반응이 아닌가? 그 뱀에게는 하나님을 대적할, 인간을 부추겨 하나님께 대한 역모를 꾀할 아무런 동기나 이유가 없는 것입니다. 그렇다면 뱀은 단독범이 아니라 배후 조종자의 지시에 따라 움직인 하나의 도구에 불과한 것입니다.

　　7절 하반절에서는 선악과를 따먹은 결과를 알려 줍니다. 이것은 다음과 같이 두 가지로 표현되어 있습니다. 하나는 '그들 두 사람의 눈이 열렸다'(한글 개역 성경에서는 "그들의 눈이 밝아"입니다)이고, 또 하나는 '그들이 자신들의 벌거벗었음을 알았다'입니다. 그러나 이 두 가지 표현의 의미를 자세히 알아보지 않아도 첫눈에 이미 드러난 사실은, 그 결과가 뱀이 말한 것과는 같지 않아 보인다는 점입니다. 우선 뱀이 말한 위의 세 가지 중 첫 번째 것('먹어도 죽지 않는다')은, 우리의 관점에서 보면, 사실인 것처럼 보입니다. 왜냐하면 먹고 났는데도 죽지 않고 있으니까 말입니다. 그렇다면 "먹는 날에는 정녕 죽으리라"는 하나님의 말씀은 과연 엄포용 거짓말이었는가? 여기에 대한 답변으로 어떤 분은 거짓말이 아니고 연기된 것일 뿐이라고 말합니다. 그러나 그렇다고 한다면, 그 뱀의 '먹어도 죽지 않는다'는 말을 거짓말이라고 할 수 없는 것입니다. 그리고 그 뱀은 하나님께서 그분의 성품상 연기하실 것을 내다보거나 짐작하여 그 점을 유혹의 호재(好材)로 십분 활용한 셈입니다. 결국 어떤 면에서는 하나님이 그 뱀에게 이용당한 셈이 되는 것입니다. 따라서 우리는 이런 식으로 대답할 수 없습니다. 하나님은 거짓말 하시지 않는 분이실 뿐만 아니라 그 뱀에게 이용당하실 분도 아닙니다. 그럼 "정녕 죽으리라"는 말씀은 어떻게 된 것인가? 이미 앞에서 살짝 시사한 바와 같이 이 나무와 연관된 문제는 생명나무와 연결해서 풀어야 하는 것입니다. 즉, '생명'과 '죽음'이라는 개념은 정반대의 개념이므로 그 의미의 범주 역시 서로 의존되어 있는 것입니다. 바꿔 말하자면, 생명이 +1의 의미를 갖는다면 죽음은 -1의 의미를 가지며, 전자가 +3을 갖는다면 후자는 -3을 갖는다는 말입니다. 전자가 +4를 가질 때 후자는 -1이나 -2 또는 -3 또는 -5를 갖지 않고 반드시 -4를 갖는다는 뜻입니다. '생명'이라는 것이 단순히 '목숨'이라는 의미로 여기 에덴에서 사용되고 있다면, '죽음'이라는 것 역시 '목숨의 단절'을 의미해야 합니다. 그럴 경우 그 열매를 따먹은 아담과 그의 아내는 죽지 않았고 뱀의 말은 옳고 하나님의 말씀은 거짓이었다고 결론지을 수 있을 것입니다. 그러나 하나님은 그런 의미, 즉 현재 우리들이 일상적으로 생각하는 죽음이라는 의미로 말씀하시지 않으셨습니다. 이 점에 대해서는 후에 더 말씀드리겠습니다.

그 뱀의 말 중 두 번째 내용은 '먹으면 눈이 열린다'는 것입니다. 7절을 보면 이것만은 뱀의 말대로 이루어진 것같이 보입니다. 왜냐하면 7절이 '그들 두 사람의 눈이 열렸다'(한글 개역 성경에서는 "그들의 눈이 밝아"입니다)고 말하고 있기 때문입니다. 그러나 이것 역시 뱀의 말과는 다른 것입니다. 만일 '눈이 열린다'는 말의 뜻이 '감겨있던 눈이 열리게 된다'는 문자적인 의미를 갖는 것이라면 뱀의 말이 옳은 것입니다. 이것은, 눈이 열림으로써 이제까지 못 보던 것을 보게 된 획기적인 사건이기 때문입니다. 이것은 마치 심청전의 끝 부분에서 심봉사가 눈을 뜬 것과 같은 경이로운 일이기 때문입니다. 그렇다면 하나님은 이제껏 아담과 그의 아내를 소경으로서 지으셔서 에덴에 살게 하셨고 선악과를 따먹고 눈을 뜨게 될까봐 걱정했는데 뱀의 결정적인 도움으로 비로소 눈을 뜨게 되었다는 논리가 됩니다. 이미 6절에서 알 수 있듯이 그녀는 그 나무를 보고 그 나무가 어떠한지를 알았습니다. 그리고 2장에서 알 수 있듯이 아담도 자기에게 나아오는 동물들을 보고 이름을 지어 주었고 자기에게 나아온 여자를 보고 그녀가 자기와 상응하는 돕는 자임을 알았습니다. 이 두 사람은 소경이 아닙니다. 따라서 '눈이 열린다'는 말은 문자적인 의미가 아니라 비유적(figurative) 의미를 갖는 말입니다. 이 말의 의미는 창세기 2 : 25과 비교해 보면 어렵지 않게 알 수 있습니다. 거기서는 "아담과 그 아내 두 사람이 벌거벗었으나 부끄러워 아니하니라"고 말하고 있습니다. 그러나 여기서는 "자기들의 몸이 벗은 줄을 알고 무화과 나무 잎을 엮어 치마를 하였더라"고 말하고 있습니다. 전에도 그들은 자신들의 벌거벗음을 알았습니다. 그러나 지금은 벌거벗었다는 사실에 대해 다른 인식과 느낌을 갖게 되었습니다. 이 점을 '알았다'고 표현한 것입니다. 이전과는 달리 그들은 자신들의 벌거벗음에 대해 부끄럼을 갖게 되었습니다. 그래서 그들은 상대방을 의식하고 최소한의 복장을 마련한 것입니다. 그런데 이와 같은 인식과 느낌의 변화를 본문은 무엇이라 표현하고 있습니까? 이것이 바로 "그들의 눈이 밝아"라는 표현입니다(직역은 '그들 두 사람의 눈이 열렸다'입니다). 따라서 '눈이 밝아짐'은 전혀 다른 별도의 결과를 말해 주는 표현이 아니라 어떤 결과로 나타나게 된 변화를 알려 주는 표현이므로 그 결과와 연관해서 이해해야 합니다. 다시 말해서, 표현상 뱀의 말 중 두 번째와 세 번째는 각각 다른 별도의 항목으로 구분했지만, 실제 내용상으로는 하나로 묶여야 하는 것입니다. 이처럼 그 결과는 뱀의 말대로 되지 않았습니다. 눈이 밝아 하나님처럼 지혜롭게 된 것이 아니고 자신의 벌거벗음에 대해 부끄러움을 갖게 되었습니다. 결국 그 뱀의 말은 전부 새빨간 거짓으로 드러난 것입니다. 뱀의 말에는 조금의 진실도 들어있지 않았습니다.

　여기서 알 수 있듯이, 이른바 선악과는 마술적인 힘을 가진 열매가 아닙니다. 뱀은 그런 것같이 말했습니다. 그 열매를 먹으면 '선과 악을 아는 하나님처럼 지혜로워질 것이라'고 했습니다. 그러나 전혀 그런 결과가 생기지 않았습니다. 그 열매는 그런 힘을 갖고 있지 않았음이 드러난 것입니다. 생명나무가 생명을 주는 나무가 아니라 그 동산이 영원한 생명의 동산임을 상징하는 나무인 것처럼, 선악의 지식 나무는 선악을 아는 지식을 주는 나무가

아니라 어떤 사실을 상징하는 나무인 것입니다. 오늘 본문에서
드러난 대로, 인간은 이 나무의 열매를 따먹음으로써 따먹기 이
전 상태의 좋음과 그 이후의 나쁨을 실제적으로 경험하게 된 것
입니다. 다시 말해서 그들은 선과 악을 분별하고 선택할 지식과
능력은 지음을 받을 때부터 지니고 있었습니다. 이것은 그들이
하나님의 뜻에 따라 모든 만물을 다스릴 왕으로 세움받았다는 한
가지 사실만으로도 충분히 입증됩니다. 그러나 그들이 그 열매를
먹기 전까지는 오직 선한 면만 경험하였습니다. 이 열매를 먹은
후로는 악한 면을 경험하게 되었고 따라서 그 이전의 선한 면과
의 대비(對比)적인 측면에서 경험적 지식을 얻게 되었다고 말할
수 있습니다. 사실 이런 경험적 지식은 인간에게 필요한 것이 아
니었습니다. 하지만 불행하게도 인간은 그 열매를 먹음으로써 그
런 경험적 지식을 갖게 된 것입니다. 이런 점에서, 즉 열매 자체
에서가 아니라 열매를 먹으라는 뱀의 말을 들은 후에 겪은 경험
을 통해서, 인간은 선과 악의 차이를 실제적으로 알 수 있게 된
것입니다. 그리고 그 나무는 이런 사실을 상징하는 것입니다.

7절 하반절은 "무화과 나무 잎을 엮어 치마를 하였더라"고 말
합니다. 여기서 '치마'는 허리 아랫 부분을 가리기 위한 일종의
앞치마와 같은 것입니다. 이것을 그들은 스스로 자신들을 위해
무화과나무 잎들을 서로 꿰매서 만들었던 것입니다. 전에는 자신
의 벌거벗음에 대해 상대방 앞에서 전혀 부끄러워하지 않았습니
다(창 2 : 25). 그러나 이제는 그럴 수가 없었습니다. 벗음에 대한
인식이 변했고 따라서 부끄러움 정확히 말하자면 수치감이 생겼
습니다. 선악과를 따먹은 후에 생긴 이 변화는, 그들 남녀간의 관
계에 다른 무엇이 끼어듦으로써 서로의 관계를 다소 어색하고 거
리감 있게 만들었습니다. 그러나 이런 관계는 그들 두 사람 사이

에만 생긴 것이 아닙니다. 하나님과 사람 사이에도 거리감이 생겼습니다. 이 점은 8절에 묘사된 그들의 행동에서 잘 드러납니다.

　　8절은 아담과 그의 아내가 여호와 하나님의 음성을 듣고 숲속으로 몸을 피한 사실을 말하고 있습니다. 여기서 '음성'이란 하나님께서 말씀하시거나 부르시는 목소리라기보다는 거니시는 발걸음 소리를 의미합니다.[6] 왜냐하면 하나님께서 아담을 부르셔서 말씀하시기 시작한 것은 9절에 나타난 반면에 8절에서는 하나님께서 동산에서 거닐고 계시다고 언급하기 때문입니다. 하나님께서 동산에서 거닐고 계시다는 것은, 하나님을 인간식으로 표현하는 방법인 '신인동형적'(anthropomorphic) 표현이라고도 할 수 있겠습니다만,[7] 오히려 하나님의 현현(顯現)으로 이해함이 더 좋을 듯합니다.[8] 어쨌든 그 소리를 듣고 하나님께서 나타나심을 알자 아담과 그의 아내는 이상한 행동을 취했습니다. 그들은 그 동산의 나무들 사이로 숨어 버렸던 것입니다. 이 사실을 가리켜 기록자는 의미 있는 표현을 덧붙이고 있습니다. 그것은 "여호와 하나님의 낯을 피하여"(직역-여호와 하나님의 얼굴로부터) 입니다. 이 표현은 그들이 그분에게서 떠나 숨었다는 점을 말해 줍니다. 그들은 그저 단순히 숨박꼭질하듯이 잠시 숨은 것이 아니라, 하나님으로부터 숨은 것입니다. 이 표현에서 알 수 있는 사실은 그들이 이제껏 하나님 앞에서 그분과 더불어 살아 왔으나 이제 그들은 이러한 생활에서 도피하려고 시도했다는 점입니다. 사실 그들은 하나님의 거니시는 소리를 들었을 때 즉시 그분께 나아가 자신의 잘못을 아뢰고 용서를 구했어야 마땅한 것이었습니다. 그러나 그들은 오히려 그분에게서 도피하려고 하였습니다.

　　이렇게 배은망덕한 인간에게 하나님께서는 어떤 태도를 취하셨는가? 하나님은 아담을 찾으러 오셨습니다. "네가 어디 있느냐?"(9절)고 물으십니다. 이 물음의 의미에 대해서는 여러 가지 견해들[9]이 있습니다만 10절에 표현된 아담의 대답을 보고 파악해야 할 것입니다. 동문서답의 경우가 아니라면 대답이 그 물음의 의미를 알려 주는 것이기 때문입니다. 10절에 나타난 아담의 대답은 이렇습니다. "당신의 소리를 제가 그 동산에서 들었습니다. 그러자 저는 두려웠습니다. 왜냐하면 제가 벗었기 때문입니다. 그래서 저는 숨었습니다"(직역). 아담은 자신이 하나님의 소리를 들었다는 사실을 밝히고 있습니다. 그리고 그는 두려웠기 때문에 숨었다고 고백하고 있습니다. 그렇다면 그는 무엇 또는 누구를 두려워했으며 이러한 두려움의 이유는 무엇입니까? 8절은 말하기를, "그들이……여호와 하나님의 얼굴로부터……숨었다"고 합니다. 따라서 우리는 아담과 그의 아내가 두려워한 대상이 여호와 하나님 자신이었음을 알 수 있습니다. 이제 하나님은 아담에게 (물론 그의 아내에게도) 두려움의 대상이 되었습니다. 아담이 지음받고 이제껏 하나님께 대해 가졌던 인식과 느낌이 변했습니다. 창세기 2장에서 충분히 드러나는 바대로, 하나님은 아담을 사랑하시고 필요한 모든 것을 공급하시고 사랑스러운 아내를 주신 참으로 좋으신 분이십니다. 그러나 이제 아담은 하나님을 두려워하게 되었습니다. 여기서 한 가지 분명히 집고 넘어가야 할 사실은, 하나님이 두려움의 대상으로 바뀐 까닭은 전혀 하나님에게 있지 않다는 점입니다. 하나님께서 아담을 위협하시거나 심히 무섭게 다루신 적이 없습니다. 그런데도 아담은 하나님을 두려워합니다. 그 까닭은 전적으로 아담 그 자신에게 있는 것입니다. 아담은 자신이 하나님을 두려워하는 이유를 "제가 벗었기 때문입니다" 하고 말합니다. 이렇듯 아담 역시 그 두려움이 하나님에게서 비롯된 것이 아님을 잘 알고 있습니다. 이제 9절의

"네가 어디 있느냐?"는 질문의 의미를 생각해 봅시다. 아담은 10절에서 '자신이 하나님의 소리를 듣고도 숲 속에 숨은 까닭은 두려움 때문이라'는 사실을 질문의 대답으로 말씀드리고 있는 것입니다. 그렇다면 하나님의 질문은, 아담이 있는 곳을 몰라서 물으신 것이 아니라, 하나님의 소리를 듣고도 하나님을 만나지 않고 오히려 피하여 숨은 까닭을 우회적으로 묻고 계신 것입니다.

아담은 자신의 두려움의 이유를 "제가 벗었기 때문"이라고 말합니다. 이것은 그가 자신의 두려움이 벌거벗음에서 왔다는 사실을 알고 있다는 뜻입니다. 그러나 이 말은 단순히 벌거벗음 그 자체가 그에게 두려움을 주었다는 의미는 아닙니다. 이제껏 그는 벌거벗고 살았습니다. 하지만 그가 하나님을 두려워한 적은 없었습니다. 그러나 그 열매를 따먹은 이후에는 상황이 달라졌습니다. 그는 치마를 해 입었습니다. 이것은 그 전과 비교해 볼 때 결코 벗은 것이 아닙니다. 그런데도 그는 여기 10절에서 "제가 벗었기 때문"에 두렵다고 말합니다. 따라서 이 말은 단순히 벗은 상태를 두려움의 원인으로 제시하는 것이 아니라, 자신의 벌거벗음을 알게 한 사건을 그 원인으로 제시하고 있는 것입니다. 그러길래 하나님께서는 아담의 벌거벗음 자체를 추궁하시지 않고 그에게 벌거벗음을 알게 한 사건을 파헤치시기 시작합니다.

하나님께서 판단하시기에는 아담이 자신의 벌거벗음을 알 수 있는 가능성은 오로지 두 가지뿐입니다. 그래서 11절에서 그분은 이렇게 물으십니다. "누가 네게 네가 벌거벗었다고 알려 주었는가? (아니라면) 내가 네게 먹지 말라고 명령한 그 나무의 실과를 네가 먹었느냐?"(직역). 하나님께서는 아담 이외의 다른 존재가 아담의 벌거벗음을 알려 줄 가능성을 생각하셨습니다. 그 존재가 누구인가? 하나님은 아닙니다. 그분이 지금 묻고 계시는 분이기 때문입니다. 아담과 그의 아내도 아닙니다. 그 두 사람은 자신들의 벌거벗음을 알고 숨어 있는 자들이기 때문입니다. 그렇다면 하나님께서 생각하고 있는, 그런 사실을 아담에게 알려 줄 만한 존재는 누구입니까? 사람이 아님은 분명합니다. 에덴 동산에는 오직 두 사람만 있을 뿐이기 때문입니다. 그 존재는, 비록 이 본문에는 명시되지 않지만, 사람이 아닌 초자연적인 존재로서 사람과 대화할 수 있는 자입니다. 우리가 이 본문에서 그 존재가 누구인지를 밝혀낼 수는 없지만 적어도 분명히 알 수 있는 사실은, 하나님께서는 그런 자가 존재함을 인정하고 계셨다는 점입니다. 그렇지 않다면 "누가 네게 네가 벌거벗었다고 알려 주었는가?" 하는 질문은 무의미한 물음에 불과하기 때문입니다.

　　또 하나의 가능성은 이른바 선악과를 따먹은 것입니다. 하나님께서는 창세기 2 : 17에서 그 열매를 먹으면 "정녕 죽으리라"고 말씀하셨습니다. 그러나 그 열매를 먹은 후 지금 아담에게 일어나고 있는 일은 자신의 벌거벗음을 알고 하나님을 두려워하게 된 것입니다. 그렇다면 이 일은 하나님께서 예견하지 못했던 일인가? 결코 그렇지 않습니다. 하나님께서는 그 열매를 먹으면 이런 일이 생길 것을 정확히 알고 계셨습니다. 그러기에 하나님을 두려워하여 숨어 있는 아담에게 "내가 네게 먹지 말라고 명령한 그 나무의 실과를 네가 먹었느냐?"고 물으실 수 있었던 것입니다. 따라서 우리는 "먹으면 정녕 죽으리라"는 말씀은 그 열매를 먹으면 발생할 모든 과정의 일들이 아니라 최종적인 결과만을 언급한 것이라는 사실을 알게 됩니다.

　　하나님의 예리한 질문에 아담은 자신이 행한 일을 털어 놓습니다. 그러나 아담은 자신이 먹은 사실만 인정할 뿐 그런 일이 생긴 근본적인 원인은 다른 데에서 찾고 있습니다. 아담은 "그 여자"가 주었기 때문에 먹었다고 말합니다. 게다가 그는 자기 잘못을 여자 탓으로만 돌리는 것이 아니라, "당신께서 저와 함께 있도록 주신 그 여자"(직역)라고 표현함으로써 그 탓을 하나님에게까지 확대시키고 있습니다. 이것은 자신의 잘못을 회피 내지는 극소화시키려는 대답인 것입니다. 이제 아담은 자기 잘못도 제대로 책임질 줄 모르는 파렴치한으로 전락되고 말았습니다. 이렇듯 선악과를 따먹은 결과는, 단지 자신의 벌거벗음을 알고 하나님을 두려워하는 것뿐만 아니라 자신의 잘못에 대해서마저 그 책임을 회피하는 비뚤어진 성품의 소유자가 된 것입니다. 따라서 삶의 모든 영역에 이와 같은 사람의 못된 성품이 반영될 위험이 도사리게 되었습니다.

하나님은 이제 그 여자에게 묻습니다. "네가 어찌하여 이런 일을 행했느냐?" 이 여자 역시 아담처럼 자신의 책임을 회피하는 비뚤어진 성품을 갖게 되었습니다. 그녀는 그 책임을 뱀에게 돌립니다. "그 뱀이 저를 속였습니다. 그래서 제가 먹었습니다"(직역). 그러나 우리는 이 여자의 말 속에서 중요한 사실을 하나 발견할 수 있습니다. 그것은 그 여자가 이 사건을 겪고 스스로 내린 결론입니다. 이 결론은 한마디로 '속았다'는 것입니다. 이 여자는 그 뱀의 말이 거짓이고 따라서 하나님의 말씀이 옳았다는 사실을 체득케 된 것입니다. 바꿔 말하자면 이 여자는 자신이 하나님처럼 지혜로워진 것이 아니라는 사실과 이젠 죽어야 할 운명에 처해 있다는 사실을 인식한 것입니다. 이러한 결론은 그 여자가(물론 아담도) 선악과를 따먹기 이전의 삶과 그 이후의 삶의 실태를 체험했음을 반영하는 것입니다. 이로써 그녀는 어떤 삶이 진정 행복한 삶인지를 충분히 알게 된 것입니다. 이전의 상태는 선(善)이었고 지금의 상태는 속음으로써 유발된 악(惡)이라는 사실을 체험을 통해 인식하게 된 것입니다. 이러한 인식 즉 선과 악을 비교하여 얻게 된 체험적 지식은 바로 그 나무의 열매를 먹은 사건 때문에 형성된 것입니다. 위에서 언급한 대로(11절), 하나님께서도 그 나무의 열매를 먹으면 무엇이 진정 선하며 악한 것인지를 실제적으로 맛보고 비교해 본 결과로 얻어지는 체험적 지식이 생기게 될 것임을 알고 계셨습니다. 따라서 이 나무에게는 '선과 악의 지식' 나무라는 이름이 걸맞는 것이라 생각됩니다.

　그 여자의 말을 듣고 나신 하나님은 그 뱀에게 말씀하십니다(14절). 그러나 이번에는 그 사건에 대해 질문하시지 않습니다. 곧바로 그 뱀에게 저주를 가하십니다. 하나님께서는 뱀에게 저주를 가하시면서 그 이유를 "네가 이 일을 행하였기 때문에"(직역)라고 말씀하십니다. 그 뱀에게 전혀 질문이 필요 없음은 하나님 자신이 그 뱀이 그 일을 왜 하였는지를 너무나도 잘 알고 계시기 때문입니다. 그 뱀은 하나님께서 선하게 지으신 피조물입니다. 따라서 그 뱀 스스로 하나님께 반역할 동기를 전혀 갖고 있지 않습니다. 또 뱀은 말할 수 있는 존재가 아닙니다. 하나님께서 사람만 말할 수 있도록 지으셨기 때문입니다. 그렇다면 뱀은 단독범이 아닙니다. 뱀은 배후 조종자의 도구로 쓰였을 뿐입니다. 그리고 이미 앞에서 시사한 바와 같이(11절) 하나님께서 알고 계신 그 어떤 존재가 바로 이 뱀의 배후 조종자인 것입니다. 이러한 사실은 15절에서 더욱 분명히 드러나게 될 것입니다. 간추리자면, 배후 조종자는 자신의 의도를 잘 수행할 수 있도록 영리한 뱀을 선택하여 그 뱀으로 하여금 말할 수 있게 하였고 간악한 거짓말로 여자를 속여서 자신의 목적을 이루었던 것입니다. 이 존재는 눈에 보이지 않으며, 뱀으로 말할 수 있게 할 만큼 초자연적인 능력을 지녔으며, 감히 하나님에게 반역을 꾸밀 만큼 사악한 자임이 분명한 것입니다. 그러나 이 존재가 자신의 모습을 끝까지 드러내지 않고 있으므로 하나님은 그 존재의 도구 역할을 한 그 뱀을 저주의 표적으로 삼습니다. 하지만 저주의 실제 내용은 그 보이지 않는 존재에게 주어지는 것입니다.

그 뱀에게 주어지는 저주의 내용은 14절과 15절에 언급되어 있습니다. 이 두 구절은 매우 중요한 내용을 담고 있으므로 상세히 살펴보도록 하겠습니다. 14절 상반절은, "그러자 여호와 하나님께서 그 뱀에게 말씀하셨다 '네가 이 일을 행하였기 때문에 너는 모든 육축과 들의 모든 생물보다 더 저주를 받으리라'"(직역)고 말하고 있습니다. 여기서 알 수 있는 사실은, 그 뱀뿐만 아니라 동물계(動物界) 전체가 저주 아래 놓이게 되었다는 점입니다. 그리고 이 뱀은 그 중에서 가장 크게 저주를 받게 된 것입니다. 이어서 14절 하반절은 이 뱀이 받는 가장 큰 저주의 내용이 무엇인지를 알려 주고 있습니다. "너는 네 배로 다닐지니라. 그리고 티끌을 먹을지니라. 너의 사는 모든 날 동안"(직역). 여기서 두 가지, 즉 배로 다니는 것과 티끌을 먹는 것을 언급하고 있습니다. 이 두 가지 의미는 무엇인가? 만일 이 의미를 알아내려고 이 두 가지를 글자 그대로 이해하려 한다면 오히려 그 의미가 부자연스러워지고 말 것입니다. 현재 뱀들이 기어다니고 있음을 볼 때, '배로 다닌다는 것'은 타당한 말같이 보입니다. 그러나 이것이 논리상 타당하려면 그 뒤의 표현인 '티끌을 먹는다는 것'도 현재 뱀들의 상황에 들어맞아야 할 것입니다. 하지만 우리가 잘 알다시피 뱀은 티끌을 먹고 사는 동물이 아닙니다. 따라서 '티끌을 먹는다는 것'과 '배로 다닌다는 것'을 뱀의 생활 방식으로 이해하려는 것은 무리한 해석이 될 것입니다. 더군다나 현재 뱀들의 행동 양태를 보고 '배로 다닌다는 것'을 타당하다고 생각했다면, 그것은 이런 저주가 있기 전에는 뱀이 기어다니지 않고 다른 방법으로 다녔을 것이라는 비성경적인 편견을 갖고 있음을 보여 주는 것입니다. 뿐만 아니라 '배로 다닌다는 것'이 저주가 된다면, 하나님께서 땅에서 기는 모든 것들을 창조하시고 "하나님의 보시기에 좋았더라"고 말씀하신 것(창 1 : 24-25)과는 완전히 상충하는 것이 되고 맙니다. 이러한 문제점들을 고려할 때, 우리는 그 두 가지를 다른 방법으로 – 비유적(figurative) 의미로 – 이해해야 할 것입니다. 예를 들자면, 우리는 가끔 목욕탕에서 연세 지긋하신 분들이 뜨거운 물 속에 몸을 깊숙이 담그시고 "어이 시원하다"하고 말씀하는 것을 듣게 됩니다. 만일 이것을 글자 그대로 이해해서 '뜨거운 물이 갑자기 시원할 만큼 식어 버렸기 때문에 그런 말씀을 하신 것'이라고 해석한다면, 이것이야말로 기발한 해석이긴 하지만 그릇된 것입니다. 이럴 때는 '시원하다'는 말을 비유적으로 이해해야 하는 것입니다. 그렇다면 '배로 다닌다'와 '티끌을 먹는다', 이 두 표현의 비유적 의미가 무엇인지를 살펴보아야 하겠습니다. 이 두 표현은, 일차 독자들이 살았던 고대 근동(the ancient Near East)의 자료에 비추어 볼 때, 하나의 동일한 의미를 갖고 있습니다. 그것들은 패배당하여 수치(羞恥)스럽고 굴욕(屈辱)적인 상태에 놓인 것을 나타내는 표현인 것입니다. 땅바닥에 배를 깔고 엎드려서 흙을 핥는 모습을 나타내는 표현인 것입니다.[10] 그러나 그러한 수치와 굴욕의 상태가 한낱 미물인 뱀에게 무슨 의미가 있는 것인가? 수치와 굴욕은 적어도 인격을 가진 인간과 그 이상의 존재를 대상으로 하는 표현인 것입니다. 따라서 14절의 저주는 그 뱀, 아니 정확히 말해 그 뱀을 조종한 배후의 존재가 처할 운명을 알려 주는 것입니다.

"너의 사는 모든 날 동안"이라는 표현을 생각해 보아야겠습니다. 이 표현은 무심히 넘길 표현이 아닙니다. 이 표현에서 우리가 그 뱀뿐만 아니라 동물계 전체가 받은 공통적인 저주의 내용을 시사받을 수 있기 때문입니다. 여기 14절에서 하나님의 저주를 듣고 있는 대상은 뱀입니다. 14절 상반절은 그 뱀이 가장 큰 저주를 받았다는 사실을 분명하게 말하고 있습니다. 그러나 여기서 우리가 간접적으로 알 수 있는 또 하나의 사실은 하나님의 저주가 그 뱀에게만이 아니라 동물계 전체에게 임했다는 것입니다. 그리고 하반절은 그 뱀이 받은 가장 큰 저주의 내용이 무엇인지를 말하고 있습니다. 그렇다면 우리는 상반절에서 처럼 하반절에서도 동물계 전체가 받은 저주의 내용이 무엇인지를 간접적으로나마 알아낼 수 있을 것입니다. 이런 논리적 기대를 갖고 하반절을 보니 그 안에는 "너의 사는 모든 날 동안"이라는 표현이 들어 있고 이 표현을 통해 그 뱀에게 사는 기간이 정해졌음을 알 수 있습니다. 바꿔 말하자면 그 뱀은 정해진 기간이 지나면 죽을 수 밖에 없게 된 것입니다. 이제 여기서 우리가 곰곰이 따져 보아야 할 문제는 '죽음'이 그 뱀에게만 주어진 저주인가? 하는 점입니다. 만일 그렇다면 '죽음'이 가장 큰 저주가 되므로 '배로 다니고 티끌을 먹으라'는 내용은 부수적인 내용이며 구태여 추가할 필요가 없을 것입니다. 그리고 가장 큰 저주를 받은 그 뱀이 '죽음'이라는 형벌을 받는다면, 그 뱀보다는 작은 저주를 받는 다른 뱀들과 기타 모든 동물계에게는 적어도 '죽음'이라는 형벌은 주어지지 않아야 할 것입니다. 그러나 사실은 그렇지가 않습니다. 우리가 잘 알다시피 모든 피조물들이 하나도 예외없이 죽음의 지배 아래 놓이게 되었습니다. 위의 문제를 해결하려면 14절 하반절을 다시 분석해 보아야 할 것입니다. "너는 네 배로 다닐지니라. 그리고 티끌을 먹을지니라. 너의 사는 모든 날 동안"(직역)이라는 문장에서 중심적인 말은 '네 배로 다닐지니라'와 '티끌을 먹을지니라'입니다. '너의 사는 모든 날 동안'이라는 것은 부사구(副詞句)일 뿐입니다. 바꿔 말하자면 그 뱀이 받을 가장 큰 저주는 수치스럽고 굴욕적인 상태이지 죽음이 아닙니다. 그러니까 여기서 다음과 같은 논리가 나올 수 있습니다. 죽음은 모든 피조물이 받게 된 공통적인 저주인데, 그 뱀은 이러한 공통적 저주에다가 '죽을 때까지 수치와 굴욕의 상태에 처하게 되는 저주'가 더 추가됨으로써 가장 큰 저주를 받은 것입니다. "먹으면 정녕 죽으리라"고 말씀하신 그 나무의 열매를 사람이 먹음으로써 사람뿐만 아니라 이 뱀에게도 그리고 이 뱀이 속한 동물계 전체에게도 '죽음'이 임하게 된 것입니다. 이렇듯 사람이 저지른 일의 결과는 단지 사람만이 아니라 사람이 다스리는 모든 피조물 전체에게까지 그 영향을 미치게 된 것입니다. 그리고 "정녕 죽으리라"라는 표현의 의미에는 여기서 알 수 있듯이 '당장 죽는 것'이 아니라 영원히 살지 못하게 됨 즉, 생존기간이 정해진 것이 포함됩니다.

오늘 본문은 뱀의 유혹을 받아들임으로써 인간이 저지른 불순종과 이에 대한 하나님의 추궁을 그 내용으로 하고 있습니다. 그리고 다음 과의 본문은 인간에 대한 하나님의 심판과 그 심판의 형벌이 집행됨을 내용으로 삼고 있습니다. 따라서 오늘 본문과 다음 과의 본문은 마치 형사사건의 진행과 같이 범행, 수사(搜査), 재판, 형집행이라는 줄거리로 엮어진 완벽한 한 단위(a unit)의 내용이므로, 오늘 본문의 중심 사상을 따로 다룰 수 없어서 다음 과에서 창세기 3장 전체의 중심 사상을 생각해 보려고 합니다.

A 앞에서도 강조하여 말씀드렸지만, 적용은 본문이 부각시키는 가장 큰 계시적 사실인 중심 사상 그 자체에 비추어 시도(줄기 조명)되든지, 중심 사상을 받쳐 주는 작은 계시적 사실들에 비추어 시도(가지 조명)해야지만 하나님 말씀인 성경의 성격과 그 기

록 목적에 부합되는 것입니다. 그런데 오늘 본문에는, 비록 하나님이 등장하시고 또 물으시는 말씀도 기록되어 있긴 하지만, 이것이 중심 사상을 받쳐 주는 계시적 사실로서 제시된 것이라고 보기는 어렵습니다. 따라서 오늘 본문에서는 가지 조명식의 적용도 할 수가 없습니다. 적용이 없다고 해서 성경을 공부한 효과나 보람이 없는 것은 아닙니다. 성경 공부는, 당장은 아닐지라도 그 사람의 삶 전체를 고려할 때, 그 본문의 말씀이 어떤 의미인지를 아는 것만으로도 충분한 보람과 효과를 가져오는 것입니다. 따라서 오늘 본문에서 '아담처럼 핑계하지 말고 자기의 잘못에 책임을 지는 사람이 되자'는 식으로 억지스러운 적용거리를 찾아내려고 하지 마시길 바랍니다.

주)

1) 물론 히브리어에서 관사가 붙어서 그 종류 전체를 나타내기도 하지만, 이 문맥에서는 그 경우에 해당하지 않습니다. 왜냐하면, 만일 그렇다면 이 본문에서 계속되고 있는 '그 뱀'이나 이 뱀을 가리키는 인칭대명사 전체를 '뱀의 총칭'으로 보아야 하는데 그럴 경우 문장의 뜻이 통하지 않기 때문입니다. 예를 들어 보겠습니다. 1절은,"그런데 그 뱀은 영리하였다.……그리고 그[뱀]가 그 여자에게 말했다……"입니다. 이 경우 앞의 '그 뱀'이 뱀의 총칭이라면 그 다음의 '그' 역시 논리상 뱀 전체여야 합니다. 이렇게 이해한다면 하와에게 유혹의 미끼를 던진 것은 '뱀 종족' 전체이지 어떤 특정한 뱀이 아닌 것입니다.

2) G. Ch. Aalders, *Genesis*, trans. by W. Heynen, 2 vols (Grand Rapids : Zondervan, 1981), 1 : 98. 반대로, 나쁜 쪽의 의미로 이해한 견해도 있습니다. 참고. Keil and Delitzsch, *The Pentateuch : Commentary on the Old Testament in Ten Volumes*,

trans. by James Martin, vol. 1 (Grand Rapids : Eerdmans, 1981), p. 94.

3) Ibid.

4) 한글 개역 성경에서는 3절 끝부분에 "……너희가 죽을까 하노라……" 하고 번역함으로써 그 여자가 마치 "정녕 죽으리라"(창 2 : 17)는 하나님의 말씀을 다소 의심한 것 같은 인상을 주고 있습니다.

5) '엘로힘'은 '하나님'으로 또는 '신(神)들'로 번역될 수 있습니다. 그런데 '엘로힘'을 꾸며 주고 있는 '아는'에 해당하는 원어는 복수형 분사이므로 '신들'이 더 타당한 듯이 보입니다. 그래서 흠정역(King James Version)에서는 그렇게 번역하였습니다 (……and ye shall be as gods, knowing good and evil.). 그러나 이러한 번역은 신학적 논쟁점을 안고 있을 뿐만 아니라[참고. 에드워드 영, 「창세기 제3장 연구」, 정정숙 옮김(서울 : 엠마오, 1979), p. 30.], 또다른 문법적 가능성을 고려하지 않은 것입니다. 이것은 '엘로힘'이 '하나님'을 의미할 경우에도 복수형 수식어가 붙을 수 있다는 것입니다. 왜냐하면 '엘로힘'이라는 단어 자체가 복수형인데다가 하나님께서 자신을 복수형으로 표현하시기도 하기 때문입니다(예, 창 1 : 26, 3 : 22). 따라서 현재 대부분의 역본에서는 '엘로힘'을 '하나님'으로 번역하고 있으며, 이런 문제점을 고려해서인지 1982년에 새로 나온 새흠정역(The New King James Version)에서도 이전의 번역을 고쳐서 다른 역본들처럼 '하나님'으로 번역해 놓았습니다.(……and you will be like God, knowing good and evil.)

6) Keil and Delitzsch, ibid. ; Aalders, ibid., p.104. 한글 개역 성경 8절에서는 "하나님의 음성"으로 표현했으나 10절의 아담의 말 속에서는 "하나님의 소리"로 번역해 놓았습니다. 어쨌

든 이 점에 대해서 잘 설명한 책을 소개합니다. 이것은 영 (Edward J. Young) 박사의 책 「창세기 제3장 연구」[정정숙 옮김(서울 : 엠마오, 1979)]인데 창세기 3장에 관한 한 그 어느 책보다 뛰어난 것이라 생각됩니다. 이 책에서 그는 창세기 3장 본문의 의미를 잘 드러내서 하나님께서 말씀하시고자 한 것을 확실하게 제시하기 위하여 물샐틈없는 논리로 내용을 전개하고 있습니다. 이 책에서 그는 위 문제에 관하여 다음과 같이 설명합니다.

> 여기서는 문맥으로 보아 "소리"를 의미하는 것이다. 또한 성경의 여러 다른 구절들에서도 소리를 의미하는 곳이 많다. 그러므로 본문은 아담과 이브가 동산에서 거니시는 하나님의 소리를 들었다는 의미일 것이다. 이것은 독단적인 해석은 아니다. 영어 성경에서는 거니시는 "하나님의 음성"이라고 생각할 수 있는 문맥이다. 그러나 이것은 본문이 의미하는 바가 아니다. 이 말씀에는 이리저리 거니신다는 의미가 포함되어 있다. 그러므로 이 구절의 사상은 아담과 이브가 동산에서 거니시는 여호와 하나님의 음성이나 소리를 들었다는 것이다. 그들은 여호와 하나님의 거니시는 것을 들었다.(pp. 61-62)

7) Aalders, ibid.

8) 성경 전체의 맥락에서 볼 때 에덴 동산은 '새하늘과 새땅'의 모델(model)인 셈입니다. 물론 후자가 전자보다 이루 말할 수 없이 더 아름답고 영광스럽겠지만 그 본질적인 성격은 그대로 반영됩니다(참고. 계 21 : 1~22 : 5). 이 성격 중에 가장 중심적인 것은 '하나님께서 그의 백성들과 함께 거하신다'는 사실입니다. 이 사실은 단순히 영적인 임재를 말하는 것이 아닙니다. 그 이상

인 것입니다. 요한계시록 21 : 3은 하나님께서 **친히**(autos ho theos) 자기 백성들과 함께 거하실 것이라고 말씀합니다. 구약 시대에는 성막(성전)을 통해서 상징적으로 임재하셨고, 신약 시대 초기에는 예수님께서 육체적으로 자기 백성에게 임재하셨고, 오순절 이후에는 성령님께서 자기 백성 가운데 영적으로 임재하셨으나, 그곳에서는 성부 하나님 자신께서(autos ho theos) 임재하셔서 자기 백성들과 더불어 거하실 것입니다. 그런데 이 임재는 그분의 백성들이 그분의 보좌를 볼 수 있을 뿐더러 그분의 얼굴도 볼 수 있는 육체적 임재가 분명합니다. 요한계시록 22 : 3-4이 이 사실을 분명하게 알려 주고 있습니다. 따라서 에덴 동산에서 하나님의 임재 역시 어떤 모습을 갖추시고 그 두 사람에게 나타나신 현현(顯現)이라고 생각됩니다. 한편 영(Young) 박사는 "만일 하나님이 동산에 임재하시지 않았다면 인간이 하나님과 어떻게 대화를 할 수 있었겠는가?" 하고 질문하고 "그러나 인간은 하나님과 직접 영으로 대화할 수 없기 때문에 하나님께서 직접 인간의 형태로 나타나셨다"고 답변합니다. 이처럼 그는 8절 이후의 사건을 의사소통의 측면에서 하나님의 현현으로 생각합니다 (참고. 에드워드 영, pp.62-63.). Cf. Keil and Delitzsch, p.97.

9) 영, pp. 66-67.

10) W. C. Kaiser, Jr., *Toward an Old Testament Theology* (Grand Rapids : Zondervan, 1978), p.78.

〈해답〉

1. (2)   2. (1) ○   (2) ×   (3) ×   (4) ×   (5) ×
3. (2)   4.(3)   5. (2)   6. (2)

창세기 3 : 1 - 24 (2)

잃어버린 삶터

15내가 너로 여자와 원수가 되게 하고 너의 후손도 여자의 후손과 원수가 되게 하리니 여자의 후손은 네 머리를 상하게 할 것이요 너는 그의 발꿈치를 상하게 할 것이니라 하시고 16또 여자에게 이르시되 내가 네게 잉태하는 고통을 크게 더하리니 네가 수고하고 자식을 낳을 것이며 너는 남편을 사모하고 남편은 너를 다스릴 것이니라 하시고 17아담에게 이르시되 네가 네 아내의 말을 듣고 내가 너더러 먹지 말라 한 나무 실과를 먹었은즉 땅은 너로 인하여 저주를 받고 너는 종신토록 수고하여야 그 소산을 먹으리라 18땅이 네게 가시덤불과 엉겅퀴를 낼 것이라 너의 먹을 것은 밭의 채소인즉 19네가 얼굴에 땀이 흘러야 식물을 먹고 필경은 흙으로 돌아가리니 그 속에서 네가 취함을 입었음이라 너는 흙이니 흙으로 돌아갈 것이니라 하시니라 20아담이 그 아내를 하와라 이름하였으니 그는 모든 산 자의 어미가 됨이더라 21여호와 하나님이 아담과 그 아내를 위하여 가죽옷을 지어 입히시니라 22여호와 하나님이 가라사대 보라 이 사람이 선악을 아는 일에 우리 중 하나같이 되었으니 그가 그 손을 들어 생

명나무 실과도 먹고 영생할까 하노라 하시고 [23]여호와 하나님이 에
덴 동산에서 그 사람을 내어 보내어 그의 근본된 토지를 갈게 하시
니라 [24]이같이 하나님이 그 사람을 쫓아내시고 에덴 동산 동편에 그
룹들과 두루 도는 화염검을 두어 생명나무의 길을 지키게 하시니라

Q 위의 성경 본문을 자세히 읽으신 후에, 아래의 물음에 대답
하십시오.

1. 15절 상반절의 "너의 후손"과 "여자의 후손"은 각각 누구 또
   는 무엇을 가리키는 것입니까? (　　)
   (1) 뱀들, 여인이 난 모든 사람들　　　(2) 사탄, 그리스도
   (3) 불경건한 사람들, 경건한 사람들　(4) 뱀들, 인류 전체

2. 15절 상반절의 의미에 포함될 수 있는 것은 어느 것입니까?
                                           (　　)
   (1) 여자와 뱀 종족은 계속 원수지간이 될 것이다.
   (2) 여자들은 뱀들을 심히 싫어하게 될 것이다.
   (3) 인간과 동물계의 적대 관계가 지속될 것이다.
   (4) 앞으로 인류는 두 계열로 나뉘어질 것이다.

3. 여자가 받은 저주의 내용에 속하는 것은 어느 것입니까? (　　)
   (1) 잉태와 출산　　　　(2) 남편과의 균형 관계가 깨짐
   (3) 뱀과 원수가 됨

4. 아담이 자기 아내의 이름을 '하와'라고 지은 근본적인 이유로
   서 다음 중 가장 가까운 설명은 어느 것입니까? (　　)

(1) 하나님의 저주에서 벗어나 생명을 얻으려는 강한 의지를
　　표현한 것이다.
(2) 하나님의 저주 안에 담겨 있는 소망의 말씀을 파악했기 때
　　문이다.
(3) 어쨌든 당분간일지라도 아내가 자녀들을 출산할 수 있게
　　되었기 때문이다.
(4) 자신의 아내를 통해서 모든 인류가 번성하기를 소원하였
　　기 때문이다.

5. 하나님께서 아담과 하와를 위해 가죽옷을 지어 입히신 이유
　또는 목적으로서 가장 알맞는 것은 다음 중 어느 것입니까?
　　　　　　　　　　　　　　　　　　　　　　　　(　)

(1) 그들에게 약속의 성취를 보증하는 표시를 보이시려고
(2) 짐승을 잡아 속죄하는 제사법을 가르치시고 또한 무화과
　　잎으로 만든 의복의 비실용성을 보완해 주시려고
(3) 짐승들이 사람이 생활에 기여할 수 있다는 사실을 알려 주
　　시려고
(4) 그들을 그냥 빈 손으로 쫓아내기가 몹시 안쓰러우셔서

6. 22절 상반절의 말씀은 어떠한 표현으로 이해해야 하겠습니까?
　　　　　　　　　　　　　　　　　　　　　　　　(　)

(1) 사람이 정말로 선악을 아는 일에 하나님같이 되었음을 말
　　해 주는 사실적인 표현이다.
(2) 사람이 금지된 열매를 따먹고 비참한 결과에 이르게 된 것
　　을 비꼬아서 말한 표현이다.
(3) 사람이 그 열매를 따먹은 후로 선악을 아는 일에 상당한
　　발전이 있게 되었음을 다소 과장하여 말한 표현이다.

7. 본문(3 : 1-24)이 강조하고 있는 중심 사상은 다음 중 무엇입
   니까? (   )
   (1) 하나님의 말씀을 튼튼히 믿어야 유혹을 이길 수 있다.
   (2) 하나님은 저주 가운데서도 긍휼을 멈추지 않으신다.
   (3) 하나님께서 홀로 구원을 이루어 가실 것이다.
   (4) 하나님께서는 반드시 불순종을 벌하신다.

E 그 뱀에게 가하는 그러나 실제상으로는 그 배후 조종자를 겨
냥한 하나님의 말씀은 15절에서도 계속됩니다. 15절의 의미를
정확히 파악하기 위하여 다음과 같이 직역해 보았습니다.

         그리고 적의를
             내가 두리라
                 너와 그녀 사이에
                 그리고 너의 씨와 그녀의 씨 사이에

      a. 그는
          b. 너를 타격하리라
               c. 머리
      a. 그리고 너는
          b. 그를 타격하리라
               c. 발꿈치

이 구절의 내용은 얼른 보기에도 14절과는 다릅니다. 14절에서
는 그 뱀이 받을 저주를 말씀한 반면에 여기서는 하나님 자신께
서 하실 일을 말씀하고 있습니다. 그러나 하나님께서 하실 일은
그 뱀과 무관한 것이 아니라 오히려 그 뱀에게 절대적 영향력을

미치는 것입니다. 그것은 하나님께서 직접 그 뱀을 상대로 삼아 행하실 일이기 때문입니다. 그 일이란 곧 '적의(敵意)를 두는' 일입니다. '적의'는 원수끼리 서로에게 갖는 증오심을 의미합니다. 따라서 '누구누구 사이에 적의를 둔다'는 것은 서로 원수가 되게 한다는 뜻입니다. 이런 점에서 우리말 성경에서는 '원수가 되게 한다'고 표현한 것입니다. 그런데 원수가 되는 것은, 당사자들 자력으로가 아니라 하나님께서 주도권을 쥐시고 그렇게 만드시기 때문에 생기는 결과입니다. 그럼 하나님께서 누구를 서로 원수되게 하시려는가? 본문에서는 두 개의 대상이 나타납니다. 하나는 "너와 그녀"입니다. 여기서 '너'는 그 뱀입니다. '그녀'는 아담의 아내입니다. 그렇다면 하나님께서는 그 뱀과 아담의 아내를 서로 원수가 되게 하시겠다는 뜻입니다. 다른 하나는 "너의 씨와 그녀의 씨"입니다. 이것은 그 뱀의 후손과 그녀의 후손이 서로 원수가 되게 하시겠다는 말씀입니다. 이제 그 두 대상을 묶어서 말한다면, 하나님께서는 현재 그 뱀과 그녀뿐만 아니라 계속해서 대대로 그들의 후손들을 서로 원수 되게 하시겠다는 뜻입니다. 그러니까 하나님의 원수 만드시는 일은 이제부터 어떤 결말을 볼 때까지 지속적으로 진행될 것입니다.

15절 상반절의 표현에 대해서 좀더 생각해 보겠습니다. 우선 '그녀의 후손'이라는 말은 무엇을 의미하는가? 우리말 성경에서는 이 말이 '여자의 후손'으로 표현되어 있어서 마치 '남자와는 무관하게 여자 홀로 낳은 자녀 및 그 후손'을 의미하는 것으로 종종 오해하는 분들도 있습니다. 그러나 본문에는 분명히 '그녀의 후손'으로 표현되어 있습니다. 그리고 여기서 '그녀'는 어떤 처녀를 가리키는 것이 아니라 유부녀인 아담의 아내를 가리키는 것입니다. 따라서 '그녀의 후손'이란 당연히 아담의 아내인 그녀가 남편 아담과의 관계를 통하여 출산할 자녀들과 그 후손들을 의미하는 것입니다. 한마디로 '그녀의 후손'이라는 표현은 사람들을 지칭하는 용어입니다.

그럼 하나님께서는 '그 뱀의 후손' 즉 '뱀 종족'과 '사람들'을 원수되게 하는 일을 계속하시겠다는 것인가? 만일 15절 상반절이 정말로 그런 의미라면, 하나님은 도무지 하나님답지 못한 분입니다. 너무 졸렬하시기 때문입니다. 그리고 만일 그렇다면 하나님은 그 뱀을 단독범으로 간주하신 것입니다. 그래서 그 뱀에게서 날 모든 뱀들과 사람들을 원수되게 하시려는 것입니다. 그러나 설사 그 뱀이 단독범이라고 할지라도 하나님의 그러한 보복은 정상적이지 못한, 극히 히스테리(hysteria)적인 반응에서 나온 것이라 할 수 있습니다. 그 뱀은 한낱 미물(微物)에 불과한 피조물이므로 전능하신 창조주 하나님께서 그 미물의 새끼들에게까지 대대로 쉬임없이 보복을 가할 필요가 없기 때문입니다. 따라서 우리는 이런 방향으로 15절 상반절을 해석해서는 안됩니다. 우리가 성경을 해석할 때 무엇보다도, '하나님의 명예와 위엄을 손상시키는 결과를 가져오는 논리 전개는 절대 안된다'는 것을 제일(第一)의 원칙으로 삼아야 하기 때문입니다.

15절 상반절의 의미를 올바로 밝혀 줄 다른 설명은 없겠는가? 이미 앞에서 간간이 언급한 바와 같이, '그 뱀'은 배후 조종자의 도구에 불과한 것입니다. 따라서 '그 뱀'에게 하나님께서 말씀하고 계시지만 실제로 겨냥한 대상은 그 보이지 않는 배후의 존재인 것입니다. 이런 식의 의사전달 방법은 우리의 일상 생활에서도 그다지 낯설지 않은 것입니다. 예를 들어 봅시다. 갑(甲)이라는 애인과 심하게 다투고 들어온 을(乙)이라는 사람이 자신의 지갑에서 갑의 사진을 꺼내들고 "너 정말 그럴 수가 있냐? 응! 생글

생글 웃지만 말고 말 좀 해봐 이것아” 하고 고함을 칩니다. 여기서 ‘너’는 물론 사진 속의 갑입니다. 그러나 을이 실제로 겨냥한 대상은 진짜 사람인 갑입니다. 이 예화를 조금 더 발전시켜 봅시다. 그 다음날 을을 화나게 한 갑이 사과하려고 꽃 한묶음을 들고 을을 찾아왔으나 용기도 부족하고 너무 미안하기도 해서 차마 대문 안으로 들어서질 못합니다. 그래서 데리고 온 자기 집 애견(愛犬) 병(丙)의 입에 그 꽃을 물려서 대문 안으로 들여보내고 갑은 대문 밖에 살짝 숨어 있습니다. 갑의 애견인 병을 본 을은 갑이 들어오기가 멋적어서 대문 밖에 숨어 있고 병만 들여보냈음을 직감합니다. 그래서 을은 아직도 화가 덜 풀린 것처럼 행동하기로 마음먹습니다. 병에게 마구 화풀이를 해댑니다. “내가 너를 사랑하다니 내 눈이 멀었다. 이해는 커녕 속만 뒤집어놓는 너를 내가 이젠 다시 만나지 않을꺼다” 하고 병에게 말합니다. 여기서 ‘나’는 을이고 ‘너’는 병입니다. 그러나 실제의 ‘너’는 갑인 것입니다. 갑은 보이지 않는 대상이므로 을은 보이는 대상인 병에게, 갑을 겨냥한 말을 쏟아 놓는 것입니다.

그러므로 ‘그 뱀의 후손’은 ‘뱀 종족’을 가리키는 것이 아닙니다. 이 표현은 ‘배후 조종자의 후손’을 가리키는 말입니다. 그러나 이 존재는 보이지 않는 초자연적인 존재입니다. 그러한 존재의 후손이란 누구 또는 무엇을 의미하는 것인가? 이 질문의 대답을 찾으려면 먼저 ‘원수가 되게 한다’는 표현의 뒷면에 깔린 의도를 파악해야 합니다.

우리는 자주, ‘성경 말씀만 믿겠다’고 말하지만 실제로는 ‘성경의 문자만 믿는’ 이들을 만나게 됩니다. 이런 분들에게 최대의 관심사는, 어떤 글자나 문구가 성경 안에 기록되어 있느냐 없느냐 하는 것입니다. 이들에게는 성경이 그 글자와 문구를 통해서 어떤 내용을 말씀하는가에 대해서는 관심을 두지 않습니다. 그래서 성경 말씀의 의미와 그 의도를 알기보다는 성경의 글자만을 암송하는 것을 최우선으로 삼으려 합니다. 이런 이들은 이른바 '문자제일주의자'(文字第一主義者)라고 일컬어질 수 있겠습니다. 이들은 다음과 같은 식으로 성경을 이해하려 합니다. 성경에 "갑(甲)은 병(丙)의 친아버지이다"와 "을(乙)은 병의 친어머니이다" 하는 문장이 들어 있다고 가정을 합시다. 그런데 만일 어떤 사람이 "병은 갑의 자식이다" 하고 말한다면 문자제일주의자들은 '그 말은 비성경적'이라고 합니다. 그 이유는 "병은 갑의 자식이다" 하는 표현이 성경 안에 없기 때문이라는 것입니다. 또 "갑과 을은 부부(夫婦)다" 하고 말한다면 그들은 이것 역시 같은 이유로 '비성경적'이라고 합니다. 문자제일주의자들에게는 문장의 논리(論理)나 어감(語感) 또는 함축적 의미 따위는 전혀 불필요한 것입니다. 이들에게는 오직 기계적으로 정확한 표현만이 제일인 것입니다. 이런 식의 성경 이해는 오히려 성경에 대해서 귀를 막는 일이며 따라서 불신앙으로 빠질 수 있는 위험한 태도인 것입니다. 예를 하나 더 들겠습니다. 갑, 을, 병 - 세 사람이 있습니다. 셋이 함께 있을 때마다 갑이 을에게 "나는 너를 좋아해" 하고 말합니다. 여러 차례 이런 일이 있고 나면, 갑이 한 번도 병에게 "나는 너를 싫어해" 하고 말한 적이 없는데도, 병은 '갑이 나를 싫어한다'고 느끼게 됩니다. 이처럼 말의 내용은 문자로 표현되지 않고 어감만으로도 또는 말할 때의 분위기만으로도 전달될 수 있는 것입니다.

위의 질문으로 되돌아갑니다. '원수가 되게 한다'("적의를 두겠다")는 표현은 현재 그 뱀과 그녀 사이에는 적의가 없다는 의미입니다. 어떻게 그 뱀과 그녀 사이가 적의가 없는 밀접한 관계가 되었는가? 앞에서 본 바대로 그녀는 하나님 자신의 말씀 그 자체보다도 뱀의 말을 믿고 그 말대로 선악과를 따먹었습니다. 이러한 행위는 단지 두 가지 대안(代案) 중 하나를 선택하는 일이 아니었습니다. 그것은 진리와 비진리를 택일하는 일이며 더 나아가서는 하나님 그분을 여전히 신뢰하느냐 그분을 배반하느냐 하는 극히 중요한 결정이었습니다. 그녀는 후자를 택하였고 아담도 이 결정을 거부하지 않고 받아들였습니다. 이로써 그들은 하나님과의 친밀한 관계를 깨뜨리고 그 뱀과 새로운 관계에 들어선 것입니다. 이들의 이런 관계를 하나님은 그냥 두지 않으시겠다는 것입니다. 그들 사이에 적의를 두어 원수되게 하심으로 그들의 관계를 깨뜨리시겠다는 것입니다. 하나님께서 이 관계를 깨뜨리시려는 의도는 무엇인가? 인간을 고립시키시려 하심인가? 그분의 의도는 다시 인간과의 관계를 회복하시려는 것입니다. 인간은 아무 편에도 속하지 않은 중립 지역에 서 있을 수가 없습니다. 비록 자신이 모르거나 부인한다고 할지라도, 인간은 하나님께 속해 있거나 아니면 그 뱀의 편에 속해 있는 것입니다. 따라서 하나님께서 그 뱀과 그녀 사이에 적의를 두시겠다는 말씀은, 하나님께서 주도권을 쥐시고 다시 인간과의 관계를 회복하시겠다는 간접적이지만 명백하게 자신의 의지를 나타내신 선언인 것입니다.

　　그러나 하나님께서 적의를 두시는 이 일은 단지 첫 사람들의 생존 시대에만 국한되는 것이 아니라 그들의 후손들에게서도 나타나는 연속성을 지닌 것입니다. 이 사실은 "그리고 너의 씨와 그녀의 씨 사이에"라는 표현에서 드러납니다. 이제 이 땅에는 그 뱀의 후손들("너의 씨")과 하와의 후손들("그녀의 씨")이 존재하는 상황이 지속될 것이며 그들 사이에 하나님께서 적의를 두셔서, 그녀의 후손들과는 관계 회복을 이루실 것입니다. 하지만 단순히 '뱀'이라는 파충류 동물의 후손들과 사람들 간의 다툼, 즉

'뱀 종족 대(對) 사람'의 다툼을 의미하는 것은 결단코 아닙니다. 이미 앞에서 설명한 대로, 하나님께서 한낱 미물인 뱀을 염두에 두신 것이 아니라 감히 하나님을 대적하려고 뱀을 도구로 사용한 그 배후 조종자를 멸망시키고 사람과 하나님 자신과의 관계 회복을 이루기 위하여 역사를 움직여 나가신다는 뜻입니다. 그리고 우리는 이러한 역사, 즉 하나님께서 사람을 자신에게로 되돌리시는 역사를 '구원 역사'(救援歷史) 또는 '구속사'(救贖史)라고 말합니다.

이제 15절 하반절의 뜻을 알아 보고, 부수적으로 하나님께서 '그 뱀'에게 하신 말씀이 실제로는 그 배후 조종자를 겨냥한 것이라는 앞의 설명이 타당한지를 살펴보겠습니다. 어떤 분들은 여기 하반절에서 직접 그리스도를 찾을 수 있다고 주장합니다. 그리고 이런 주장의 근거는 하반절의 첫 표현인 "여인의 후손"에 두고 있습니다. "여인의 후손은 네 머리를 상하게 할 것이요" 했으니 여기서 '여인의 후손'이란 남자와의 관계 없이 여인 홀로 낳은 자손이라는 논리입니다. 그러나 이 논리는 원문에 비추어 볼 때 타당성이 없습니다. "여인의 후손"에 해당하는 원문은 "그"이고 이것은 막연한 어떤 여인이 아닌 '그녀' 즉 아담의 아내인 '하와'의 후손들 중 한 사람을 가리키는 것입니다.

그렇다면 위의 직역에 따라 하반절의 의미를 생각해 봅시다. 이 하반절은 '그'와 '너'의 싸움과 그 싸움의 결말을 묘사하고 있는데, 마치 시(詩)처럼 그 낱말들을 병행이 되게 배열해 놓았습니다. 이처럼 시의 형식을 빌어 쓴 까닭은 중심적인 개념을 강조하기 위함인 것입니다. 즉, 누가 승리자인지를 드러내기 위함인 것입니다. 여기서 '그'는 '그녀의 후손들 중 한 사람'이고 '너'는 지금 현장에 있는 그 뱀을 가리킵니다. 그리고 이 싸움에서 '그'

가 승리할 것이 확실합니다. 왜냐하면 그는 그 뱀의 머리를 타격할 것이고 그 뱀은 그의 발꿈치를 타격할 것이기 때문입니다. 그런데 문제는, '그'가 그녀의 후손 중에 한 사람이므로 '그 뱀'이 싸움을 벌이기 위해서 그만큼 오래 살아 있어야 한다는 점입니다. 그 후손이 늦게 태어나면 날수록 그 뱀은 그만큼 더 오래 살아 있어야 합니다. 바로 이 점 때문에 우리는 이 싸움이 미물인 뱀과 사람의 싸움이 아니라는 사실을 분명히 알 수 있는 것입니다. 하와를 유혹하였던 바로 그 뱀이 그녀의 후손들 중 어느 한 분이 나타날 때까지 오랫동안 살아 있다가 그와 타격을 주고 받는 싸움을 갖게 될 것이라고 생각할 수는 없는 것입니다. 따라서 우리는, 앞에서 여러 차례 조금씩 말씀드린 바와 같이, '너'라는 인칭 대명사는 '그 뱀' 자체를 지칭하는 것이 아니라 그 뱀을 도구로 사용하여 자신의 목적을 이루려한 배후 조종자를 가리키는 것이라고 결론 지을 수 있겠습니다.

　이제 다시 상반절로 돌아가서 "너의 씨"와 "그녀의 씨"라는 표현의 의미를 확실히 밝혀 보아야겠습니다. 여기서 "너의 씨"는 '그 뱀의 후손'을 가리키는 것입니다. 그러나 이미 앞에서 말씀드린 바대로, 그것이 '뱀 종족'을 의미하지는 않습니다. 그것은 그 뱀을 도구로 이용한 '배후 조종자의 후손들'을 의미합니다. 그러나 그 배후 조종자는 초자연적인 존재이므로 사람이나 동물과 같은 방법으로 후손을 만들지 않습니다. 그렇다면 '배후 조종자의 후손들'이란 그의 편이 되어 그를 추종하는 자들을 의미하는 표현으로 이해할 수 있으며, 이러한 후손들은 사람들 가운데서 생겨나는 것입니다. 따라서 아담과 그의 아내를 시조(始祖)로 하여 생겨날 인류 안에는 두 부류의 사람들이 형성될 수밖에 없는 것입니다. 한 부류는 "너의 씨"로 지칭되고 있는 자들로서 배후 조종자의 편에 속해 있는 자들입니다. 다른 한 부류는 "그녀의 씨"

로 지칭되고 있는 자들입니다. 이들의 특징은, 자신들 스스로 하나님의 편에 속하는 것이 아니라, 하나님의 '원수 되게 하는 일'에 의해서 하나님께 귀속(歸屬)되는 것입니다. 따라서 "그녀의 씨"는 하나님의 은혜로 배후 조종자의 편에 속하지 않게 된 사람들을 의미하는 것입니다.

하나님께서 그 뱀에게 선포하신 저주의 말씀인 14절과 15절의 논리를 간추려 보겠습니다. 14절은 모든 동물계에 공통적으로 임할 저주가 죽음임을 시사하면서 그 뱀에게 주어질 가장 큰 저주의 내용을 개괄적으로 말합니다. 이어서 15절은 하나님께서 취하실 적극적인 사역(使役)을 언급하는데, 사실상 이것은 그 뱀에게 가해질 가장 큰 저주의 구체적인 내용입니다.

그러나 15절의 내용에는 놀라운 소식이 감추어져 있습니다. 이것은 인간의 구원에 관한 소식입니다. 이로써 그 뱀에게 가장 큰 저주가 되는 내용이 사실상 인간에게는 복된 소식인 것입니다. 그 뱀의 입장에서 보면, 이 내용은 엄청난 재앙인 것입니다. 왜냐하면 그녀를 속인 것이 하나님의 직접적인 개입을 불러왔기 때문입니다. 이처럼 하나님의 개입이 필요하게 된 까닭은 그 뱀이 행한 일의 성격 때문입니다. 그 일은 단지 하나의 속임수에 불과한 것이 아니었습니다. 그것은 그녀와 그녀의 남편으로 하여금 하나님을 배반하게 만들었습니다. 더욱 심각한 것은, 이로써 하나님의 창조의 목적이 좌절될 위기에 놓이게 되었다는 것입니다. 하나님께서는 만물을 창조하시고 자신의 기쁘신 뜻에 따라 사람으로 하여금 만물을 다스리게 하셨습니다. 뿐만 아니라 하나님께서는 사람과 더불어 거하시며 영원히 함께 교제하시기를 원하셨습니다. 그래서 아담에게 선악과를 먹지 말도록 명하신 것입니다. 이러한 하나님의 창조 목적을 알고 있는 그 배후 조종자는 뱀을 도구로 삼아 인간에게 속임수를 사용하였고 그 결과로 하나님의 목적을 좌절시키려고 획책했던 것입니다. 이러한 반역적인 도전을 하나님께서 묵과하실 리가 없습니다. 그래서 그분께서 친히 개입하셔서 자신의 원래 목적을 이루시기 위해 일해 나가시기로 하십니다. 이러한 그분의 사역의 성격은 한마디로 '구원'인 것입니다. 논리상, 먼저 인간을 비롯한 만물을 구원해 내셔야 자신의 원래 의도하신 목적을 모든 피조물로 하여금 누리게 하실 수 있기 때문입니다. 따라서 15절 말씀은, 하나님의 구원에 대해 말씀하고 있는 최초의 복음(福音)인 것입니다. 그래서 이 구절을 원복음(原福音) 또는 첫 복음이라고 말하기도 합니다.

   여기서 저는, '그 뱀'의 배후에 있는 존재는 누구인가? 하는 문제에 대해 분명하게 말씀드리고자 합니다. 한마디로 그 배후의 존재는 다름아닌 '사탄'입니다. 비록 그의 정체가 창세기 3장에서는 명백하게 드러나지는 않지만, 성경 전체의 가르침에 비추어 보면 그것은 아주 뚜렷하게 드러납니다. 예를 들어 보겠습니다. 예수님께서는 요한복음 8장에서, 자신들이 아브라함의 자손이라고 자부하는 유대인들에게 "너희는 너희 아비 (그) 마귀에게서 났으니" 하고 말씀하심으로 그들이 '그 마귀의 후손들'임을 지적하십니다(44절). 여기서 총칭(總稱)으로 쓰이는 보통명사인 '마귀' 중 어떤 특정한 마귀를 가리키기 위하여 '그 마귀'라고 칭한 사실을 주목해야 할 것입니다. 이 호칭은 마귀의 우두머리인 '사탄'을 뜻하는 것입니다. 특별히 그 문맥(31-59절)을 살펴보면, 예수님은 모두 다 혈통적으로는 아브라함의 후손인 유대인들을 '하나님께 속한 자'와 '그 마귀 즉 사탄에 속한 자'로 양분(兩分)하십니다. 즉, 이것은 인간 속에 두 부류가 있음을 알려 주는 것입니다(참고. 마 13 : 38, 39 ; 요일 3 : 10). 또한 세례자 요한은 자기에게 세례 받으러 나아오는 바리새인들과 사두개인들을 가리켜 "독사의 자식들"이라고 칭했습니다(마 3:7; 눅 3:7). 예수님께서도 외식으로 가득 찬 서기관들과 바리새인들을 가리켜 "뱀들아, 독사의 새끼들아" 하고 부르셨습니다(마 23:33). 이러한 표현은, 그들을 '그 뱀, 즉 사탄의 후손'으로 간주하는 세례자 요한과 예수님의 시각을 반영하고 있는 것입니다. 또한 사도 바울은, 마치 창세기 3:15을 염두에 둔듯, "평강의 하나님께서 속히 사탄을 너희 발 아래서 상하게 하시리라"고 말씀했습니다(롬 16:20). 더구나 상징적 용어로 서술된 요한계시록에서는 "그 옛 뱀 곧 그 마귀 그리고 그 사탄이라고 불리우는"(계 12:9 직역, 참고. 계 20:2) 존재의 내어쫓김이 언급되어 있습니다. 이러한 신약 성경의 가르침을 훑어볼 때, 창세기 3:1부터 언급되고 있는 '그 뱀'을 도구로 사용한 배후의 존재는 '사탄'임이 분명한 것입니다. 아마 사탄이 '그 뱀' 속에 들어가 그 뱀을 이용 또는 조종했던 것이라 생각됩니다.(참고. 눅 22:3)

　　그렇다면 우리가 15절에서 알 수 있는 사실들을 정리해 보겠습니다. 첫째, 이제 앞으로의 역사(歷史), 즉 인간의 타락 이후의 역사는 하나님께서 주도권을 잡으시고 움직여가는 역사가 될 것이라는 사실입니다. 그 뱀의 등장으로 인하여 하나님의 창조 목적이 좌절될 위기에 놓였으므로 하나님께서 원래의 선한 목적을 이루시기 위하여서는 직접 역사에 개입하셔서 그 주도권을 가지시게 된 것입니다. 둘째, 앞으로의 역사에서 하나님께서 행하실 사역(使役)은 '적의를 두는 일'이라는 사실입니다. 이 사역은, 사탄과의 관계를 단절시키시고 '하나님 자신과의 관계 회복'을 이루시려는 것이므로 '구원' 사역인 것입니다. 따라서 타락 이후에 진행될 역사는 구원의 성격을 가지며 그래서 이 역사는 그 전체가 한마디로 '구원 역사'[1]입니다. 셋째, 이 역사가 진행되는 동안 인류 안에는 항상 두 부류가 존재한다는 사실입니다. 한 계열은 사탄의 후손들로서 그를 따르는 추종자들이고 다른 한 계열은 "그녀의 씨"로 표현된 '하나님의 자녀들'입니다. 그리고 하나님께 속한 계열을 "그녀의 씨"라고 하나님께서 표현하심은, 남편 없이 여자 홀로 후손을 갖게 될 것을 뜻하기 때문이 아니라, 사탄의 속임수에 넘어가 하나님을 배반한 당사자인 그녀마저도 구원의 대상에서 제외되지 않음을 강하게 시사해 주시는 하나님의 자상하신 배려로 이해되어야 할 것입니다. 이처럼 타락 이후의 구원 역사에서 양분된 두 계열이 나타난 첫 번 실례(實例)는 가인의 계열(4 : 17-24)과 셋 계열(5 : 1-32)의 기록인 것입니다. 넷째, 이 구원 역사는 "그녀의 씨" 중 어느 한 분이 사탄에게 승리함으로써 그 절정에 이르게 된다는 사실입니다. 그리고 이 절정이란, 단순히 극적 효과의 최고점을 의미하는 것이 아니라, 구원 사역의 성취를 의미하는 것입니다. 한글 개역 성경의 15절 하반절은 "여자의 후손은 네 머리를……"로 시작되기 때문에, 자칫하면 여기서 예수 그리스도의 동정녀 탄생을 예언하고 있는 듯이 오해될 수 있습니다. 그러나 위의 직역에서 보는 바대로, "여자의 후손"은 풀어 넣은 말이며 이것은 '하나님께 속한 계열에서 나올 어떤 한 분'을 의미하는 것입니다. 물론 여기서 '어떤 한 분'은, 신약 성경의 내용을 알고 있는 우리의 입장에서 보면, 예수 그리스도이시라는 것을 쉽게 알 수 있습니다. 그러나 그 말씀을 처음 들었던 그 첫 사람들은 "그"가 예수 그리스도이신지를 전혀 알 수 없었고 다만 그러한 하나님의 말씀을 그대로 믿었던 것뿐입니다. 그리고 이러한 그들의 이해 수준은, 하와가 가인을 낳을 때(창 4 : 1) 그대로 반영되었습니다. 일차 독자들 역시 "그"가 그리스도를 가리키는 것이라고는 생각하지 못했습니다. 하반절은 구원 역사의 절정이 "그"가 사탄에 대해 승리함으로 이루어질 것을 말씀하고 있을 뿐 "그"의 신상(身上) 자체에 대해서는 아무런 언급도 하고 있지 않기 때문입니다. 따라서 우리는 창세기 3 : 15 이후에서 "그"가 누구시라는 것이 더욱 분명하고 자세하게 드러나게 되리라는 계시의 발전에 대한 기대를 가질 수 있겠습니다. 이제 구원은 역사의 종말 때까지 하나님 자신이 주도해 나가시는 일이며, 인류에게는 항상 두 계열이 있으며, 하나님의 구원 사역은 사탄을 누르고 승리함으로써 그 성취를 보게 될 것이라는 사실을 이 구절이 말해 주고 있는 것입니다.

16절에서는 하나님께서 대상을 바꿔 그 여자에게 말씀하십니다. 물론 하나님께서 심판의 말씀을 선포하시는 현장에는 그 뱀과 그녀와 아담, 이 사건에 관계된 세 존재 모두가 있습니다. 그래서 그들은 서로에게 주어지는 말씀의 내용을 알 수가 있습니다. 어쨌든 하나님의 말씀을 듣는 직접적인 대상자는 배후 조종자에서 주범(主犯)에게로 바뀌었습니다. 그리고 이 대상자는 17절에서 다시 공범(共犯)으로 바뀌게 됩니다.

하나님께서 그 여자에게 가하시는 심판의 내용은 두 가지 사실입니다. 이 두 가지는 각각 16절 상반절과 하반절에 나타나 있습니다. 상반절의 내용은, 하나님께서 그녀의 잉태하는 고통[2])을 크게 하시고 따라서 그녀는 고통 중에 출산하게 되리라는 것입니다. 잉태와 출산 그 자체는 형벌이 아닙니다. 생육하고 번성하는 것은 창조 때 사람에게 주어진 복이기 때문입니다. 따라서 형벌은 자식을 잉태하여 출산할 때까지 '큰 고통'이 수반된다는 데 있습니다.

16절 하반절은, 가부장제(家父長制)가 인정되며 특히 남존여비(男尊女卑) 사상에 젖어 있는 우리 사회에서는, 남자들에게 크게 유리하게 사용되는 구절입니다. 그리고 교회 안에서 그리고 기독교인들간에서는, 이 구절에 대한 오해에서 비롯된 사상이 알게 모르게 남용되고 있습니다. 한글 개역 성경은 "너는 남편을 사모하고 남편은 너를 다스릴 것이니라"로 표현되어 있어서, 마치 아내는 남편을 늘 그리워해야 하며 반면에 남편이 아내를 지배하는 것은 당연하다는 사상을 말하는 것처럼 보입니다. 그래서 혹 여인들이 남성들의 우월적 자세를 탓하는 듯한 말을 꺼내려는 시늉만 해도 남자들은 얼른 이 구절을 들추며 '하나님께서 그렇게 정해 놓으신 것'이라는 점을 상기시키려고 하는 것은 교회 안의 모임에서 가끔씩 볼 수 있는 장면입니다. 이런 상황을 고려할 때 이 하반절의 의미를 잘 밝혀 보는 일이 꼭 필요합니다. 그러나 여기서 이 구절에 대한 여러 가지 흥미로운 견해들[3]을 다루기보다는 본문의 문맥에 비추어 하반절을 살펴보고자 합니다. 이 구절의 직역은 이렇습니다. "그리고 네 남편에게 네 소원이 있다. 그러나 그가 너를 다스릴 것이다." 여기서 먼저 알아보아야 할 것은, 그녀가 자기 남편에게 어떤 '소원'을 갖고 있느냐 하는 점입니다. 물론 사람의 '소원'에는 이루 말할 수 없을 만큼 많은 종류가 있을 것입니다. 그러나 그렇다고 해서 우리가 그 많은 수의 '소원' 중에서 우리 각자의 상황과 맞는 어떤 하나를 택하여 이 구절에 대입시킨다면 이 구절의 해석은 우리의 수만큼이나 많아질 것입니다. 성경에 기록된 어떤 말씀도 이런 식으로 이해해서는 결코 안됩니다. 자주 말씀드렸지만, 낱말은 그것이 속한 문장과 더 나아가서는 그 문장이 속한 문단의 흐름에 맞춰서 이해되어야 하는 것입니다. 그렇지 않다면, 그 말씀의 의미와 의도를 알 수 없거나 왜곡시키게 되기 때문입니다.

　우선 우리가 명심해야 할 점은, 16절 말씀은 하나님께서 그 여자에게 가하신 심판의 말씀이라는 사실입니다. 따라서 심판의 성격에 해당되지 않는 것, 바꿔 말하자면, 인간과 피조물을 지으신 목적에 들어맞는 내용은 이 구절의 내용 속에 포함될 수가 없습니다. '남편을 사모한다는 것'은 그 자체가 선하며 아름다운 일입니다. 그러기에 이것은 심판의 내용으로 알맞지 않은 것입니다.[4] 위의 직역에서 보는 바대로 하반절의 앞 문장은, 그녀가 남편에 대해 소원을 갖고 있다는 사실을 지적합니다. 그리고 뒷 문장은, 남편이 그녀에게 대해 행하는 처사를 언급하고 있습니다. 그렇다면 논리상 이 두 문장에는 상응(相應) 관계가 있게 됩니다. 따라서 그녀의 '소원'과 남편의 '다스림'이라는 두 개념은 서로 무관하지 않고 오히려 연관성을 갖습니다. 여기서 연관성은 전자의 성격이 후자에서 구체화되는 것을 뜻합니다. 결국 하반절 전체의 의미는, 그녀가 남편을 다스리려고 소원하지만 그 결과는 오히려 그녀의 소원과는 정반대로 남편이 그녀를 다스리게 된다는 것입니다. 여기서 '다스리다'는 말은 창세기 1:28이나 2:15에 나오는 '다스리다'라는 표현의 의미와는 거리가 있습니다. 여기 '다스린다'는 말은 일반적으로 '지배하다'를 의미합니다. 이와 같은 소원은 타락 이전에는 그녀의 사고나 마음 속에 존재하고 있지 않던 것입니다. 이것은 타락의 결과로 생겨난 소원인 것입니다. '남편과 상응하는 돕는 자'로서의 자신의 위치를 벗어나, 남편을 자신 아래의 위치에 두는 새로운 수직 관계를 만들어 보려는 욕망이 생겨난 것입니다. '하나님과 같아지려는' 그녀의 욕망이 실패하자 이 욕망은 이제 남편을 향하여 그 물꼬를 트려 합니다. 그러자 하나님께서 이러한 욕망의 진로를 차단하실 뿐만 아니라 그런 욕망의 결과가 어떤 것인지를 알려 주십니다.

16절 하반절의 뒷 문장에 대해 좀더 생각해 보겠습니다. 어떤 분들은 "그러나 그가 너를 다스릴 것이다" 하는 문장을 '그래서 그가 너를 다스려야만 한다'는 식으로 이해합니다. 물론 문법상으로는 그런 식의 이해도 가능합니다. 그러나 후자(後者)와 같이 이해한다면 그것은 하나님께서 남편이 아내를 지배하도록 허락하셨다고 보는 것입니다. 즉 이것은 남편의 지배권에 당위성(當爲性)을 부여하는 것입니다. 그런 식의 이해는 다음의 두 가지 이유 때문에 본질적으로 성경적인 것이라 할 수 없습니다. 첫째, 16절이 속한 문맥의 흐름과 맞지 않기 때문입니다. 14절부터 19절까지는 하나님께서 저주와 심판을 말씀하신 부분인데 16절은 주범인 아담의 아내에게, 17-19절은 공범인 아담에게 심판을 말씀하신 것입니다. 만일 하반절의 뒷 문장이 하나님께서 남편의 지배를 허락하신 것을 말한다면, 이것은 주범자에게 형벌을 가하시려고 공범자에게 엄청난 특혜를 주시는 셈이 됩니다. 아담은 무고(無辜)한 자가 아닙니다. 그는, 비록 행위의 측면에서 보면 주범이 아니지만, 책임의 측면에서 본다면 그의 아내보다 더 중한 잘못을 범한 죄인인 것입니다. 그는 하나님으로부터 금지 명령을 직접 들은 장본인일 뿐만 아니라 하나님 앞에서 자신의 아내를 책임져야 할 위치에 있는 자이기 때문입니다. 둘째는, 하나님께서 남자와 여자를 지으신 목적과 맞지 않기 때문입니다. 창세기 2:18-25을 다룬 제4과(課)에서 설명한 바대로, 하나님께서는 남편과 아내(또는 남녀)가 서로 지배하도록 지으신 것이 아닙니다. 이들은 서로 돕는 존재입니다. 이들은 수평적 관계을 이루면서 '다스리는' 일을 함께 하는 존재입니다. 그러나 이 일에 있어서 책임자는 남편입니다. 아내는 남편과 상응하는 존재이지만 기능상 '돕는 자'이기 때문입니다. 따라서 남편은 책임자이지 지배자가 아닙니다. 그러나 이러한 수평 관계가 금이 간 것은 타락 때문입니다. 그렇다고 해서 하나님마저 자신의 원래 의도를 벗어나 남편을 지배자로 세우신 것은 아닙니다. 하나님께서는 깨어진 관계를 원래의 의도대로 회복시키시는 사역을 해나시는 것이지 깨어진 관계에 당위성을 부여하시는 분이 아닙니다.

　이제 16절 하반절 말씀의 의미를 정리해 보겠습니다. 타락 이후로 남편과 아내의 관계는 균형을 잃고 말았습니다. 이 사실이 이 구절에 반영되어 있는 것입니다. 아내는 남편의 지배자가 되려는 강한 욕망을 갖고 있습니다. 이것은 남편을 수직 관계의 아래쪽에 둠으로써 남편에게 하나님 같은 존재가 되려는 시도인 것입니다. 이러한 욕망은 좌절될 수밖에 없는데 그 이유는 하나님의 직접적인 개입 때문이 아니라 동일한 욕망이 남편 안에서도 강하게 작용하기 때문입니다. 그리고 아내의 지배 욕망은 오히려 남편의 지배를 불러오는 결과를 낳고 맙니다. 이처럼 남편과 아내의 조화와 균형의 관계는 타락으로 인하여 완전히 깨어지고 맙니다. 이전의 수평 관계가 수직 관계로 대치되었으며 이런 관계 속에서 남편과 아내는 상하(上下)의 위치를 반전시키려는 암투를 계속하는 상태에 이르게 된 것입니다. 따라서 이 구절은 남편과 아내 간에 서로 지배자가 되려는 싸움이 있게 되며 이 싸움에서 남편이 우위에 서게 될 것을 예고한 것입니다. 그리고 그녀에게 주어진 심판의 몫으로 '남편과의 깨어진 관계'와 '욕망의 좌절'이 할당된 것입니다.

　하나님께서 심판의 말씀을 공범자(共犯者)에게 가하십니다. 그분께서는 주범인 아담의 아내에게 말씀하신 내용(16절)보다 약 세 배나 많은 말씀(17-19절)을 아담에게 하십니다. 겉보기에는 아내가 주는 선악과를 받아 먹은 일(6절) 외에는 별 잘못이 없는 것 같지만, 하나님께서는 그렇게 생각하지 않습니다. 아담의 잘못은 그의 아내의 잘못보다 훨씬 심각한 것입니다. 하나님께서는 그녀의 경우와는 달리 아담에게 잘못이 무엇인지를 분명하게 지적해 주십니다. 그 이유로써 그분은 아담이 자기 아내에게 순종한 사실을 지적하십니다. 이것은 남편으로서 여자인 아내의 말을 들었다는 점을 탓하는 것이 아닙니다. 이것은 말한 자의 성별이나 신분을 거론하는 것이 아니라 그 말의 내용과 성격에 대해 언급하는 것입니다. 이어지는 하나님의 말씀이 하나님께서 무엇을 지적하시는 것인지 그 핵심을 알려 주고 있습니다. "내가 너더러 먹지 말라고 명령한 그 나무의 실과를 네가 먹었다." 여기서 대비되는 것은 '먹지 말라'는 하나님의 명령과 '먹으라'는 아내의 말입니다. 하나님의 지적은, 아담이 그 열매를 먹은 것은 아내에게 순종한 결과인데 이것은 부부간의 화목과 협력의 차원에서 생겨난 순종이 아니라는 점입니다. 아담은, 이 경우에 아내에게 순종함은 곧 하나님의 명령을 어기는 것인데도 그런 결정을 내렸던 것입니다. 그리고 이런 결정은 하나님보다 아내를 우선적인 위치에 둠으로써 그분을 배척하는 것이며 그분과 영원히 교제할 수 있는 에덴 동산의 삶을 포기하는 것을 의미합니다. 따라서 아담의 잘못은 그의 아내의 잘못보다 훨씬 심각한 것입니다. 아담의 아내는 그 뱀에게 속은 것이지만, 아담은 진위(眞僞)를 다 알고 있으면서도 아내의 잘못된 말을 듣고 따르기로 결정한 것입니다.[5] 이런 이유 때문에 하나님께서는 그에게 더 강력하게 책임을 추궁하시는 것입니다.

이제 하나님께서는, 17절 하반절부터 19절까지, 아담에게 주어질 심판을 땅과의 관계에 비추어서 말씀하십니다. 아담의 범죄의 결과는 아담 개인에게만 영향을 미치는 것이 아닙니다. 17절 말씀에 의하면, 그 영향은 장차 그의 삶의 터전이 될 땅에게까지 확대됩니다. 이것은, 하나님께서 그를 온 땅의 다스리는 자로 세우셨다는 것이 그와 땅 사이에 어떤 관계가 있는 것인지를 단적으로 보여 주는 사건입니다. 아담의 범죄는 땅에 대한 저주를 수

반하게 됩니다. 17절 하반절에서 하나님은 땅의 저주가 임하는 까닭이 아담 때문이라는 사실을 분명히 밝히십니다. 이어서 그분은 아담이 받을 형벌을 말씀하십니다. 이 말씀은 직역하면, "고통 중에 너는 그것을 먹어야 할 것이니라 너의 사는 모든 날들 동안"입니다. 이 문장에서 강조되고 있는 문구는 '고통 중에'입니다. 16절에서 여자에게 주어진 심판의 성격이 '고통'이었던 것처럼 아담에게도 동일한 성격의 심판이 주어짐을 알 수 있습니다. 이전에 아담은 자신의 먹을 것을 위해 고통스러운 일을 할 필요가 없었습니다. 아담은 하나님께서 마련해 준 삶의 터전인 에덴 동산에서 필요한 모든 것을 공급받을 수 있었기 때문입니다. 그러나 이젠 상황이 달라졌습니다. 식생활에는 고통이 수반됩니다. 게다가 이 고통은 일정 기간만 주어지는 것이 아니라 아담의 평생 동안 지속될 형벌인 것입니다. 위의 문장에서 '그것'이란 문법적으로는 땅을 가리키지만 내용상으로 볼 때 땅에서 나는 것을 의미합니다. 이처럼 이제 아담은 땅에서 먹을 양식을 구해야만 됩니다. 그리고 이러한 하나님의 말씀은, 아담이 더 이상 에덴 동산에서 자신의 먹을 것을 구할 수 없는 상황이 닥치게 되리라는 것을 시사하는 것입니다.

18-19절은 17절에서 말씀하신 저주의 내용을 보충 설명합니다. 18절 상반절은, 아담 때문에 땅에게 가해진 저주의 영향이 어떠한지 그 실례를 보여 줍니다. 땅은 이제 사람에게 좋은 소산만 산출하지 않습니다. 땅은 가시덤불과 엉겅퀴를 냅니다. 이것은 인간의 고통을 가중(加重)시키는 요소가 됩니다. 땅은 아담으로 인해 저주를 받고 또다시 그 저주의 영향을 아담에게 되돌려 줍니다. 이로써 저주의 악순환이 계속됩니다. 18절 하반절은 아담이 먹을 수 있는 것이 무엇인지를 말합니다. 여기서 "밭의 채소"

는 ‘들에서 나는 푸른 것’을 지칭하는 것입니다. 따라서 식물(食物)의 범위에 대해서는 타락 이전에 비해 어떤 제한이 주어지지는 않았습니다.[6] 19절에서 우리는 17절 말씀의 의미를 좀더 구체적으로 알 수 있게 됩니다. 17절에는 “수고하여야”(직역—고통 중에) 땅에서 나는 것들을 먹을 수 있을 것이라는 언급이 있는데 그 ‘수고’가 어느 정도여야 하는지를 19절이 말하고 있습니다. ‘얼굴에 땀을 흘려야’ 인간은 땅에서 자신의 일의 대가를 얻을 수 있게 되었습니다. 그리고 이 고통이 수반되는 일은 “종신토록”(직역— 너의 사는 모든 날들 동안) 계속될 것이라고 17절이 말합니다. 그러나 19절은 이 문구를 약간 다르게 표현함으로써 새로운 사실을 알려 줍니다. 19절의 “필경은 흙으로 돌아가리니”라는 표현은 “네가 그 땅으로 돌아갈 때까지”(직역)라는 의미입니다. 물론 이 표현은 ‘죽을 때까지’라는 뜻이면서 동시에 죽음의 양태(樣態)가 어떠할는지를 알려 주는 것입니다. 아담은 다시 ‘그 땅’으로 돌아가야 하는 것입니다. 여기서 ‘그 땅’이란 아담 자신의 육체를 이루고 있는 원소들의 출처를 가리킵니다. 그리고 아담이 그 땅으로 되돌아가야 하는 이유는 “그 속에서 네가 취함을 입었음이라”는 말씀에서 드러납니다. 여기까지가 19절 상반절입니다. 19절 하반절은 상반절의 마지막 문구를 좀더 자세히 설명하고 있는 문장입니다. “너는 티끌이기 때문이다. 그래서 티끌로 너는 돌아가야 할 것이다.”(직역)

　　여기서 잠깐 “정녕 죽으리라”(창 2 : 17)는 말씀의 의미를 언급해야겠습니다. 이미 앞에서 말씀드린 바대로, 아담과 그의 아내가 금지된 열매를 먹었으나 죽지 않았습니다. 그리고 여기 아담에게 하신 말씀 가운데서 인간의 육체적 죽음이 언급되고 있습니다. 그렇다면 “정녕 죽으리라”는 말씀은 ‘먹자마자 즉시’ 죽는 것을 뜻하는 것이 아니라 '일정 기간을 더 살다가 결국' 죽는 것을 의미합니다. 그러나 그 말씀은 단순히 육체적 죽음만을 의미하진 않습니다. 그 열매를 따먹은 대가로 인간에게 '고통'의 형벌이 평생 동안 주어진 것이므로 이 형벌 역시 "정녕 죽으리라"는 말씀의 의미 안에 포함되어야 합니다. 다시 말하자면, 하나님께서 창세기 2 : 17에서는 그 열매를 따먹을 경우 일어날 결과를 "정녕 죽으리라"는 말씀 하나로 압축하여 표현하신 반면에, 그 일이 발생한 후에는 육체적 죽음뿐만 아니라 여러 가지 심판의 내용을 아담과 그의 아내에게 말씀하십니다. 이것은, 말씀하신 모든 형벌의 내용이 "정녕 죽으리라"는 말씀의 원래 의미에 포함되어 있거나, 아니라면 하나님께서 의도하시지 않았던 다른 형벌들을 덧붙였기 때문입니다. 만일 후자의 경우가 맞다면 하나님께서는 자신의 약속을 지키지 않고 다른 벌을 더 가하시는 분이 되므로 그분의 신실하심과 긍휼하심이라는 성품에 손상을 입게 됩니다. 따라서 우리는 이런 식의 해석이나 이해를 받아들일 수 없습니다. 그렇다면 우리는, 선악과를 따먹은 후에 하나님께서 인간에게 말씀하신 심판의 내용이 모두 "정녕 죽으리라"는 말씀의 의미에 포함된 것이라고 이해해야 마땅합니다. 이것은 마치 여러 차례 접어 주머니 안에 넣은 보자기의 크기는 손바닥만하지만 펼쳐 놓으면 여러 가지 물건들을 다 담을 수 있을 만큼 그 크기가 커지는 것과 마찬가지라고 할 수 있겠습니다.

20절에는 아담이 자기 아내의 이름을 지어 준 일이 언급되어 있습니다. 그러나 이 구절은 하나의 단순한 사건 보도가 아닙니다. 이것은, 14절부터 19절까지에 나타난 하나님의 심판의 말씀에 대한 아담의 이해(理解)를 반영하고 있는 구절입니다. 이 구절의 직역은, "그리고 그 사람은 그의 아내의 이름을 '하와'(생명)라고 불렀다. 왜냐하면 그녀가 모든 생명의 어머니이었기 때문이다"입니다. 이처럼 하반절에서 기록자는, 아담이 자기 아내의 이름을 '하와'(이것은 히브리 발음이고 그 의미는 '생명'임)라고 지은 이유를 알려 줍니다. 창세기 2 : 19와 2 : 23을 설명하면서 말씀드린 바대로, 이름을 짓는다는 것은 '본질 파악'의 행위이므로 이름에는 파악된 본질이나 특성이 담겨집니다. 이미 아담은 자기 아내에게 '여자'라는 이름을 붙여 주었습니다. 그러나 그 이름은 그녀의 출처를 의미하는 것이며 '남자'라는 명칭과 대조를 이루는 총칭(總稱)입니다. 그러나 이번에 아담은 자기 아내에게 새로운 이름을 지어줍니다. 이처럼 새 이름을 지어 주게 된 까닭은, "그녀가 모든 생명의 어머니"라는 사실을 새롭게 파악했기 때문입니다. 아담은 금지된 열매를 따먹으면 어떤 결과에 이르는지 잘 알고 있었습니다. 하나님께서 아담에게 분명히 "먹으면 정녕 죽으리라"고 말씀하셨기 때문입니다. 아담은 하나님께서 그 뱀과 자기 아내와 자신에게 저주와 심판의 말씀을 하시는 현장에 계속 있으면서 그분의 말씀을 다 듣고난 결과, 매우 놀라운 사실을 파악했습니다. 이 사실은 전혀 예상치 못한 것이었습니다. 그는 이제 자신과 자기 아내는 죽음이라는 결과를 받아들여야 하며 '생육하고 번성하라'는 하나님의 말씀은 자신들에게서 끝나리라고 생각했을 것입니다. 만일 아담이 그렇게 생각하지 않았다면 '그녀가 모든 생명의 어머니'라는 사실 때문에 그녀에게 새삼스럽게 새 이름을 줄 필요가 없는 것입니다. 아담이 자기들 세대에서 모든 것이 다 끝나 버릴 것이라고 생각했으니까 이러한 생각을 깨뜨리는 획기적인 말씀을 대할 때 그것은 아내에게 새 이름을 지어 줄 만큼 놀랍고 획기적인 일이 되는 것입니다. 하나님의 말씀 안에는 아담의 절망과 체념을 깨는 내용이 담겨 있었습니다. 비록 하나님께서 그런 내용을 담은 말씀을 아담 자신에게 직접 하신 것은 아니지만 아담은 그런 내용을 그 현장에서 직접 들을 수 있었습니다. 그것은 하나님께서 그 뱀에게 하신 15절 말씀입니다. 그 가운데서 무엇보다도 "그녀의 씨"라는 용어에서 아담은 자신의 생각이 깨짐을 경험했을 것입니다. 하나님께서는 그녀와 아담을 통해서 후손을 주시며 회복의 사역을 계속하시겠다는 것입니다. 이것이야말로 죽음에서 생명을 새로 얻은 것이며 따라서 이제 살아야 할 소망과 기대가 생겨난 것입니다. 더군다나 아담은 자신의 아내가 타락 사건의 주범이기 때문에 하나님의 구원 사역에서 제외되는 것이 아니라 오히려 그 사역의 대상이 될 뿐만 아니라 그녀를 통해 나올 후손 역시 그 대상이 된다는 사실을 알게 된 것입니다. 그러므로 아담의 아내는 앞으로 있을 모든 인간의 어머니인 것입니다. 이와 같은 의미를 파악한 아담은 자기 아내를 새로운 시각에서, 즉 범행의 주범이 아니라 앞으로 있을 모든 인류의 시조(始祖)로서 이해하게 되었습니다. 아담이 보기에 그의 아내의 본질은 변화되었고, 이렇게 변화된 본질에 대한 이해에 근거하여 아담은 아내의 이름을 '하와'라고 부르게 된 것입니다.

20절에서 아담의 이해와 그 이해에 따른 행동을 언급한 후, 본문은 다시 하나님에게로 초점을 맞춥니다. 21절은 하나님께서 아담과 그의 아내를 위해서 하신 일을 묘사하고 있습니다. 그것은 그들에게 새로운 의복을 만들어 주신 일입니다. 이 구절의 직역은, "여호와 하나님께서 아담과 그의 아내를 위해 가죽옷을 만드셨다. 그리고 그들에게 입히셨다"입니다. 하나님께서 하신 행동을 두 가지로 표현하고 있습니다. 하나는 '만드셨다'이고 다른 하나는 '입히셨다' 입니다. 아담과 그의 아내가 어른들임에도 불구하고 하나님께서 친히 옷을 만드셔서 마치 아이에게 옷을 입히듯 그들에게 옷을 입히셨다고 표현되어 있는 점은 특히 눈여겨 볼 만한 것입니다. 그렇다면 이 두 낱말을 통해 이 구절에서 강조하려는 개념은, 그들에 대한 하나님의 지극한 사랑입니다. 어떤 분들은 이 구절에서 가죽옷을 필요 이상으로 강조합니다. 그들은 말하기를, 하나님께서 가죽옷을 만드시려면 짐승을 잡았을 것이라고 합니다. 옳은 말씀입니다. 그러나 이 본문에서는 가죽옷을 만드시려고 수고한 과정이나 잡힌 짐승 등에 관해서는 전혀 말하고 있지 않습니다. 또 어떤 분들은 한걸음 더 나아가, 하나님께서 잡은 짐승의 가죽은 옷감으로 사용하셨겠지만 단순히 옷만 만들기 위해서 짐승을 잡는다는 것은 아무래도 지나친 처사라고 말합니다. 그래서 그들은 하나님께서 짐승을 잡으면서 아담과 그의 아내에게 제사법을 가르쳤을 것이라고 주장합니다. 하나님께서 그들의 주장대로 그러셨을 수도 있고 아닐 수도 있습니다. 가능성은 반반입니다. 이처럼 가능성이 반밖에 안되는 이론은 논리의 근거로 사용할 수 없는 것입니다. 본문이 전혀 언급하지 않거나 그 문맥이 시사(示唆)하지 않는 것은, 우리 자신의 논리를 위해 고려해 볼 수는 있지만, 기록자가 전달하고자 하는 내용으로 간주해서는 안됩니다. 만일 그렇게 한다면 본문의 의미가 기록자의 글에 의해 결정되는 것이 아니라 해석하는 자가 원하는 방향에 의해 결정될 수밖에 없기 때문입니다. 따라서 본문이 전혀 언급하지 않거나 그 문맥이 시사하지 않은 내용에 근거를 두고 어떤 주장을 편다면 그것은 잘해야 '경건한 허구'(a pious fiction)에 지나지 않을 것입니다.

　그렇다면 아담과 그의 아내를 위해 베푸신 하나님의 이런 사랑은, 에덴 동산에서 쫓겨날 그들에게 어떤 의미가 있는 것일까? 하나님께서는 15절에서, 그 뱀과 그녀 사이에 적의를 둠으로써 하나님 자신과의 관계를 회복시키시겠다는 의지에 찬 약속을 선포하셨습니다. 이 약속의 수혜 대상에는 아담과 그의 아내가 포함됩니다. 정확히 말하자면 하나님의 약속은 아담과 그의 아내에게서부터 시행되기 시작하는 것입니다. 그러면 과연 이 약속은 어떻게 표현되는 것인가? 바꿔 말하자면, 아담과 하와는 하나님께서 자기들과의 관계를 회복하셨음을 어떻게 알 수 있는가? 성경 본문에 의하면, 하나님께서 그 약속의 말씀을 선포하신 이후로 그들에게 한 마디의 말씀도 하신 적이 없습니다. 이 구절을 제외한다면 우리는 하나님께서 그들에게 행한 어떠한 행동도 찾을 수 없습니다. 오직 이 구절만이 15절의 약속 이후로 하나님께서 아담과 그의 아내에게 보이신 행동, 그것도 지극한 사랑의 표현을 말해 주고 있습니다. 하나님께서는 심판의 말씀을 끝마치기가 무섭게 그들에게 사랑을 베푸십니다. 이로써 하나님께서는 자신이 약속하신 관계의 회복이 그들에게 이루어졌음을 그들이 알도록 표현하신 것입니다. 그리고 이것은 또한 그들의 후손에게도 대대로 그 약속이 이루어질 것임을 보증하는 표시이기도 합니다. 이는 벼[禾]의 첫 이삭이 나오면 그것은 다음 이삭들이 나올 것을 보증하는 표시가 되는 것과 마찬가지입니다.

22-24절은 마침내 첫 사람들이 에덴 동산 밖으로 추방당하는 슬픈 장면을 묘사하고 있습니다. 22절은 하나님께서 그들을 내쫓으시면서 하신 말씀입니다. 이 말씀은 하나님께서 첫 사람들을 에덴에서 내쫓아내셔야 하는 이유를 언급하고 있는데, 그 이유는 그들이 저지른 일의 심각한 결과 때문인 것입니다. 전반절은 그들이 이미 얻게 된 결과를 언급한 것이고, 후반절은 그들의 타락한 성품으로 인해 생겨날 결과를 예측한 것입니다. 그런데 22절에서 우리가 생각해 보아야 할 문제는, 이러한 하나님의 말씀이 사실적인 표현인가 하는 점입니다. 우리가 알고 믿는 바대로, 하

나님께서는 거짓된 것을 말씀하시거나 행하시지 않습니다. 그분은 참된 것만을 말씀하시며 행하십니다. 그러나 그분께서 참되시다는 것과 의사 표현의 방법이 사실적이라는 것은 별도의 문제입니다. 하나님은 인격적인 분이시므로 자신의 감정과 의사를 정확히 전달하시기 위해 다양한 표현 방법을 사용하실 수 있는 것입니다. 어쨌든 22절 상반절의 말씀이 사실적인 표현이라면 우리는 심각한 문제에 부딪히게 됩니다. 그렇다면 이 구절을 어떻게 이해해야 하는지 그리고 심각한 문제가 어떤 것인지를 살펴보아야 하겠습니다. 먼저 직역을 하겠습니다. "그리고 여호와 하나님께서 말씀하셨다 '보라! 그 사람이 선과 악을 아는 것에 대하여 우리 중 하나 같아졌다. 그러니 이제, 그가 그의 손을 뻗쳐서 또한 생명나무로부터 (열매를) 따서 먹고 영원히 살지 못하도록(해야겠다)'." 여기서 만일 우리가 상반절의 내용을 사실 그대로 이해한다면, 하나님께서는 그 뱀의 말대로 사람이 하나님 같아졌다는 것을 인정한 셈이 됩니다. 그렇다면 그 뱀의 말(창 3 : 5)이 사실임이 입증된 것입니다. 그리고 하나님은 인간이 하나님과 같아지는 것을 막으려고 거짓말을 꾸며낸 고약한 분으로 전락되고 맙니다. 다시 말하면, 결국 하나님은 순진한 인간을 속여서 영원히 자신의 수하에 두려고 하셨으나 그 뱀이 이 은밀한 계획을 인간에게 폭로시킴으로써 하나님의 계획은 수포로 돌아가게 된 것입니다. 그러자 하나님은 인간에게 대한 자신의 태도를 돌연히 바꾸셔서 전에는 허락하였던 생명나무의 열매를 따먹지 못하게 할 뿐만 아니라 에덴 동산에서 내쫓아내시는 치졸하고 악독한 신의 본성을 드러내게 된 셈입니다. 그뿐만 아니라 이미 그 뱀에게 가한 저주도 실상은 하나님의 계획을 폭로시킨 데 대한 괘씸죄를 적용시킨 것이며 인간에게 가한 형벌도 하나님의 본색을 알아차린 데 대한 보복인 것입니다. 그리고 창세기 3 : 15에서 말씀하신 구원의 약속은 도저히 믿을 수 없는 것이 되고 맙니다. 따라서 우리는 22절의 상반절 말씀을 사실적인 표현으로 이해해서는 안될 것입니다.

　　이제 하나님의 위엄과 명예와 진실성을 조금도 손상시키지 않을 만한 관점에서 22절의 말씀을 생각해 봅시다. 하나님께서는 사람이 '선과 악을 아는 일에 하나님같이 되었다'고 말씀합니다. 그런데 창세기 3장 본문 그 어느 곳에서도, 사람이 이전에는 선악을 알지 못한 상태에 있었으나 그 열매를 먹은 후에 비로소 선악을 아는 능력을 갖게 되었다거나 선악을 아는 능력이 커졌다는 사실을 언급하거나 시사하지 않습니다. 그 열매를 먹은 후에 일어난 변화에 대해 본문이 묘사하고 있는 것은 단지 '그들이 자기들의 벌거벗음을 알았다'(창 3 : 7)는 사실 하나뿐입니다. 그렇다면 하나님께서 그렇게 말씀하신 것은, 그 뱀의 말을 듣고 하나님을 저버린 결과가 얼마나 비참한 것인지를 드러내는 반어적(反語的)인 표현입니다. 바꿔 말하면, 그 뱀의 말을 인용하여 말씀하심으로써 그 뱀의 말이 거짓된 것임을 부각시키기 위한, 이른바 비꼬는 표현인 것입니다.[7] 예를 들어 보겠습니다. 갑(甲)과 을(乙)은 같은 반 학생입니다. 이 둘은 친한 친구인듯 보이면서도 실상은 여러 면에서 경쟁 관계에 있습니다. 이 두 학생은 학급 대항 축구 시합에 나갈 선수들입니다. 선수들마다 승리를 자신합니다. 이번 예선의 상대 학급은 다소 약한 팀이었기 때문입니다. 그런데 갑은 자기가 이번에는 틀림없이 두 골(goal)을 넣어 확실하게 이길 자신이 있다고 장담합니다. 을은 수비선수라 할 말이 없습니다. 그러나 갑에 대해서 '어디 네가 두 골을 넣나 두고 보자'하는 마음이 있을 뿐입니다. 축구 시합 결과는 예상외로 갑의 학급이 지고 말았습니다. 그러자 을이 다른 학우들에게 이렇게 말합니다. "애들아! 오늘 갑이 두 골씩이나 넣어서 우리가 이겼어." 사실상 갑은 한 골도 넣지 못했습니다. 그러나 을은 갑이 두 골을 넣었다고 말했습니다. 이것은 갑의 말을 인용하여 시합의 결과가 어떻게 되었는지를 부각시키기 위한 반어적 표현입니다. 즉, 갑의 말을 가지고 효과적으로 갑을 비꼰 것입니다.

　사실상 사람은 하나님같이 되기는 커녕 자신의 벌거벗음을 알게 된 비참한 결과에 이르렀습니다. 그러나 하나님께서는 그렇게 되었다고 말씀하십니다. 따라서 이것은, 하나님께서 거짓말을 하신 것이 아니라 그 뱀의 말을 인용하여 반어적으로 그 결과를 표현하신 것입니다. 이처럼 22절 상반절은 하나님께서 그들이 이미 얻게 된 결과를 비꼬아 언급한 것입니다.

　후반절은 하나님께서 사람의 타락한 성품이 어떻게 작동할지 알고 계시므로 그것에 대한 대책을 마련하시는 장면을 보여 줍니다. 위의 직역에서 보는 바대로, 후반절은 "그러니 이제 ……하지 못하도록 (해야겠다)"는 문장입니다. 인간은 이제 에덴 동산에서 영원히 살 수 없게 되었습니다. 이것은 그들이 하나님을 저버린 결과입니다. 이 결과는 그들의 성품에도 영향을 미쳤습니다. 그래서 그들은 자신들의 힘으로 영원히 살 수 있는 방법을 찾아보려고 합니다. 그들은 영원히 살 수 있는 것이 하나님 자신에게 달려 있다는 사실을 망각한 채, 한낱 나무에 불과한 생명나무에서 열매를 따먹으므로 영원히 살아 보려는 헛된 꿈을 갖게 되었습니다. 그러나 선악의 지식 나무의 열매를 따먹음으로써 하나님을 저버린 사람들에게 생명나무는 무의미한 것입니다. 그런데도 그들은 그 생명나무의 열매를 손에 넣으려는 헛된 계획을 시도할 것입니다. 이와같은 헛된 시도는 타락한 성품에서 비롯되는 것입니다. 이런 사실을 아시는 하나님께서 그들로 하여금 아예 생명나무로 접근할 수 없도록 대책을 마련하십니다.

후반절 말씀에 대해서는 자칫하면 다음 두 가지 오해가 생길 수 있으므로 이 점에 대해 설명합니다. 첫째는, 하나님께서는 사람이 영생하는 것을 원하지 않으신다는 오해입니다. 후반절에서 하나님은, "……영원히 살지 못하도록 해야겠다"고 말씀하시기 때문입니다. 하나님께서는 인간과 더불어 영원히 함께 살기를 원하셨습니다. 그래서 그들을 에덴 동산에서 살게 하시고 죽지 않는 방법도 가르쳐 주셨습니다. 그러나 그들은 하나님과 함께 영원히 살기를 거절했습니다. 죽는 길을 택했습니다. 그럼에도 불구하고 하나님께서는 그들에게 다시 영원히 살 수 있는 길을 제시합니다. 그 길은 하나님의 구원 약속을 믿는 믿음입니다. 이처럼 인간이 영원히 살 수 있는 길은 타락 이전이나 이후에도 언제나 하나님께 달려 있는 것입니다. 사람은 결코 자신의 능력이나 노력으로써 영원히 살 수 없습니다. 영생이라는 것은 하나님으로부터 주어지는 것입니다. 그런데 인간은 하나님께서 제공한 길을 통하지 않고 자신의 기지(奇智)를 발휘하여 영생을 손에 넣으려 합니다. 따라서 위의 말씀은, 인간이 스스로의 노력으로 영생을 얻으려는 헛된 수고를 하지 못하도록 하겠다는 의미로 이해해야 합니다. 둘째는, 생명나무의 열매를 따먹으면 영생할 수 있을 것이라는 오해입니다. 후반절에서 하나님은, "……따서 먹고 영원히 살지 못하도록 해야겠다"고 말씀하시기 때문입니다. 한글 개역 성경에서는 "……따먹고 영생할까 하노라"로 표현되어 있어서 하나님께서 우려하시는 듯한 느낌을 줍니다. 그러나 이 말씀은 하나님께서 사람이 생명나무의 열매를 따먹으면 영원히 살 수 있게 될까봐 우려한 말씀이 아닙니다. 앞 과에서 말씀드린 바대로, 생명나무는 특별한 효능이나 마술적인 힘을 가진 나무가 아니라 에덴 동산의 성격을 상징하는 나무일 뿐입니다. 설사 그들이 그 열매를 따먹었다고 해도 그들은 영생할 수 없는 것입니다.

영생은 하나님의 주권에 달린 것입니다. 그런데도 그들은 타락 이후에는 마치 그 나무에서 영생할 수 있는 능력을 얻을 수 있다고 믿는 그릇된 사고를 갖게 되었습니다. 그들은 타락함으로 하나님과 멀어져서 적어도 영생의 근원에 관한 한 하나님에 대해 올바른 인식을 가질 수 없게 된 것입니다. 따라서 위의 말씀은 하나님께서 그들의 그러한 인식을 그대로 반영하여 그들 식으로 표현하신 것입니다. 그리고 이런 표현을 보고 우리는 타락이 사람에게 끼친 영향이 하나님에 대한 인식까지 그릇되게 바꾸어 놓을 만큼 지대한 것임을 알 수 있습니다. 간추리자면 하반절의 말씀은, 단순히 생명나무의 열매를 못 따먹게 하기 위한 방어 계획이 아니라, 인간의 헛된 수고를 막고 그들을 영생에 이르는 진정한 길로 속히 이끌기 위한 하나님의 은혜로운 배려인 것입니다. 즉, 이것은 인간의 구원을 위한 정지(整地)작업입니다. 그러므로 22절 상반절과 하반절 말씀을 풀어서 표현하면, '사람이 이제는 죽을 수밖에 없는 비참한 결과에 이르렀으니 그들은 영원히 살 길을 찾으려고 헛된 노력을 시도할 것이다. 그러니 나(하나님)는 그들의 헛된 시도를 막아야겠다'는 것입니다.

영원한 삶 대신 죽음을 그리고 하나님 대신 그 뱀을 선택한 인간은 이제 더 이상 에덴 동산에서 살기에 적합한 존재가 아닙니다. 따라서 그들은 하나님의 동산인 그곳에 있어서는 안되는 것입니다. 23절을 보면, 하나님께서 그들을 그 동산에서 내보내십니다. 그러나 그들은 무작정 추방되는 것은 아닙니다. 비록 그들이 그 동산 밖에 나가 살더라도 그들은 여전히 하나님의 관심과 돌보심의 대상인 것입니다. 하나님께서는 이미 그들을 위한 구원계획을 마련해 놓으시고 그 계획을 그들에게 알려 주시고 그들을 내보내시는 것입니다. 그들은 에덴 동산 밖에서, 하나님의 구원 약속의 성취를 바라보며 살아야 합니다. 그러나 이러한 믿음의 삶은 그저 무위도식(無爲徒食)하는 생활이 아닙니다. 그들에게는 할 일이 주어졌습니다. 땅을 경작하는 일이 주어졌습니다. '그의 근본된 토지'는 '사람이 취해진 출처로서 땅'을 의미하는 표현입니다. 창세기 3 : 17-19에서 알 수 있는 바대로 이제 인간은 땅에서 수고하며 살아야 하는 것입니다. 그리고 평생 수고하던 그 땅으로 되돌아가야 하는 것입니다. 육체를 입고 영원히 사는 것은 에덴 밖에서는 불가능하게 되었습니다. 이것이야말로 에덴 동산에서의 삶과 동산 밖의 삶의 대조적인 차이 중 하나입니다.

24절은 22-23절의 내용을 보완해 줍니다. 우선 24절 상반절은, 하나님께서 사람을 에덴 동산 밖으로 내보내신 일의 성격을 알려 줍니다. 하나님께서 사람을 에덴 동산에서 보내심은 단순히 새로운 삶터로 이주(移住)시킨 것이 아니라 '내쫓음'인 것입니다. 이 일은 하나님의 심판으로서 가해진 일입니다. 그들은 에덴 동산에서 추방된 것입니다. 이어서 하반절은, 인간이 자기 마음대로 에덴 동산에 돌아올 수 없도록 하는 조치가 취해졌음을 알려 줍니다. 이처럼 인간은 다시는 그곳으로 되돌아갈 수 없는 영구적인 추방을 당한 것입니다. 사람은 죽을 때까지 에덴 동산 밖에서 살아야만 하는 것입니다. 이것은 하나님의 공의로운 심판입니다. 하나님께서는 인간이 에덴 동산에 접근할 수 없도록 에덴 동산의 동편에 그룹들과 화염검을 배치해 놓으셨습니다. 인간이 에덴에 접근할 가능성이 있었기에 이런 조치가 필요한 것입니다. 그러나 인간이 에덴 동산에 접근하려는 것은 오로지 이기적인 목적을 위해서 입니다. 타락한 인간의 관심은 오로지 자신의 생명을 영구화시키려는 것뿐입니다. 에덴 동산에서 하나님과 함께 살던 복된 삶을 회복하려는 일에는 관심이 없습니다. 그러기에 하반절(직역은 "……생명나무의 길을 지키기 위하여……을 거하게 하셨다"입니다)에서는 그룹들과 화염검을 배치한 목적을 표현하면서 '에덴 동산의 길'이라는 용어를 사용하지 않고 그 대신에 '생명나무의 길'이라는 용어를 사용합니다. 에덴 동산 중앙에 있는 생명나무로 가려면 에덴 동산의 경내(境內)에 들어와 동산을 가로질러 중앙에 도달해야 하는 것이므로 '생명나무의 길을 지키게 하였다'는 표현은 단지 생명나무 주위만이 아니라 에덴 동산으로의 접근 그 자체를 막은 것입니다. 타락한 인간은 자기 노력으로 영생을 획득하려고 생명나무의 열매를 따려는 헛수고를 계속하게 마련입니다. 그래서 그들이 접근할 수 있는 길을 막을 보초로서 그룹들과 화염검을 배치한 것입니다. 그리고 이것들은 에덴 동산의 동편에 배치되었는데 '동편'인 까닭은, 그들이 내쫓긴 이후의 거처가 에덴 동산의 동편에 있었기 때문이라 생각됩니다. 여기서 '그룹들'은 하나님께 수종드는 천사들의 한 부류를 의미하는 것이며 이것은 사람 이외의 어떤 존재를 직접 언급한 최초의 표현입니다. '두루 도는 화염검'이란 불을 내뿜는 검(劍)이 아니라 검 모양의 형태를 가진 화염(火焰)으로서 어느 방향으로든지 돌 수 있는 불길을 의미하는 것입니다. 이처럼 24절은, 영적인 피조물과 막강한 불길이 보초로 배치된 사실을 통하여 인간의 접근이나 침입은 도저히 불가능한 것이며 이로써 인간이 다시 에덴 동산의 삶을 회복하는 것은 오직 하나님의 손에 달려 있다는 것을 시사해 줍니다.

　창세기 3장 본문의 내용은, 인간의 범죄 때문에 하나님의 구원이 필요하게 되었고 이 구원은 어떤 특성을 갖는 것인지를 말하고 있는 것입니다. 그렇다면 이러한 내용을 통해 드러내려는 중심 사상은 한마디로, '하나님께서 홀로 구원을 이루어가실 것이다'라고 표현될 수 있겠습니다.

P 성경이 제시하는 역사는 창조 때부터 종말 때까지 진행되어 가는 역사입니다. 그러나 이 역사는 저홀로 진행되는 것이 아니고 어떤 자연적 원리에 의해서 움직여지는 것도 아닙니다. 이 역사는 하나님께서 주관하시는 역사이며 그분께서 움직여나가시는 역사인 것입니다. 그리고 이 역사의 성격은 자연히 하나님의 사역의 성격에 의해 결정되는 것입니다. 하나님께서 창조 이후, 엄밀히 말해서 인간의 타락 이후 종말 때까지 역사를 움직여나가시려는 것은 인간을 포함한 모든 만물의 구원을 위해서 입니다. 따라서 이 역사는 구원 역사인 것입니다.

[그림 4] 구원 역사의 구조와 그 성격

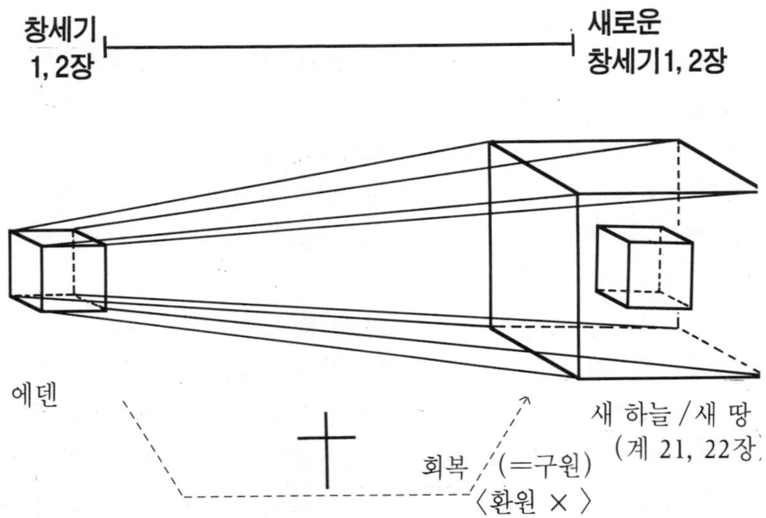

위의 그림에서 보는 바와 같이, 성경에 기록된 이 구원역사는 창
조에서 새로운 창조로 움직여 나가는 것입니다. 바꿔 말하자면,
이 역사는 창세기 1~2장에서 시작하여 새로운 창세기 1~2장
(요한계시록 21~22장)으로 끝이 나는 역사인 것입니다. 성경에
기록된 구원역사가 이런 구조를 갖는 까닭은, 하나님께서 세상을
창조할 때 의도하신 목적 때문입니다. 그러나 이 창조의 목적은
인간의 타락으로 인하여 에덴 동산에서 온전히 이루어질 수가 없
었습니다. 그래서 하나님께서는 이 목적을 원래 의도하신 대로
회복시키려 하십니다. 이것을 가리켜 우리는 '구원'이라고 말하
는 것입니다. 그러나 하나님의 구원은 단지 인간만을 포함하는
구령(救靈)사역의 수준에서 그치는 것이 아닙니다. 이 구원은 창
조 목적의 회복이므로 하나님께서 지으신 모든 피조물을 그 대상
으로 하는 전(全)우주적인 구원입니다. 그러기에 최종적으로 구
원받은 세상을 가리켜 '새 하늘과 새 땅'이라고 일컫는 것입니다.
그리고 이 구원은 단순히 에덴 동산에서 드러난 복된 삶이 그대
로 재현되는 일종의 환원(還元)이 아닙니다. 에덴 동산에서 드러
난 복된 삶은 겨우 씨앗에 해당하는 정도의 삶이었습니다. 하나
님께서 원래 의도하신 복은 씨앗이 점점 자라서 큰 나무가 되는
것과 같은 성격의 것이었습니다. 따라서 장차 새 하늘과 새 땅에
서 하나님의 모든 백성이 누리게 될 복은 에덴 동산에서 누리던
것과는 그 원리적인 면에서는 동일하지만 그 정도나 분량에 있
어서는 비교될 수 없으리 만큼 크고 영광스러운 것입니다.

A 창세기 3장 본문은 '하나님께서 홀로 구원을 이루어 가실 것
이다' 하는 사실을 중심 사상으로 제시하고 있습니다. 일차 독자
들이 이 본문을 대하고 나면, 하나님께서 자신들의 조상인 아브
라함과 이삭과 야곱을 택하시고 수많은 민족들 중에서 이스라엘

민족을 택하여서 하나님의 백성으로 삼으신 이유를 가늠할 수 있었을 것입니다. 그 이유는 하나님께서 그들을 "그녀의 후손"으로 삼으셨기 때문입니다. 어째서 그들이 "뱀의 후손"이 아니라 "그녀의 후손"으로 삼으셨는가? 그것은 전적으로 하나님 자신의 기쁘신 뜻에 따라 베푸신 은혜에서 비롯된 것입니다. 사람 편에서 볼 때 하나님의 구원하시는 은혜를 받을 만한 아무런 자격이나 가치나 공로가 없음에도 불구하고, 하나님께서 홀로 그런 구원을 베푸신 것입니다(참고. 신 7:6-8). 창세기 3장에 제시된 이 은혜의 원리는, 세상의 종말에 이를 때까지 끊이지 않고 흘러가는 생수의 강물입니다. 그래서 우리 그리스도인들 역시 그분만이 주실 수 있는 이 구원의 생수를 마실 수 있게 된 것입니다. 우리는 이 생수의 값을 지불하지 않았습니다. 엄밀히 말해서 우리에게는 그 값을 지불할 능력이 없습니다. 다만 그분이 구원자이시라는 믿음으로 만든, 빈 그릇만을 들고 그분 앞에 나아가 그분이 주시는 생수를 넘치도록 풍족하게 받아 마실 뿐입니다.

　우리는 종종 '구원을 이루시는 분이 하나님이시라'는 사실을 잊고 삽니다. 그분은 이미 죄인들의 구원을 위해 필요한 모든 사역을 그리스도를 통하여 성취하셨습니다. 따라서 사람이 자신의 구원을 위해 해야 될 일이라고는 전혀 없는 것입니다. 비단 우리뿐만 아니라 이스라엘 백성도 자신들의 구원을 위해 해야 할 일이라고는 아무 것도 없었습니다. 단지 구원을 이루어가시는 하나님 그분의 말씀대로 움직이면 될 뿐이었습니다. 그런데도 우리는 하나님께서 이미 이루신 구원에 무엇인가를 보태 보려고 합니다. 어떤 이들은 성경을 열심히 봅니다. 또 어떤 이들은 기도를 열심히 합니다. 또 어떤 이들은 선행을 많이 합니다. 심지어 어떤 이들은 헌금을 많이 합니다. 그러나 분명히 알아야 할 사실은, 우리가 행하는 이런 일들로 하나님의 구원을 사거나 획득할 수 없다는 것입니다. 우리가 진정 우리의 구원이 하나님에게서 오는 것이라는 사실을 믿는다면, 우리 스스로 무엇인가 해서 그 구원의 값을 조금이라도 지불해 보려고 애쓰지 말아야 합니다. 이 구원은 외상으로 주어진 것이 아닙니다. 뿐만 아니라 이 구원은 월부금(月賦金)을 제대로 붓지 못하면 도로 되찾아가는 물건처럼 가지급(假支給)된 것이 아닙니다. 이 구원은 하나님께서 우리에게 완전히 주신 것이므로 결단코 취소되지 않는 것입니다. 그리고 구원받은 자에게는 그 구원에 약속된 모든 근본적인 복이 주어지는 것입니다. 이것이 하나님께서 홀로 이루시는 구원의 특성인 것입니다. 이런 독특한 구원을 주시는 하나님을 든든히 신뢰하지 못할 때 우리는 자신의 구원에 대해 회의를 갖거나 불안해 하게 됩니다.

우리의 구원을 하나님께서 홀로 다 이루신다면, 우리는 정말 아무 것도 하지 않고 가만히 있어도 되는가? **구원에 관한 한** 그렇습니다. 만일 우리가 구원을 위해 무엇인가 하려 한다면, 그것은 오히려 하나님의 구원에 대한 불신이 되는 것입니다. 그러나 우리에게는 정말로 해야 될 일이 있습니다. 이것은 감사하는 일입니다. 그분께서 우리에게 주신, 도저히 형용할 수 없이 큰, 이 구원의 은혜에 대해서 감사해야 하는 것입니다. 그것은 한마디로, 그분과 더불어 사는 것입니다. 그분 앞에서 사는 것입니다. 그분을 바라보며 기뻐하며 사는 것입니다.

우리는 이미, 첫 사람이 에덴 동산에서 그분과 더불어 살던 삶의 맛을 누릴 수 있게 되었습니다. 우리가 그리스도 안에 있기 때문입니다. 우리 안에 성령 하나님께서 계시기 때문입니다. 우리는 이미, 장차 그리스도께서 이 땅에 다시 오실 때 임하게 될 '새 하늘과 새 땅'에서 누릴 삶을 여기서 미리 부분적으로나마 맛보고 있는 것입니다. 그리스도 안에서, 그리고 그분의 지체들로 이루어진 하나님 백성의 공동체 안에서. 그러나 현실 속에서는 적어도 우리의 공동체 안에서는 너무도 자주, '새 하늘과 새 땅'과는 전혀 관계가 없는 쓰디쓴 맛을 보게 됩니다. 왜? 하나님에 **관해서는** 많이 알지만 **그분 자신을 알지 못하는** 사람들이 너무 많기 때문입니다. 나는 어떤 사람일까?

우리가 진정 우리에게 값없이 구원을 주신 하나님께 감사함으로 그분을 섬기며 그분과 더불어 살려 한다면, 이 삶은 그리스도 안에 있는 모든 이들과도 더불어 사는 삶이어야 한다는 사실을 잊지 말아야 합니다. 그분은 우리만의 하나님이 아니시고 그의 모든 백성과 더불어 살기를 기뻐하시는 하나님이시기 때문입니다.

주)

1) 역사를 이른바 '세속사(世俗史)와 성사(聖史)' 또는 '세상사와 구속사'로 구분하는 것은 역사의 성격에 관한 구분으로서는 타당치 못하다고 생각됩니다. 왜냐하면 타락 이후부터 이 세상의 종말에 이를 때까지의 역사는 피조계 전체를 포함하는 역사이고, 이 역사는 그 본질적 성격에 의하면 하나님의 구원 사역에 의해 움직이는 구원역사이기 때문입니다.

2) '잉태하는 고통'의 직역은 '너의 고통과 너의 잉태'입니다. 이것은, 명사와 그것을 형용하는 낱말 대신에 두 개의 명사를 '과'(그리고)로 연결해서 표현하는 방법인 이사일의(二詞一意)적 표현(hendiadys)입니다. 예를 들면, '명예로운 죽음'을 '죽음과 명예'라고 표현하는, 우리글에서는 찾기 힘든 방법입니다. 따라서 한글 개역 성경의 표현은 원어의 의미를 정확하게 살린 것입니다.

3) Cf. Susan T. Foh, *Women & the Word of God* (Grand

Rapids : Baker, 1979), pp. 67-69.

4) 흥미로운 사실은 한글 개역 성경에서 원어의 '소원'에 해당하는 낱말을 일관성 없게 번역하고 있다는 점입니다. 여기 창세기 3 : 16에서는 그 낱말을 '사모하고'라고 동사(動詞)인듯이 번역한 반면에 이 구절과 똑같은 문장 구조를 갖고 있는 창세기 4 : 7에서는 '소원'으로 번역하고 난외에 '사모'라는 말을 덧붙여 놓았습니다. 게다가 문장의 표현 방식에서도, 아래에서 알 수 있는 것처럼, 다소 차이가 드러납니다.

> 갑(甲)은 을(乙)을 사모하고
> > 을(乙)은 갑(甲)을 다스릴 것이니라.(창 3 : 16)
> 갑(甲)의 소원은 을(乙)에게 있으나
> > 을(乙)은 갑(甲)을 다스릴지니라.(창 4 : 7)

5) 디모데전서 2 : 14의 "아담이 꾀임을 보지 아니하고……"라는 말씀은, 아담은 속아서 그 열매를 먹게 된 것이 아니라 자신의 행동이 하나님께 불순종하는 것임을 충분히 알고 있었다는 사실을 시사해 줍니다. (Cf. Foh, p. 65.)

6) 창세기 1 : 29에서는 인간의 식물(食物)로서 '씨 맺는 모든 채소'와 '씨 가진 열매 맺는 모든 나무'를 언급합니다. 그리고 여기 창세기 3 : 18에서는 "밭의 채소"만 언급하고 있습니다. 따라서 타락 이후에는 인간의 식물의 범주에 '씨 맺는 채소'는 포함된 것이지만 '과실 나무'는 제외된 것처럼 보입니다. 그러나 창세기 3 : 18은 식물(食物)의 범주를 제한하는 것이 아니라 인간의 삶이 땅에 의존되어 있음을 알려 주는 것입니다. 17-19절은 인간에 대한 하나님의 심판을 땅과의 관계에 비추어서 말하고 있는 것이기 때문입니다. 아담은 에덴 동산에서 과일을 식물로 사용했으므로

그 동산 밖으로 나와 살게 되어도, 금지 명령이 따로 주어지지 않는 한 창세기 1:29의 말씀을 알고 있는 그로서는 과일 나무에서 과일을 따먹을 것임은 당연한 일입니다.

7) Geerhardus Vos, *Biblical Theology: Old and New Testaments* (Grand Rapids: Eerdmans, 1948), p.33.

〈해답〉

1. (3)　　2. (4)　　3. (2)　　4. (2)　　5. (1)　　6. (2)
7. (3)

주님의 주님되심
구약(1)

김 영 철 지음

초판인쇄　1992.10.22
4 쇄인쇄　2000.11.30

발 행 처　여　수　룬
등록번호　제1 - 1 3 1호
등록일자　1978.11.16

편　집　김　은　숙

인　쇄　남 양 인 쇄
제　본　과 성 제 책

발 행 인　이　형　수

값 7,500 원

134 · 600
서울특별시 강동구 성내3동 574 한솔802
☎ 486-5715(FAX 겸용)

총판/(주) 기독교출판유통
☎ (031) 906-9191~9194

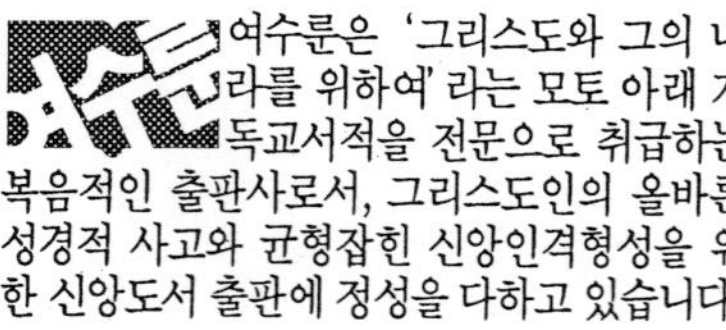

여수룬은 '그리스도와 그의 나라를 위하여' 라는 모토 아래 기독교서적을 전문으로 취급하는 복음적인 출판사로서, 그리스도인의 올바른 성경적 사고와 균형잡힌 신앙인격형성을 위한 신앙도서 출판에 정성을 다하고 있습니다.

그리스도와 그의 나라를 위하여

ISBN 89-7103-054-2